La modélisation du développement financier en Afrique

Sous la direction de
Jacob Tche

La modélisation du développement financier en Afrique

Préface d'Henri NGOA TABI

L'Harmattan
Cameroun

Du même auteur

Économétrie du développement durable (Dir), L'Harmattan, juillet 2023.

5-7, rue de l'Ecole-Polytechnique, 75005 Paris

http://www.editions-harmattan.fr

ISBN : 978-2-336-40489-9
EAN : 9782336404899

COMITÉ SCIENTIFIQUE

REMERCIEMENTS

Un ouvrage collectif est toujours le fruit du travail de plusieurs personnes, principalement lorsqu'il réunit des travaux et des études validées par un comité scientifique. Nous tenons à exprimer notre sincère gratitude à :

- Tous les contributeurs de la présente recherche pour la qualité de leurs articles et leur implication dans la réalisation de ce projet ;
- Madame Irène MORIKANG, épouse TCHE, pour son soutien constant dans nos projets et davantage son apport financier sans lequel ce livre n'aurait pas pu être publié.
- Monsieur Fabrice AMOUGOU MBARGA, qui nous a conseillé de soumettre le présent second manuscrit à la maison d'édition L'Harmattan pour publication et qui nous a accompagné avec diligence et rigueur tout au long du processus éditorial. Nous lui témoignons notre vive gratitude pour l'excellence de son travail.
- Plus largement, aux Éditions L'Harmattan qui nous ont donné l'opportunité de mener efficacement ce projet.

SOMMAIRE

PRÉFACE

Que ce soit dans les épiceries rurales, dans les entreprises de services ou de construction d'infrastructures, ou encore au niveau des États, la maitrise de l'information économique et financière est un facteur déterminant dans la conduite sereine des affaires. Elle permet en effet d'accéder à des données utiles pour le management quotidien, et des éléments utiles à la compréhension des futurs enjeux et d'anticiper la gestion sur les futurs défis. Aujourd'hui, en effet, les décideurs efficients mobilisent une batterie de données pour atteindre les objectifs fixés au sein des structures qu'ils dirigent afin de ne pas apparaître comme surannés. Et c'est la modélisation financière qui permet d'obtenir les informations idoines. Cet outil est davantage très utile dans le contexte africain qui est encore en proie à divers maux.

L'Afrique est en effet considérée par de nombreux observateurs avisés comme le continent de l'avenir ; ceci en raison de sa démographie juvénile, ses ressources naturelles peu ou pas encore exploitées, le climat favorable à l'agriculture, toutes les possibilités qu'elle offre en matière de prospection, d'expérimentation et valorisation des innovations les plus récentes. Pour assumer ce rôle, il est donc utile de pouvoir modeler toutes les dimensions de la vie économique des pays africains. D'où l'intérêt de cet ouvrage.

L'auteur a décidé de jeter un pavé dans la mare à travers cette monographie riche par ses thématiques. Avec ses co-auteurs, il parcourt divers champs indispensables à l'activation du sens modélisateur, allant de la cyclicité économique aux frictions financières en passant par l'appréciation de la dimension sociale ou culturelle du développement et la qualité des institutions dans le jeu financier, sans oublier l'étude des relations entre l'épargne et l'investissement.

Nul doute que les étudiants, les universitaires, les décideurs trouveront en cet ouvrage un outil de chevet pour la méthodologisation des informations financières… pour le développement de l'Afrique.

Henri NGOA TABI
Professeur titulaire des universités
Faculté des sciences économiques et de gestion
Université de Yaoundé II, Cameroun

PRÉSENTATION

Jacob TCHE

jacobtche1985@gmail.com

Un grand nombre d'éléments suggèrent à penser que le développement financier joue un rôle important dans le développement économique. Il favorise la croissance économique par l'accumulation du capital et le progrès technologique en augmentant le taux d'épargne, en mobilisant et en mutualisant l'épargne, en produisant des informations sur l'investissement, en facilitant et en encourageant les entrées de capitaux étrangers, ainsi qu'en optimisant l'allocation des capitaux. Le développement financier n'est pas simplement le résultat de la croissance économique, il contribue à cette croissance. Le développement financier peut contribuer à la croissance des petites et moyennes entreprises (PME) en leur facilitant l'accès au financement. Les PME sont généralement à forte intensité de main-d'œuvre et génèrent plus d'emplois que les grandes entreprises. Elles jouent un rôle majeur dans le développement économique, en particulier dans les économies émergentes. Le développement financier va au-delà de la simple mise en place d'intermédiaires financiers et d'infrastructures. Cela implique d'avoir de solides politiques de régulation et de supervision de toutes les entités importantes.

Ainsi, l'on peut dire que la modélisation financière s'entend comme un exercice d'évaluation des actifs ou de financement des agents économiques, de nature quantitative, consistant à traduire un ensemble d'hypothèses sur le comportement des marchés ou des agents en prédictions numériques. Une modélisation efficace dudit développement avec de bonnes mesures est donc cruciale pour l'évaluer et comprendre son impact sur les variables économiques et la réduction de la pauvreté. Il est cependant difficile dans la pratique de mesurer le développement financier, car il est un vaste concept et comporte plusieurs dimensions. Il n'est donc pas surprenant que le travail empirique effectué dans ce manuel soit basé sur des indicateurs quantitatifs standards disponibles pour une longue série temporelle pour un large éventail de pays. Le ratio des actifs des institutions financières au PIB, le ratio des passifs liquides au PIB et le ratio des dépôts au PIB en sont des exemples.

Le présent manuel, ***Modélisation du développement financier en Afrique***, est un texte d'introduction qui répond au défi d'apprentissage d'intégrer la théorie, la mesure, les données et les logiciels pour comprendre le monde moderne du développement financier. Les applications empiriques aux données financières occupent une place centrale dans l'exposé de ce livre. Il est ainsi articulé autour des thématiques suivantes :

I. Frictions financières et dimension économique de la transformation structurelle en Afrique subsaharienne

Cet article examine empiriquement les modèles relatifs à l'incidence des frictions financières sur la dimension économique de la transformation structurelle à partir de la sophistication des exportations dans le contexte de l'ASS sur la période 1996-2017 issue des données de la WDI et de la WEO. À son terme, il ressort que la dette brute du gouvernement et les écarts de taux d'intérêt pénalisent la sophistication des exportations en ASS tandis que le crédit accordé au secteur privé par les banques améliore la sophistication des exportations bien que cette amélioration ne soit pas significative en ASS sur la période 1996-2017.

II. Frictions financières et analyse de la dimension sociale de la transformation structurelle en Afrique subsaharienne

Cet article entreprend une recherche quantitative de l'impact de l'incidence des frictions financières sur la dimension sociale de la transformation structurelle. Il ressort des résultats qu'à l'exception du crédit domestique accordé au secteur privé par les banques qui favorise l'évolution à la hausse du ratio de l'emploi industriel, la dette brute du gouvernement ainsi que les écarts de taux d'intérêt pénalisent le ratio de l'emploi industriel sur l'emploi total.

III. Qualité des institutions et cyclicité de la politique monétaire en Afrique

Cet article contribue à la recherche empirique corrélative à l'influence de la qualité des institutions sur la cyclicité de la politique monétaire en Afrique de 2002 à 2016 et il en ressort qu'une amélioration de la qualité des institutions conduit à une politique monétaire moins procyclique. Les résultats nous ont également renseigné sur le fait que la qualité des institutions, mesurée soit par le contrôle de la corruption, soit par l'indice moyen de qualité des institutions influence négativement la relation entre la politique monétaire et le cycle économique des pays africains de notre échantillon.

IV. Qualité des institutions et cyclicité de la politiquc budgétaire en Afrique

Ce papier étudie l'influence modélisée de la qualité des institutions sur la relation entre la politique budgétaire et le cycle économique en Afrique. Cette contribution est particulière parce qu'elle vient enrichir la littérature sur la cyclicité de la politique budgétaire à partir de la qualité des institutions en Afrique, il s'agit jusqu'ici d'une littérature qui était déjà vieille et la raison d'être de cet article vise à l'enrichir. En conclusion, nous avons pu établir une relation négative entre la qualité institutionnelle, la politique budgétaire et les cycles économiques en Afrique.

V. Bank competition and the cost of credit in SSA

In the present article, we test the econometric model related to the effect of bank competition on cost of credit in SSA. This dissertation has contributed to the analyses of the relation between bank competition and cost of credit in SSA. While other authors used old data, this study in SSA used recent data with sophisticated econometric methods. Due to the lacuna of other works, we adopted an econometric model that will contribute to the clarification of the relation. These results show that the financial system in SSA helps to ameliorate cost of credit. In order to maximize this reduction or improvement of cost of credit through bank competition, policy makers in this region should create effective opportunities for competition so as to make credit affordable to several people and business.

FRICTIONS FINANCIÈRES ET DIMENSION ÉCONOMIQUE DE LA TRANSFORMATION STRUCTURELLE EN AFRIQUE SUBSAHARIENNE

Jacob TCHE

jacobtche1985@gmail.com

Ange Olive Alberte NGOUAKAM KAMADJE

ngangeolive@gmail.com

Christian BANDELA MENYENG

bandelachristian@gmail.com

Résumé

Cet article examine empiriquement les modèles relatifs à l'incidence des frictions financières sur une dimension économique de la transformation structurelle à partir de la sophistication des exportations dans le contexte de de l'ASS sur la période 1996-2017 à partir des données de la WDI et de la WEO. La méthodologie utilisée a eu recours à un panel dynamique estimé grâce à la méthode des GMM en système. Au terme de cette analyse, il ressort que la dette brute du gouvernement, les écarts de taux d'intérêt pénalisent la sophistication des exportations en ASS tandis que le crédit accordé au secteur privé par les banques améliore la sophistication des exportations malgré que cette amélioration ne soit pas significative en ASS sur la période 1996-2017.

Mots clés : Frictions financières, transformation structurelle économique, Afrique Subsaharienne.

Abstract

The present article empirically examines models relative to the impact of financial frictions on an economic dimension of structural transformation from the sophistication of exports in the context of SSA over the period 1996 – 2017 using data from WDI and WEO ; the methodology used a dynamic panel estimated using the system GMM method. At the end of this analysis, it appears that the government's gross debt, the interest rate differentials penalize the sophistication of exports in SSA while the credit granted to the private sector by banks improves the sophistication of exports despite this improvement not being not significant in SSA over the period 1996-2017.

Keywords : Financial frictions, economic structural transformation, Sub-Saharan Africa.

Introduction

La question de l'aboutissement à un processus de transformation structurelle complet occupe une place substantielle dans les débats économiques. Lorsqu'on rentre un peu plus loin dans le temps, on se rend compte que les problèmes liés au sous-développement et à une croissance économique faible, ont poussé les pays africains à mettre sur pieds un ensemble de programmes gouvernementaux, tels que la politique d'ajustement structurel. L'implémentation de ces programmes a contribué significativement à la réduction de la pauvreté, à la création d'emplois et au renforcement de l'intégration régionale en vue de faire face aux différents chocs qui pourraient exister (Elhiraika et al, 2014). La quête perpétuelle d'une meilleure transformation structurelle pour le développement des pays en général et plus précisément pour ceux en développement en particulier a valu à celle-ci un intérêt assez spécifique dans la littérature. En ce sens, elle constitue un préalable au développement économique ou à une croissance durable et soutenable. Prenant en compte le fait qu'elle puisse promouvoir une croissance intensive en emploi, en particulier dans le secteur formel, la transformation structurelle selon le rapport d'ACET (2014), constitue le nouveau phénomène qui fait consensus pour le développement de l'Afrique en tant que vecteur essentiel de l'amélioration des indicateurs sociaux.

Conformément à cette littérature, les auteurs tels que Mc Millan et Rodrick (2011) soutiennent que les changements structurels constituent des avantages économiques conséquents, car ils permettent une efficacité des ressources utilisées. Par ailleurs, ce n'est que dans l'éventualité très improbable où tous les secteurs de l'économie se développeraient à un rythme égal, qu'il serait possible pour une économie de connaître une croissance sans changement structurel (Nixson, 1990). Ainsi, une croissance et un développement économique soutenus sont pour la plupart liés à la croissance de la productivité dans tous les secteurs, grâce à la transformation structurelle Alagidede et al (2020).

Bien que la transformation structurelle ait une définition plurivoque, la définition communément utilisée est celle de Lewis (1954). Pour cet auteur, la transformation structurelle renvoie à la réaffectation de l'activité économique entre les trois grands secteurs, en l'occurrence l'agriculture, l'industrie manufacturière et les services qui accompagnent le processus de croissance économique moderne. La commission économique des Nations Unies pour l'Afrique (CEA) propose une autre définition, notamment l'ensemble des changements fondamentaux dans les structures économiques et sociales qui favorisent un développement équitable et durable. Pour Nissanke (2018), c'est l'ensemble des processus de développement impliquant des changements dans de multiples dimensions d'un système socio-économique, y compris sa matrice de production, sa structure sociale, son cadre institutionnel et sa relation avec l'environnement naturel. De ces deux dernières définitions, il ressort non seulement l'aspect économique, mais aussi l'aspect social du concept de transformation structurelle, lui donnant un champ de vision beaucoup plus large et complexe. C'est alors dans cette logique que sera fondé notre argumentaire.

Cependant, parmi tous ces facteurs explicatifs étayés dans la littérature, celui des frictions financières n'a pas reçu une grande attention. Ainsi, celles-ci peuvent être définies comme l'ensemble des caractéristiques qui font obstacle aux flux financiers entre les agents qui disposent de fonds et ceux en besoin de financement (Kitoyaki et Moore, 1997). Selon Hall (2011), une friction financière est un écart entre le rendement reçu par les fournisseurs du capital financier en fin de compte, et le coût de capital payé par les consommateurs et les entreprises qui utilisent le capital. Les frictions financières créent donc un fossé entre l'épargne et l'investissement. Par ailleurs, les contraintes omniprésentes en matière de crédit ont été considérées comme des sources de ralentissement de la croissance dans les économies en développement. Bien qu'un assouplissement des contraintes de crédit stimule le taux de croissance asymptotique, il peut également participer à la réduction de la part du secteur formel, accroître les inégalités et le sous-emploi et n'avoir que peu ou pas d'effets sur le taux de croissance à moyen terme (Skott et Gomez, 2018).

Dans le cas précis des frictions financières, plusieurs travaux mettent en avant leur rôle majeur dans l'entrave à la transformation structurelle bien que cette alternative soit assez récente dans la littérature. En effet, dans le but d'identifier et de comprendre les canaux par lesquels les perturbations des marchés financiers affectent l'activité économique, Zetlin Jones et Shourideh (2017) soutiennent que la baisse de la production résulte d'une augmentation de la mauvaise allocation du capital causée par le resserrement des contraintes de garanties. Dans leurs résultats, ils concluent que si les chocs financiers peuvent avoir un impact significatif sur les décisions de production des entreprises privées, leur impact sur l'activité économique peut être faible. Bien plus, une réduction de la part de la population active peut expliquer le ralentissement de l'économie par une baisse de la productivité totale des facteurs globale causée par des frictions financières et une mauvaise allocation du capital entre les entreprises (Hirakata et Sunakawa, 2019). Cette théorie conduit à deux conclusions sous-jacentes : d'une part avec des frictions financières, une baisse du facteur travail réduit le taux d'intérêt réel et augmente la demande excédentaire d'emprunt, ce qui resserre les contraintes de garantie à un ratio crédit/valeur donné et génère une mauvaise allocation du capital et une baisse de la totale productivité sectorielle des facteurs. D'autre part, et sans frictions financières, de telles modifications de la totale productivité sectorielle des facteurs entravent les changements structurels induits par la modification de la structure de la demande des ménages.

Suivant l'idée d'une modélisation des frictions financières comme des contraintes d'emprunt, Amaral et Quintin (2010) et Buera et al. (2011) montrent que les frictions financières peuvent générer des différences importantes de production et de productivité totale des facteurs entre les pays. Quant à Azariadis et Kaas (2014), ils constatent que les frictions du marché du crédit limitent la mobilité des capitaux entre les secteurs et conduisent à une faible productivité totale des facteurs et à une faible croissance économique.

Les pays présentant un niveau de transformation structurelle fort sont ceux-là qui ont des niveaux de croissance élevés et sont par la même occasion les plus développés. Le regard étant posé ici sur les États-Unis, la Chine et l'Asie du sud pour n'en citer que ceux-là. Selon les données de la banque mondiale, ces pays enregistrent respectivement une croissance du PIB/habitant de 2,1% à 2,6% ; de 6,4% à 6,2% et de 6,1% à 4,8% sur la période 2015-2018. Les taux de croissance annuelle de la valeur ajoutée du secteur industriel de ces économies sont respectivement de 1,6% à 1.7% ; de 6,8% à 6,4% et de 7,1% à 5,8% entre 2014 et 2017. Leurs taux de croissance annuelle du PIB au cours de l'année 2018 sont respectivement de 3,1% ; 6,7% et 6%. Notons ici qu'une légère baisse des chiffres concernant les indicateurs choisis pour ces pays sur une période donnée n'a quasiment aucune influence sur leur niveau de développement, car ils restent tout de même élevés par rapport à d'autres pays. À l'opposé, les pays d'Amérique latine, considérés comme les pays en développement, connaissent un taux de croissance annuelle du PIB/habitant assez faible même si ces derniers ont connu une petite amélioration entre 2015 et 2018, passant de -0,923 à 0,634. Leur taux de croissance annuelle du PIB en 2018 est de 1,5%.

La justification des niveaux de transformation structurelle ainsi que son caractère éminent au sein des économies ont trouvé plusieurs explications mises en avant par la littérature. En effet, tandis que Mijiyawa (2017) met l'accent sur la dépréciation du taux de change, la bonne gouvernance et la taille du marché intérieur comme des facteurs déterminants positifs du secteur manufacturier en Afrique. L'étude de Mensah et al (2016) révèle cependant que les fondamentaux propres à chaque pays tels que les dotations en ressources naturelles et en capital humain sont des déterminants importants des différents niveaux de transformation structurelle en Afrique subsaharienne. Bien plus, les travaux de Dabla-Norris (2013) indiquent que les variables politiques institutionnelles telles que l'ouverture commerciale, les réformes des marchés des produits, le capital humain sont les principaux moteurs de la transformation structurelle entre les pays. Bustos et al (2019) mettent en évidence le fait que l'intégration financière puisse affecter la vitesse de croissance de la transformation structurelle.ar ailleurs, l'existence des frictions financières pouvant affecter la transformation structurelle en Afrique subsaharienne se justifie par l'occurrence des contraintes de financement et le rationnement du crédit sur le marché bancaire. Ces contraintes trouvent leur origine dans les asymétries d'information entre les prêteurs et les emprunteurs sur le marché du crédit.

À l'inverse des marchés des biens classiques, le marché du crédit est particulier, et ce dans la mesure où l'octroi d'un prêt peut s'assimiler à la vente d'un bien à prix aléatoire. Ainsi, lorsque le taux d'intérêt est fixé au moment de la décision d'octroi, il subsiste un risque de non-paiement des intérêts lors des échéances futures. En outre, avec les problèmes d'asymétrie d'information, de sélection adverse et d'aléa moral sur ce marché, seuls les agents suffisamment riches auront le privilège d'avoir un accès illimité au financement externe, car contrairement aux agents moins nantis ils pourront supporter des taux d'intérêt élevés. Tenant compte de l'information imparfaite, il devient quasiment impossible pour le prêteur de déterminer non seulement la moralité de l'emprunteur, la qualité du projet financé ou de surveiller les actions d'un agent. Elle exerce alors une influence considérable sur l'évaluation de la qualité des emprunteurs potentiels présents sur le marché du crédit. La conséquence majeure sera que les changements de prix affecteront la qualité moyenne des projets d'investissements des emprunteurs (Stiglitz, 1987 ; Stiglitz et Weiss, 1981).

En présence des frictions financières sur le marché du crédit, et avec un montant total du financement requis constant, les modèles standards de prêt avec des informations asymétriques impliquent que la prime de financement externe dépend inversement de la valeur nette des entrepreneurs. Cette relation inverse est due au fait que lorsque les emprunteurs ont peu de richesse au financement du projet, la divergence potentielle d'intérêts entre emprunteurs et fournisseurs de fonds externes est plus importante. Par contre, dans la mesure où la valeur nette des emprunteurs est procyclique (expliquée par les bénéfices et les prix des actifs par exemple), la prime de financement externe sera contracyclique, ce qui accentuera les fluctuations des emprunts et donc des investissements, des dépenses et de la production. En particulier, un emprunteur potentiel disposant d'une valeur nette élevée doit dépendre relativement peu du financement externe. Il est donc confronté tout au plus à un faible risque de faillite et à une petite prime sur le financement externe. En revanche, un emprunteur disposant de moins de ressources propres à investir est confronté à un risque élevé de faillite et à une prime de financement externe élevée.

Ainsi les efforts précédents en vue de favoriser une transformation économique durable dans la région ont échoué et il serait absolument nécessaire d'adopter une nouvelle approche. Il est donc crucial de penser à l'établissement d'un processus large et propre à chaque pays qui met à profit les ressources financières et non financières, favorise l'intégration régionale et mobilise la coopération entre les partenaires du développement en Afrique. Ainsi cet article cherche à évaluer l'effet des frictions financières sur la sophistication des exportations en Afrique Subsaharienne en répondant à la question : quel est l'effet des frictions financières sur la sophistication des exportations ?

I. Revue de la littérature sur le lien entre frictions financières et transformation économique

En s'appuyant sur les imperfections notées dans les relations contractuelles entre apporteurs de capitaux et emprunteurs, la littérature a introduit une nouvelle courroie de transmission pour expliquer la propagation des chocs monétaires, financiers et réels de la sphère financière à la sphère réelle. Il est apparu selon les études empiriques effectuées dans la plupart des pays industrialisés que les frictions financières, quelle que soit leur nature, sont, en tout cas, à l'origine de la propagation des chocs ainsi que de leur amplification. Les contraintes omniprésentes en matière de crédit ont été considérées comme des sources de ralentissement de la croissance dans les économies en développement. Nous formulons donc l'intuition selon laquelle les imperfections du marché du crédit liées aux contraintes de financement affectent les différentes mesures de la transformation économique, en particulier la sophistication des exportations. La littérature constate entre autres que l'accès au crédit est un déterminant important de la participation aux exportations (marge intensive) et de l'ampleur des exportations (marge extensive) que ce soit pour les pays développés ou encore plus pour les pays en développement (Brooks et Dovis, 2020).

I.1. Revue théorique de la relation

I.1.1. Théorie de la libéralisation financière

Proposée par McKinnon et Shaw (1973), la libéralisation financière vise à augmenter l'épargne, à accroître le crédit et à réduire les contraintes financières. Elle met également en avant la nécessité de supprimer les restrictions sur les taux d'intérêt ; ce qui permet d'encourager l'épargne et d'augmenter le volume des ressources financières disponibles pour les investissements productifs notamment dans le secteur industriel. Le rôle du financement dans la transformation économique est ainsi mis en exergue à travers les liens de causalité entre finance et développement économique. Les politiques de libéralisation financière adoptées partent de l'analyse des ressources internes et externes pour le financement du développement. Plus précisément, il est question d'une analyse de la mobilisation des ressources intérieures par le biais du système fiscal et de la mobilisation des ressources extérieures par la libéralisation du système financier national, au regard du niveau de développement financier combiné au sous-développement économique des pays en développement, il est montré la nécessité de recourir à une autre approche du financement qui se veut plus globale (Kada et al, 2015).

Il est nécessaire de souligner que la plupart des banques se trouvent contraintes par l'opacité au niveau de l'information financière devant orienter leur politique de crédit (Levine, 1996). La solution viable pour lui est la libéralisation financière compte tenu du fait qu'en l'absence d'information financière, celles-ci trouvent refuge dans la prime de risque ; créant ainsi un écart énorme entre le taux directeur et le taux servi aux clients (emprunteurs).

Stiglitz (1989) ne partage pas totalement cette vision. Pour lui, à court terme, la libéralisation peut avoir tendance à entraîner des problèmes d'informations plus sévères, du fait que les banques doivent faire face à de nouvelles entreprises qu'elles n'ont pas eu le temps de connaître. L'explication qu'il fournit est liée au statut des entreprises ayant accès aux services financiers. Celles-ci sont le plus souvent protégées ou appartiennent à l'État. Par conséquent, ces entreprises permettent une meilleure collecte de l'information et donnent une idée assez précise de leur situation financière. Toute fois à long terme, il souligne que les banques vont développer des mécanismes leur permettant de surmonter les asymétries d'informations et donc de mieux récolter les informations sur leurs clients.

I.1.2. Théorie du développement économique

Développée par Schumpeter (1911), elle met en avant le rôle majeur des innovations dans l'impulsion du système économique, la mise en mouvement de l'économie sous l'action de l'entrepreneur. Selon lui, c'est non seulement par la fabrication de nouveaux produits, l'adoption de procédés et de techniques inédits, mais aussi l'utilisation de nouvelles matières premières ou l'ouverture de nouveaux débouchés que les structures économiques finissent par se transformer. Il propose le progrès industriel comme la clé du changement : *« L'impulsion de base qui maintient en mouvement la machine capitaliste est fournie par les nouveaux biens de consommation, les nouvelles méthodes de production et de transport, les nouveaux marchés, les nouveaux modes d'organisation industrielle, tous des éléments produits par les initiatives capitalistes »*. En d'autres termes, le progrès industriel est centré sur des innovateurs à la recherche de gains importants (Schumpeter compare le jeu commercial au poker).

L'analyse de Schumpeter est intéressante, car elle ne se fonde pas uniquement sur le progrès technique, l'évolution des connaissances ou les grandes inventions (qui ont accompagné une série de cycles de révolutions industrielles). Elle tient compte du rôle du financement externe dans les innovations des entreprises ; ce qui améliorera la transformation économique à travers la fabrication de nouveaux produits. Schumpeter y ajoute un héros, le chef d'entreprise qui prend le risque de lancer un nouveau produit ou une nouvelle façon de produire, et une structure (la concurrence monopolistique) qui assure à celui qui a réussi son pari d'en percevoir une rétribution financière.

Au regard des arguments présentés ci-dessus, il serait dommage qu'à cause de toutes les contraintes présentes sur les marchés, la transformation économique ne reçoive pas le financement qui lui est approprié. Cela tient en grande partie au rôle des institutions financières chargé des transactions de prêts.

I.2. Frictions financières et transformation économique : tour d'horizon des travaux

De nombreux auteurs sont d'avis sur l'idée des contraintes de crédit ayant des effets économiques importants non seulement en termes absolus, mais aussi par rapport aux sources d'avantages comparatifs de Hecksher-Ohlin. Les pays financièrement développés jouissent d'une plus grande capacité d'exportation bilatérale, en particulier dans les secteurs financièrement vulnérables. Tandis que certains penchent pour une influence négative entre frictions financières et sophistication des exportations (I.2.1), d'autres ont un avis contraire (I.2.2). Les explications qu'ils fournissent diffèrent selon les études et la méthodologie utilisée.

I.2.1 Effets pervers

Bon nombre de travaux relayant le lien qui existe entre frictions financières et sophistication des exportations, sont pour la plupart unanimes quant à l'influence négative de l'un sur l'autre malgré une pluralité d'approches et une diversité de méthodes. Il s'agira ici de présenter d'une manière progressive les points de vue des auteurs au sujet de la nature de l'influence des frictions financières sur les dimensions de la transformation économique à travers une approche qui prend en compte les travaux de panel d'une part et ceux en coupe transversale et longitudinale.

Les travaux de Manova (2008) présentent de nouvelles preuves au sujet des contraintes de crédit comme déterminant important des flux commerciaux internationaux. En exploitant les chocs sur la disponibilité des financements extérieurs, l'auteur examine l'impact de la libéralisation des marchés des actions sur les exportations des pays grâce à la méthode généralisée des doubles différences. Son panel est constitué de 91 pays au cours de la période 1980-1997. Pour cela, il utilise la variation de la vulnérabilité financière entre les industries et montre que les libéralisations augmentent le commerce de manière disproportionnée dans les secteurs à forte intensité de financement externe et d'actifs plus faibles. Ses conclusions attestent donc à la fois du rôle des frictions financières dans la détermination des modèles d'exportation des pays et démontrent comment la réforme du compte de capital peut atténuer les imperfections du marché local du crédit.

Les résultats qu'il obtient plaident fortement en faveur d'un lien de causalité entre les contraintes de crédit et la composition des exportations en exploitant les événements de la libéralisation financière, de la preuve que les libéralisations des marchés boursiers ont un effet plus important en présence de coûts commerciaux plus élevés dus à des politiques commerciales restrictives. Cela suggère que l'impact d'un accès accru au financement extérieur est plus important lorsque les besoins de financement sont les plus aigus : une autre preuve cohérente avec les frictions financières.

En examinant l'impact des frictions financières sur les exportations par le biais d'intermédiaires commerciaux et à l'aide de la méthode de différences des différences, Chan (2019) affirme que les contraintes financières sont particulièrement problématiques dans les pays en développement où les marchés de crédit sont moins matures. L'auteur présente un modèle d'entreprise hétérogène de l'intermédiation commerciale et des frictions financières, dans lequel les entreprises ont besoin d'un financement externe pour leurs coûts commerciaux. Étant donné que l'exportation par le biais d'intermédiaires implique des coûts fixes plus faibles, mais des coûts variables plus élevés, les entreprises confrontées à des frictions financières plus importantes sont plus susceptibles de recourir à l'intermédiation commerciale. Le modèle trouve un fort soutien empirique dans les données riches pour l'exportation indirecte par rapport à l'exportation directe aux niveaux microéconomique et macroéconomique. Les données au niveau microéconomique pour plus de 9 000 entreprises dans 115 pays révèlent que les entreprises financièrement plus contraintes sont plus susceptibles de recourir à des intermédiaires commerciaux pour exporter. De même, les données au niveau macroéconomique du commerce d'entrepôt à travers Hong Kong pour 56 pays exportateurs montrent que les pays financièrement moins développés sont plus susceptibles de recourir à l'intermédiation commerciale. Sa période d'étude va de 2006 à 2015.

En outre, Bergin et al (2018), en s'inspirant des conséquences de l'effondrement spectaculaire du commerce en 2008-2009 suite à la crise financière, démontrent qu'un choc financier peut avoir des effets très persistants sur le commerce international. Ils développent un modèle d'équilibre général stochastique dynamique (EGDS) à deux pays (pays d'origine et pays étranger) capable de générer la structure dynamique du volume des échanges et la marge extensive des échanges trouvée dans l'estimation VAR. Le modèle en question est un modèle vectoriel autorégressif à sept variables basées sur les données des États-Unis entre 2002 et 2016.

Ils expliquent qu'un choc financier négatif prend la forme habituelle d'un durcissement de la contrainte de garantie pour l'emprunt de fonds de roulement pendant une période, ce qui réduit l'échelle de production de l'entreprise. Étant donné que les capitaux propres sont utilisés comme garantie, le choc incite les entreprises à réorienter leur financement de la dette intertemporelle vers le financement par actions. Les fonds propres étant une forme plus coûteuse de financement des entreprises, cette réaffectation de la structure du capital augmente le coût effectif du financement des investissements irrécupérables pour l'entrée sur le marché des exportations et dissuade donc les entrants potentiels, par conséquent une baisse du volume des exportations.

Bien plus, les travaux de Jie Li et al (2020) fournissent des preuves des conséquences néfastes des imperfections des marchés financiers, notamment l'impact négatif des contraintes de crédit sur les exportations des entreprises, en particulier pendant les périodes de dépréciation de la monnaie nationale. En appliquant les données sur l'univers des transactions internationales de la Chine de 2000 à 2013, les auteurs montrent que les entreprises soumises à des contraintes de crédit ont tendance à exporter moins dans les secteurs où les besoins de financement externe sont plus importants lorsque les taux de change réels du RMB se déprécient. En cas de dépréciation, les exportateurs réagissent en augmentant leur échelle de production ou en pénétrant de nouveaux marchés de destination, ce qui entraîne des coûts initiaux plus élevés. Pour couvrir ces coûts, les exportateurs doivent emprunter davantage, ce qui peut induire des contraintes de crédit contraignantes.

Par conséquent, pour éviter les effets négatifs des contraintes de crédit potentiellement contraignantes, les entreprises ont tendance à exporter moins dans les secteurs où la dépendance financière externe est plus importante. Ils se servent d'un modèle d'équilibre partiel tiré des travaux de Melitz (2003) et Manova (2013) pour mener à bien leurs analyses.

I.2.2. Effets positifs

La littérature construite autour d'une influence positive des frictions financières sur la sophistication des exportations semble très peu garnie contrairement à l'idée inverse. On dénombre néanmoins quelques études ayant traité de la question, même si certaines n'admettent un effet positif qu'en présence d'un développement financier au niveau des institutions ou du pays tout entier pour atténuer les effets négatifs. Nous faisons ici une analyse comparative des travaux en panel ayant étudié la question, bien qu'on observe des résultats sensiblement différents.

En s'inspirant des travaux théoriques de Kletzer et Bardhan (1987), Beck (2002) explore un lien possible entre le développement financier et le commerce des produits manufacturés. Il explique que des frictions du marché sous forme de l'asymétrie de l'information donneront naissance à des intermédiaires financiers. Ces derniers encourent des frais de recherche lorsqu'ils canalisent l'épargne vers les entrepreneurs. Le modèle théorique, mis en avant par l'auteur, se concentre sur le rôle des intermédiaires financiers dans la facilitation de projets à grande échelle et à haut rendement et montre que les économies dont les secteurs financiers sont mieux développés ont un avantage comparatif dans les industries manufacturières.

Malgré l'existence d'une grande variété de liens possibles entre le développement financier et le commerce international, l'auteur se focalise sur un seul, notamment la capacité du secteur financier à canaliser l'épargne vers le secteur privé et donc à aider à surmonter les contraintes de liquidité. Cela permet à l'économie de se spécialiser et d'exploiter les économies d'échelle. Les économies dotées d'un système financier mieux développé et d'un niveau de financement extérieur plus élevé devraient donc avoir un avantage comparatif dans les secteurs qui présentent des économies d'échelle importantes. Toutes choses égales par ailleurs, les économies dotées d'un système financier mieux développé sont des exportateurs nets de biens avec des rendements d'échelle croissants.

En outre, pour mener à bien son analyse, Beck (2002) choisit un échantillon de 65 pays sur la période 1966-1995, en utilisant à la fois des estimations transnationales et des estimations par panel. Pour contrôler les biais introduits par les effets spécifiques aux pays, la causalité inverse et la simultanéité, l'auteur recourt aux techniques traditionnelles de GMM entre les pays et les techniques récentes de panel dynamique proposées par Arellano et Bond (1991) et Arellano et Bover (1995). Dans ses résultats, l'auteur trouve que les pays dotés d'un système financier plus développé ont une part d'exportation et une balance commerciale plus élevées pour les produits manufacturés. L'usage des tests de robustesse confirme les résultats obtenus qui apparaissent cohérents d'un pays à l'autre et d'un panel à l'autre.

Yakubu et al (2018) examinent l'effet du développement financier sur le commerce international en Afrique, compte tenu des niveaux de financement et de croissance économique. Ces auteurs fondent leur analyse sur un panel dynamique avec des données concernant 46 pays africains sur la période 1980-2015. Les auteurs utilisent la technique des GMM en système d'Arellano et Bond (1991) et Arellano et Bover (1995).

Les résultats qu'ils obtiennent montrent que le crédit privé ne favorise pas le commerce alors que le crédit intérieur a un effet positif sur le commerce. Ainsi, l'amélioration du niveau du crédit privé (intérieur) freine (amplifie) les exportations et l'ouverture commerciale. Cependant, nous constatons également une relation en forme de U entre le crédit privé et les mesures commerciales, ce qui suggère que le développement du secteur financier peut être préjudiciable (utile) au commerce pour les économies ayant un niveau de crédit privé faible (élevé). Ainsi, un marché financier bien développé devrait indirectement stimuler le commerce international par le biais de la croissance économique.

Iqbal et al (2019) tentent de documenter l'impact du « développement financier » sur le commerce international entre certaines économies asiatiques et le reste de la région asiatique. Ils utilisent l'indice de développement financier pour représenter le niveau de développement financier constitué de quatre dimensions selon deux perspectives : institutionnelle et de marché. Le calcul d'un « indice de développement financier global » combine les indices de développement financier selon ces mêmes perspectives. De leur analyse, il ressort que si un pays veut se développer économiquement en utilisant des instruments de politique commerciale, en particulier l'amélioration des exportations, il doit développer son système financier pour répondre efficacement aux besoins de *« financement du commerce international »*. En fournissant aux entreprises innovantes la ligne de vie (le financement nécessaire), le développement financier joue un rôle clé dans le développement et la croissance économiques d'un pays. Le *« développement financier institutionnel »* a un impact positif et significatif sur le *« ratio commercial »*, mais son impact sur les volumes totaux des échanges est insignifiant. Ce résultat suggère que si les économies asiatiques veulent augmenter leurs exportations davantage que leurs importations, elles doivent travailler au développement des institutions financières. Le développement institutionnel est peut-être lié à une disponibilité accrue et efficace du crédit/financement pour les exportateurs dans le besoin.

Les auteurs se servent du PIB par habitant, de la population totale, des flux d'IDE entrants et sortants, ainsi que les taux de change effectifs réels comme variables de contrôle pour la modélisation. L'échantillon comprend des données sur vingt ans, de 1997 à 2016, pour 16 grandes économies d'Asie. La technique de modélisation des données de panel *« Régression à effets fixes »* est utilisée avec deux variables dépendantes différentes. Le *« développement financier global »* est considéré ici comme ayant une relation positive et significative avec le commerce international. Le choix d'un modèle à effets fixes donne des résultats qui confirment l'existence d'une relation positive et significative entre toutes les composantes du développement financier et du commerce international, et entre le développement financier global et le commerce international dans les économies asiatiques. Singapour, le Japon et la Corée du Sud représentent les niveaux de développement financier les plus élevés, tandis que d'autres pays ont montré un niveau de développement financier relativement moins élevé selon la mesure utilisée dans cette étude.

II. Frictions financières et sophistication des exportations de l'ASS : examen empirique

II.1. Frictions financières et sophistication des exportations en ASS, le message des chiffres

L'évolution de l'indice de complexité a connu une progression non moins négligeable même si celle-ci reste encore bien inférieure à celle des autres régions dans le monde, notamment l'Europe, l'Amérique du Nord et l'Asie (ATLAS of economic complexity). Si l'on se réfère aux 12 premières nations à indice de complexité économique (même si la moyenne de cet indice dans ce premier groupe[1] reste négative à l'exception des Comores et de l'Afrique du Sud) et aux 12 dernières nations, on note qu'il existe cependant de grandes disparités entre ces deux sous-groupes. En effet, le premier groupe a un indice de complexité économique moyen de -0,267327 par an au cours de la période 1996-2018 contre -1,398979 pour le second groupe[2]. En outre, il semble exister une plus grande disparité dans la distribution de l'indice de complexité économique dans le premier groupe comparativement au second. À titre illustratif, pour une moyenne de -1,398979 par an, l'écart-type dans le deuxième groupe n'est que de 0,2370, tandis que dans le premier groupe, il est de 0,3304 pour une moyenne de -0,267327. Dans ce premier groupe de pays à plus grande complexité économique, l'Afrique du Sud et les Comores ont connu des indices de complexité économique positifs au cours de 1996-2017, soit en moyenne 0,5103264 et 0,1589498 respectivement contre -0,4513271 ; -0,4876829 et -0,6968976 pour le Kenya, le Sénégal et la Tanzanie respectivement. Le graphique 1 retrace l'évolution de l'indice de complexité pour ces deux groupes de pays.

Figure 1 : Évolution de l'indice de complexité économique (Groupe 1 et 2).

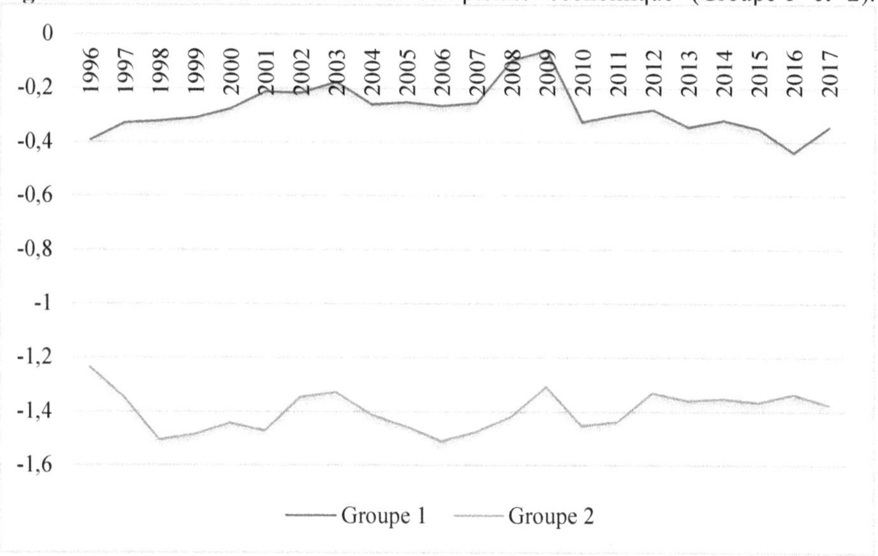

Source : *Auteurs*

[1] Comores, Afrique du Sud, République centrafricaine, Niger, Cap-Vert, Rwanda, Namibie, Botswana, Kenya, Sénégal, Zimbabwe et Togo.

[2] Burundi, Bénin, Maurice, Cameroun, Soudan, Gabon, RDC, Mauritanie, République du Congo, Gambie, Angola et Nigéria.

II.1.1. Frictions financières endogènes et sophistication des exportations en ASS

➢ **Crédit domestique accordé au secteur privé et indice de complexité économique**

Le crédit domestique accordé au secteur privé[3] moyen dans les États du groupe 1 n'a cessé d'augmenter au fil des années, passant de 25,2358 ; 27,2594 et 28,0023 en 1996, 1999 et 2004 respectivement à 36,1652 en 2011, 39,5783 en 2014 et 42,3194 en 2017 avec une moyenne de 32,8684 au cours de la période 1996-2018. Il faut noter tout de même que malgré ce trend croissant, l'évolution du crédit domestique accordé au secteur privé moyen (% du PIB) a connu une période où cette tendance s'est inversée. En effet, après l'année 2002, le montant du crédit a baissé, passant de 32,2774 en 2002 à 29,4342 en 2003 pour atteindre un minimum de 28,0023 en 2004. La même observation a pu être faite au cours de la période 2007-2009[4]. Le graphique 2 ci-dessous retrace ainsi l'évolution du crédit domestique accordé au secteur privé.

Figure 2 : Évolution du crédit domestique accordé au secteur privé par les banques (Groupe 1)

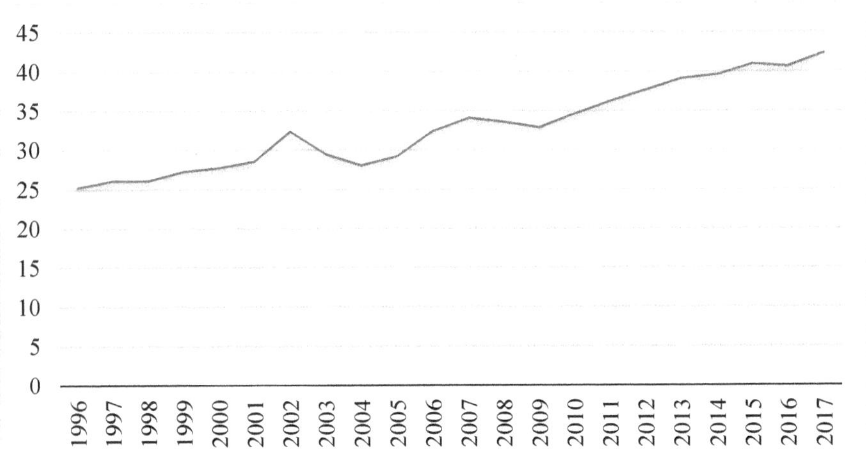

Source : *Auteurs*

[3] Il s'agit du crédit accordé par les banques, en pourcentage du PIB (WDI, 2019)

[4] L'on se rappelle que cette période a été marquée par la crise financière qualifiée de crise des subprimes

Pour ce qui est des pays du groupe 2, on note un trend également croissant, mais avec une moyenne sur la période 1996-2017 qui est de 16,8250 biens inférieurs à la moyenne du premier groupe. Pour être plus précis, le crédit moyen accordé au secteur privé des États à indice de complexité économique moins élevé est passé de 10,4119 en 1996, 12,8724 en 1999 et 14,2784 en 2004 à 16,1257 en 2007, 21,1350 en 2012 et 24,4806 2016, tout en connaissant des fluctuations non négligentes entre ces années. Le graphique 3 ci-dessous permet de mieux percevoir l'évolution de cette variable dans ce deuxième groupe de pays.

Figure 3 : Évolution du crédit domestique au secteur privé Groupe 2)

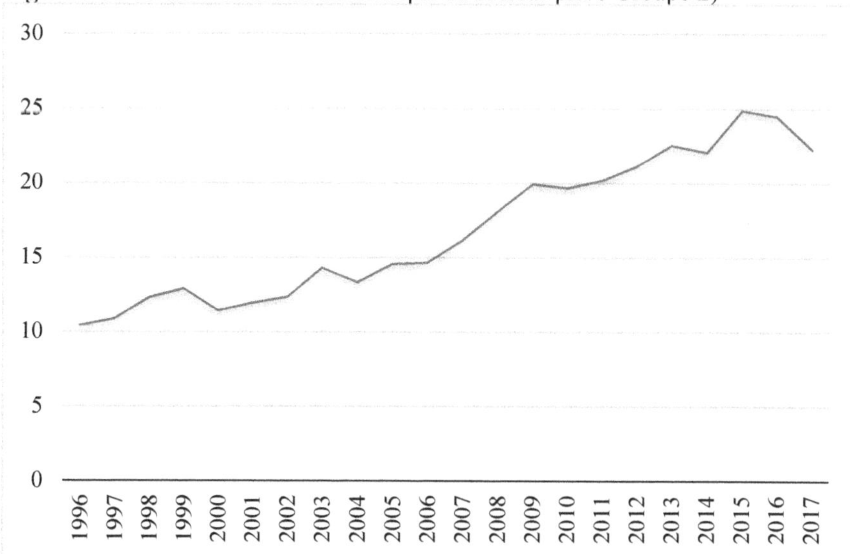

***Source :** Auteurs*

➢ Écart de taux d'intérêt[5] et de l'indice de complexité économique

Le graphique 4 indique une tendance croissante de l'écart de taux d'intérêt moyen dans le groupe 1 avec une moyenne sur l'ensemble de la période de 5,4887% par an. L'on note que sur la période 1996-2004 cet écart de taux d'intérêt moyen de l'ensemble des pays de ce groupe a été au plus haut oscillant autour de 7,3552%. Après l'année 2004, l'écart de taux d'intérêt a connu une chute vertigineuse passant de 6,6755% en 2004 à 3,8869% en 2006 avec une valeur intermédiaire de 4,6799% en 2005, pour désormais évoluer autour d'une moyenne de

[5] Il s'agit de la différence entre le taux d'emprunt et le taux d'épargne

3,93001 matérialisant ainsi une plus grande proximité des taux débiteur et créditeur dans ces pays en moyenne. Il est également très important de noter que certains de ces pays présentent des écarts de taux d'intérêt moyens négatifs comme l'indique le graphique 5. Il s'agit notamment du Niger, du Sénégal et du Togo.

Graphique 4 : Évolution de l'écart de taux d'intérêt (groupe 1)

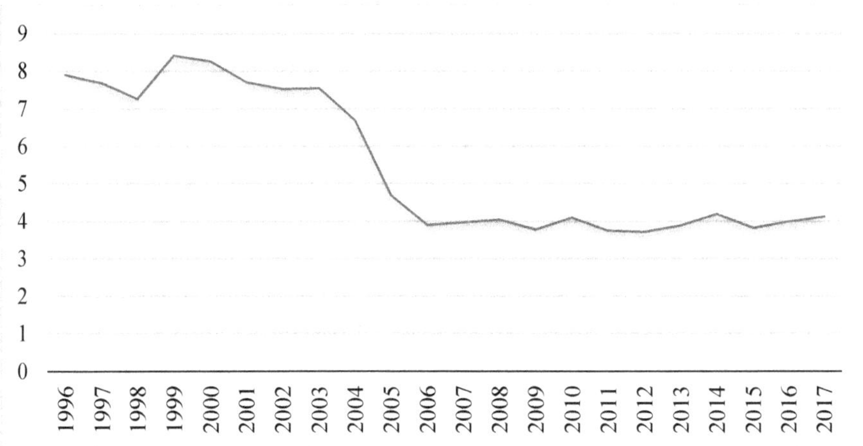

Source : *Auteurs*

Graphique 5 : Écarts de taux d'intérêt par pays (groupe 1)

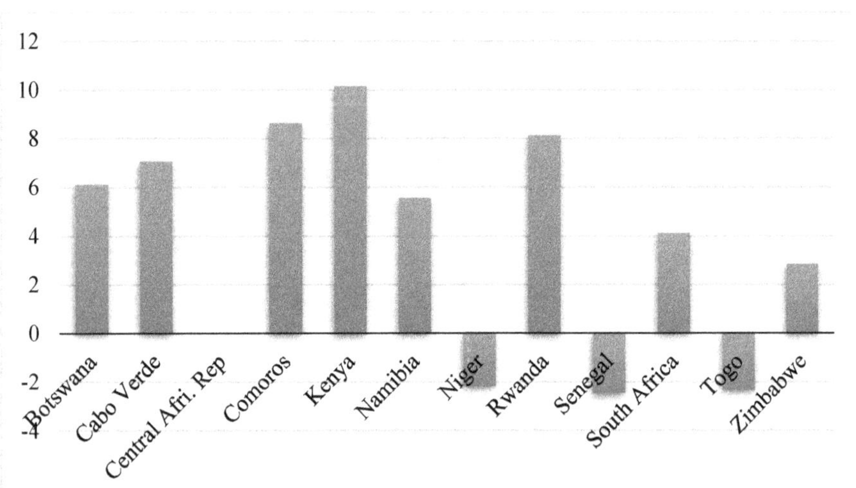

Source : *Auteurs*

Le graphique 6 qui suit retrace l'évolution de l'écart de taux d'intérêt des pays à plus faible indice de complexité économique. Il indique une évolution moyenne décroissante autour d'une moyenne de 11,1072% par an. L'on observe un pic de 18,4325% atteint au cours de l'année 2002, puis une évolution en dents de scie sur la période 2003-2009 autour d'une moyenne de 11,5117%. Concernant la négativité des écarts de taux d'intérêt observé dans certains pays du groupe 1, il en est de même pour le Bénin. Mais, il n'en est rien pour les autres pays de ce deuxième groupe de pays. En effet pour ce pays-là, l'écart de taux d'intérêt moyen a été supérieur 5,4887 % (moyenne atteinte par le groupe 1) de 1996 à 2017 (graphique 7).

Figure 6 : Évolution de l'écart de taux d'intérêt (Groupe 2)

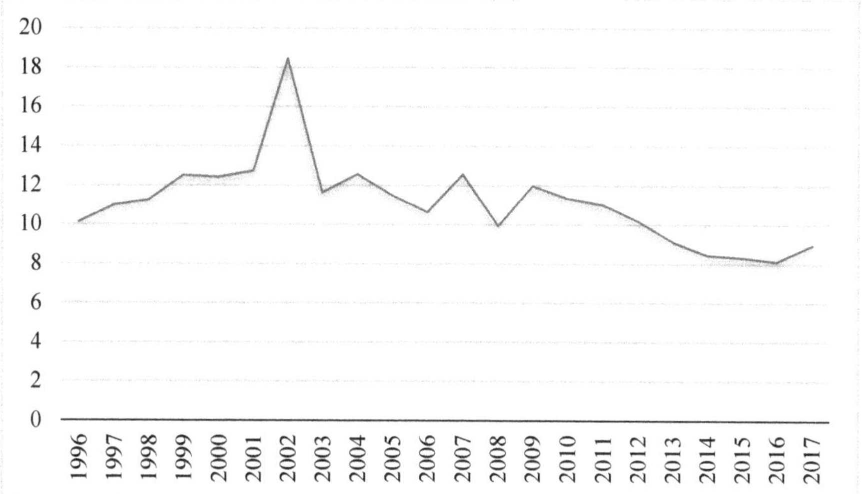

Source : *Auteurs*

Figure 7 : Écart de taux d'intérêt par pays (Groupe 2)

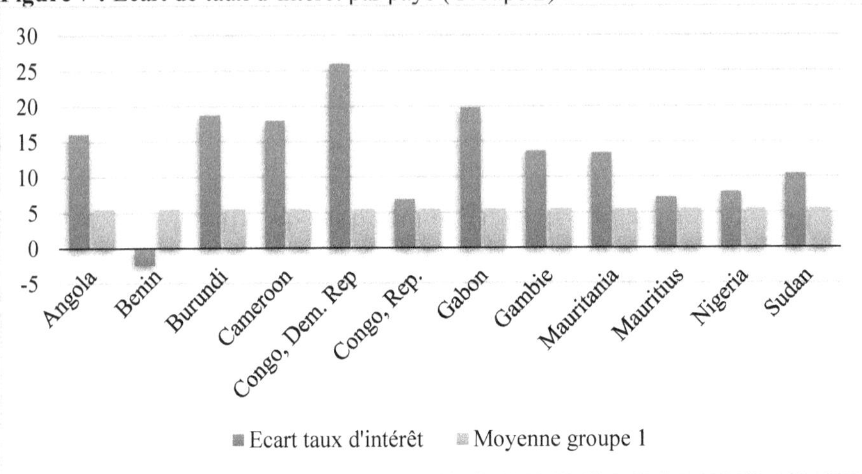

Source : *Auteurs*

II.1.2. Frictions financières exogènes et sophistication des exportations en ASS

➢ Dette brute du gouvernement et indice de complexité économique, cas du groupe 1

Dans ce premier groupe de pays de l'ASS, la dette brute du gouvernement affiche un trend croissant assez marqué avec une moyenne de 5,3278% du PIB par an (graphique 2.1.8). En effet depuis l'année 2006, la dette brute (moyenne) des gouvernements de ces États de ce premier groupe n'a cessé d'augmenter passant de 5,0085 en 2006 à 6,0829 en 2017 avec une moyenne de 5,5172 au cours de cette dernière période. Malgré cette tendance croissante observée sur l'ensemble de la période 1996-2017, il faut noter l'existence de deux périodes marquées par une décroissance de la dette brute moyenne des gouvernements de ces États. En effet, après l'année 1997, la dette brute moyenne dans ce groupe a baissé passant de 5,2492 en 1997 à 4,8086 en 1999 en passant par 4,7756 en 1998. À cette période de décroissance s'ajoute la période 2004-2006 où cette dette brute moyenne est passée de 5,5499 à 5,1795 en 2005 pour atteindre la valeur de 5,0085 en 2006.

Figure 8 : Évolution de la dette brute du gouvernement (Groupe 1)

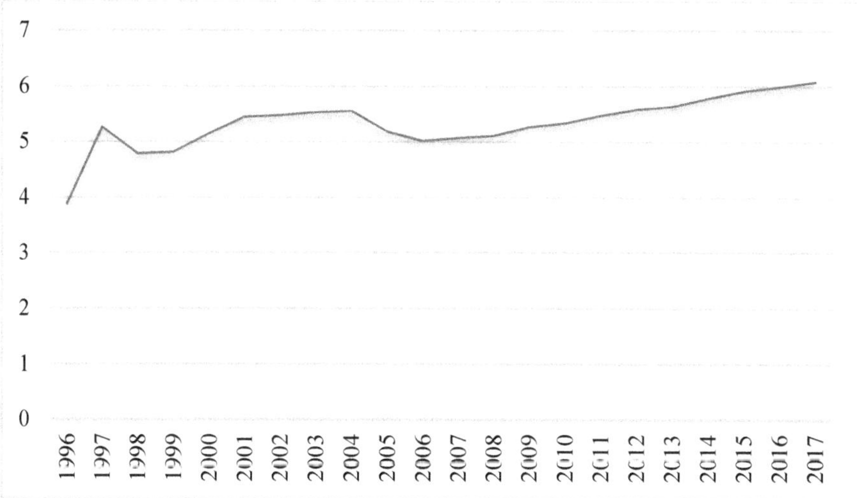

***Source :** Auteurs*

Il est important de noter comme le montre le graphique 9 la grande disparité de la dette brute moyenne des gouvernements des États du premier groupe. En effet, sur les douze pays de ce groupe, 5 ont des dettes brutes moyennes bien inférieures à la moyenne générale, les 7 autres pays ont une moyenne bien au-dessus de cette moyenne.

Figure 9 : Brute du gouvernement par pays (Groupe 1)

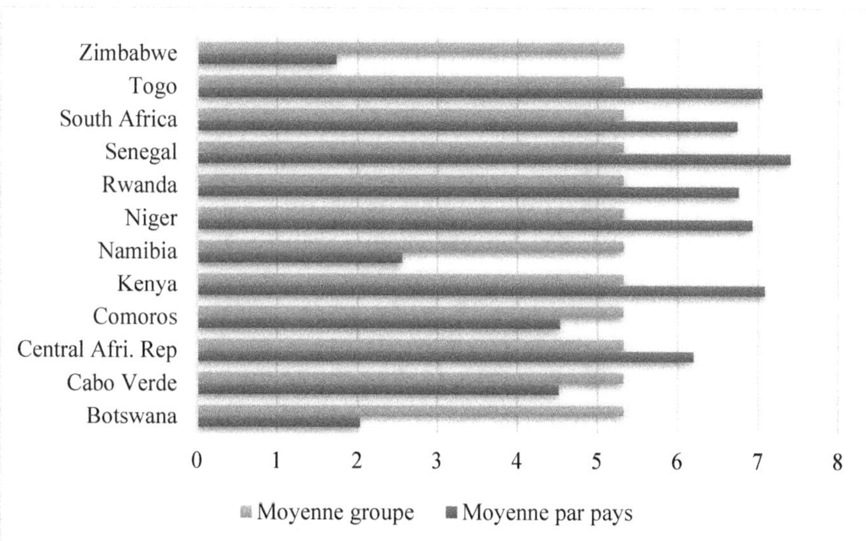

***Source :** Auteurs*

➢ Dette brute du gouvernement et indice de complexité économique, cas du groupe 2

Dans ce second groupe de pays à indice de complexité économique plus faible, on observe une croissance de cette moyenne de la dette brute (graphique 2.1.10) au cours de la période 1996-2017 avec une moyenne de 6,6085% du PIB par an avec un écart-type de 0,6087. Ceci montre ainsi la grande proximité entre les moyennes de la dette brute du gouvernement au fil des années. Pour aller plus en détails, l'évolution de la dette brute moyenne des pays de ce groupe a connu deux principales phases. En effet, sur les périodes 2000-2005 et 2007-2017, la dette brute moyenne a présenté une tendance croissante autour des valeurs moyennes de 6,4813% et 7,0002% du PIB pour ces deux périodes respectivement. La phase de décroissance est apparue au cours des périodes 1998-1999 et 2005-2006 où la dette brute moyenne de ces États est passée de 5,7424 à 5,7125 et de 6,7575 à 6,4791 pour cent du PIB par an respectivement.

Figure 10 : Évolution de la dette brute du gouvernement (groupe 2)

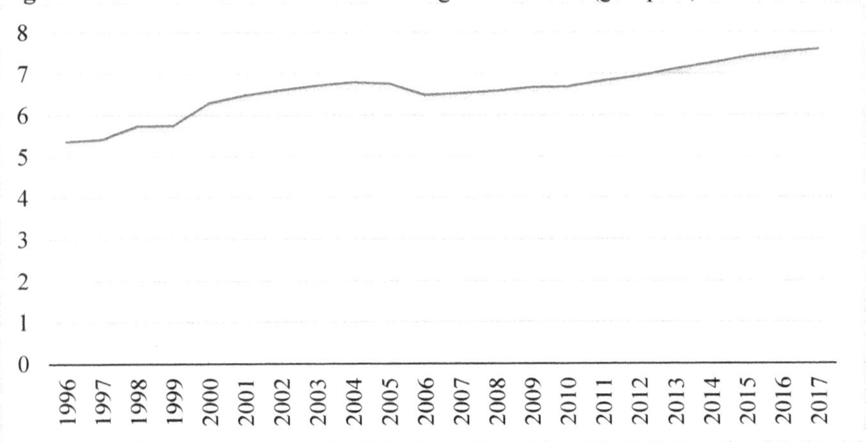

Source : *Auteurs*

La proximité des moyennes de la dette brute au fil des années reste vraie lorsqu'on s'intéresse aux moyennes par pays comme le montre le graphique 2.1.11 qui suit. En effet, les 3/4 des pays de ce groupe ont des moyennes légèrement supérieures à la moyenne sur l'ensemble de la période. Cette moyenne par pays a un coefficient d'aplatissement de l'ordre de -1,1003 révélant bien la nature platikurtique de cette distribution des moyennes de dette brute des gouvernements de ces pays.

Il est également important de noter que, comparativement au premier groupe de pays à indice de complexité économique plus élevé, la moyenne de la dette brute du gouvernement dans ce deuxième groupe est plus élevée soit 5,3278% du PIB par an et avec une moyenne de 6,6085% du PIB par an pour le premier et deuxième groupe respectivement.

Figure 11 : Dette brute moyenne du gouvernement par pays (groupe 2)

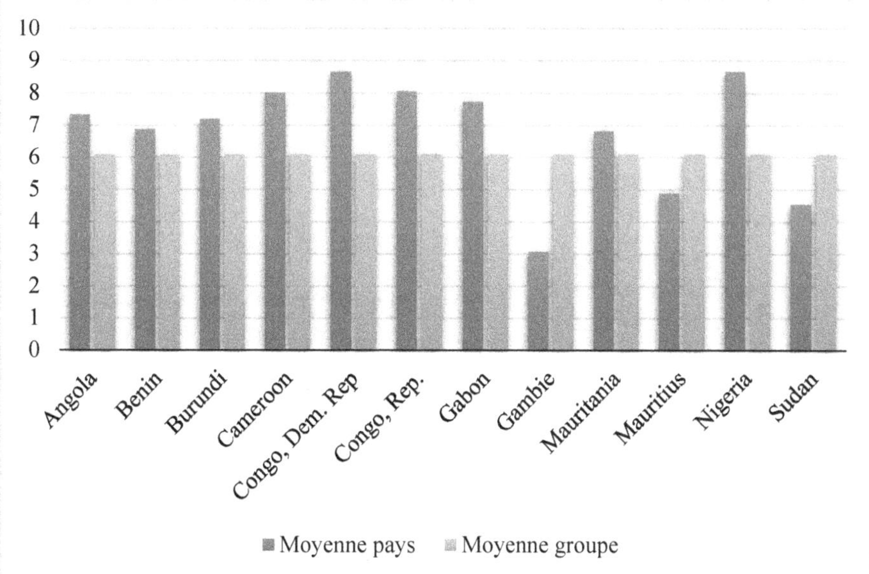

Source : *Auteurs*

II.2. Frictions financières et sophistication des exportations en ASS, analyse économétrique

II.2.1. Présentation du modèle économétrique à estimer

Conformément à la revue de la littérature empirique faite précédemment sur la sophistication des exportations, nous optons dans cette partie, à une modélisation en panel. L'un des avantages des données de panel est qu'elles prennent en compte les caractéristiques inobservables propres aux individus et/ou aux périodes étudiées au fil du temps. En nous référant aux travaux de Haussman et Hidalgo (2009), notre modèle à estimer est donc le suivant :

$$\boldsymbol{ICE_{it} = \lambda ICE_{it-1} + \alpha Fric\_fin_{it} + \beta Inst_{it} + \theta X_{it} + \eta_i + \varepsilon_{it}} \quad (1)$$

Où

$\boldsymbol{ICE_{it}}$ est le vecteur des valeurs de l'indice de complexité économique, $\boldsymbol{Fric\_fin_{it}}$ le vecteur des indicateurs de frictions financières, $\boldsymbol{Inst_{it}}$ les indicateurs de la qualité des institutions, $\boldsymbol{X_{it}}$ le vecteur des autres variables macroéconomiques, $\boldsymbol{\eta_i}$ l'effet spécifique fixe ou aléatoire du pays i, $\boldsymbol{\varepsilon_{it}}$ le terme d'erreur. $i = 1,2,3, \ldots 36$ et $t = 1,2,3, \ldots ,22$ représente respectivement les individus et les années. Plus spécifiquement, on a :

$$\boldsymbol{ICE_{it} = \lambda ICE_{it-1} + \alpha_1 ecart\_taux\_int_{it} + \alpha_2 cred\_dom\_sec\_priv_{it} + \alpha_3 det\_brut\_gouv_{it} + +\beta_1 \mathbf{Corrup} + \beta_2 reg\_politik_{it} + \theta_1 Infl_{it} + \theta_2 dep\_pub_{it} + \theta_3 PIB\_t\hat{e}te_{it} + \theta_4 Rent\_ress\_nat_{it} + \theta_5 FBCF_{it} + \theta_6 IDE_{it} + \theta_7 cap\_hum_{it} + \eta_i + \varepsilon_{it}} \quad (2)$$

II.2.2. Présentation des variables

Toutes les variables utilisées dans cette partie, leurs définitions ainsi que leurs sources, sont consignées dans le tableau (figure 12) ci-dessous. Il s'agit des variables qui prennent en compte les indicateurs des frictions financières endogènes et exogènes à savoir l'écart des taux d'intérêt, le crédit domestique accordé au secteur privé par les banques, la dette brute du gouvernement (Merlin et Teles, 2014 ; Allub et Erosa, 2018) ; l'influence du niveau de vie (PIB/tête et le capital humain) ; l'influence des facteurs institutionnels (Contrôle de la corruption et régime politique) ainsi que d'autres variables macroéconomiques pouvant affecter la sophistication des exportations en ASS. Il s'agit notamment de l'inflation, la FBCF, le niveau de chômage, la rente des ressources naturelles, les investissements directs étrangers et des dépenses publiques.

Tableau 1 Statistiques descriptives des variables du modèle de 1996 à 2017

Variables		Observations	Moyenne	Variance
Frictions financières	**Crédit domestique accordé au secteur privé**	769	20,88733	25,46584
	Dette brute du gouvernement	678	5,967326	2,529563
	Écart de taux d'intérêt	507	8,452862	8,777269
Institutions	**Régime politique**	769	2,719116	4,947554
	Contrôle de la corruption	769	0,6662959	0,2149081
Sociales	**Capital humain**	747	1,737248	0,4215826
	Taux de croissance PIB par tête	787	1,796793	4,105915
Autres	**Inflation**	724	17,1893	158,1794
	FBCF	723	20,91407	8,727591
	IDE (log)	787	18,77813	2,181649
	Dépenses publiques (%PIB)	746	109,1068	19,0657
	Taux de chômage	792	8,661871	7,323103
	Rente des ressources naturelles (%PIB)	788	11,91999	11,45535
Expliquée	**Indice de complexité économique**	780	−0,877332	0,5707878

Source : *Auteurs*

II.2.3. Méthode d'estimation

Le choix de la méthode d'estimation dépend de plusieurs facteurs tels que la magnitude de la corrélation entre les individus et la nature même de l'interdépendance individuelle. Si l'interdépendance individuelle est due à la présence de facteurs communs inobservables non corrélés aux variables explicatives (l'effet de leurs composantes est senti à travers le terme d'erreur), alors les estimateurs à effets fixes ou à effets aléatoires sont cohérents, mais inefficients (l'estimateur de l'erreur standard est biaisé). Il est possible de corriger cette erreur en utilisant la méthode utilisée par Driscoll et Kraay (1998), Coakley, Fuertes et Smith (2002).

Toutefois, si les composantes communes qui créent l'indépendance interindividuelle sont corrélées aux variables exogènes alors les estimateurs à effets fixes (FE) et ceux à effets aléatoires (RE) deviennent incohérents et inefficaces. De ce fait, la méthode des estimateurs de la moyenne de groupe à effets communs corrélés (CMG : Common Correlated Effects Mean group) proposée Pesaran (2006) convient davantage. Il est également possible d'utiliser la méthode des variables instrumentales. Cependant, la difficulté de cette méthode est de trouver une variable instrumentale corrélée aux variables explicatives et non corrélée aux facteurs communs inobservés[6]. Dans le cas des estimateurs d'un panel dynamique, l'ignorance de la dépendance individuelle est préjudiciable, car réduisant drastiquement l'efficience de l'estimateur de la méthode des moindres carrés ordinaires. Ainsi, selon Sarafadis et Robertson (2006), les méthodes citées précédemment (c'est-à-dire les méthodes à effets fixes et à effets aléatoires) et la méthode des moindres carrés généralisés sont inefficaces dans le cadre d'un panel dynamique de court terme avec dépendance des individus. Ils considèrent que l'utilisation de la méthode des moments généralisés est la mieux indiquée. Il est également possible d'utiliser d'autres méthodes utilisant des variables instrumentales telles que la technique des 2SLS (2 Least Squared) ou celle de la LIML (la méthode du maximum de vraisemblance à information limitée).

En effet, il existe diverses méthodes d'estimation utilisant la méthode des variables instrumentales : la méthode des doubles moindres carrés (2SLS) et la méthode du maximum de vraisemblance à information limitée (LIML). L'estimateur par la méthode des moments généralisés (GMM) est également une bonne méthode d'estimation des variables instrumentales. Le principe de l'ensemble de ces procédés est de faire disparaître le problème d'endogénéité entre les variables explicatives et les résidus en utilisant des variables exogènes non corrélées aux résidus comme instruments. La méthode d'estimation des variables instrumentales la plus utilisée est celle des 2SLS. Toutefois, l'estimateur du LIML est plus efficace que celui des 2SLS. L'avantage de la méthode du LIML par rapport à la méthode des 2SLS est l'invariance de la normalisation. En effet, les études théoriques et les tests de Monte-Carlo montrent que l'estimateur LIML fournit moins de biais et un intervalle de confiance meilleur que la méthode des 2SLS. Concernant la méthode des GMM, elle est robuste, même en présence d'une mauvaise spécification, mais elle est souvent moins efficace que la méthode du LIML. Par ailleurs, si le nombre de paramètres est égal au nombre d'instruments alors l'estimateur des GMM est semblable à l'estimateur des 2 SLS.

---

[6] Voir De Hoyos R-E., Sarafidis V., 2006, pp. 482-483

III. Résultats et interprétations

Afin de déterminer quels sont les indicateurs de frictions financières susceptibles d'affecter l'ICE en ASS, et compte tenu des tests effectués plus haut, nous avons recours à l'estimateur GMM en système d'Arellano et Bover (1995)/Blundell et Bond (1998) et à l'estimateur des doubles moindres carrés. Nous avons ainsi effectué six régressions pour parvenir à nos fins. Dans la première estimation (modèle 1), nous avons voulu isoler l'influence des seuls indicateurs de frictions financières sur l'ICE en ASS, tandis que des variables macroéconomiques (déterminants de la sophistication des exportations) ont été ajoutées dans le modèle pour la deuxième estimation (modèle 2). En ce qui concerne les deux dernières estimations, il a surtout été question de tenir compte des spécificités des différentes zones de l'ASS en l'occurrence la CAE (modèle 3), la CEEAC (modèle 4), la CEDEAO (modèle 5) et la SADC (modèle 6). Le tableau 2.2 donne une synthèse de nos principaux résultats.

Tableau 2 : Résultats de l'estimation GMM

Variables explicatives	Variable endogène : Indice de complexité économique					
	Modèle 1 (ASS)	**Modèle 2 (ASS)**	**Modèle 3 (CAE)**	**Modèle 4 (CEEAC)**	**Modèle 5 (CEDEAO)**	**Modèle 6 (SADC)**
ICE (t-1)	0,5244*** (0,0411)	0,3789 *** (0,0498)	0,5253 *** (0,1265)	0,1332 (0,1453)	0,5755 *** (0,0807)	0,3598 *** (0,0664)
CASP_bank	0,0033* (0,0020)	0,0019 (0,0022)	−0,0018 (0,0096)	0,0108 (0,0136)	0,0013 (0,0066)	−0,0000 (0,0019)
Dette_brut_gouv	−0,0306 * (0,01630)	−0,0411 ** (0,0163)	−0,0556 (0,0496)	−0,1019 (0,0977)	−0,0553 ** (0,0260)	−0,1043 *** (0,0296)
Écarts de taux d'intérêt	−0,0074 *** (0,0025)	−0,0027 (0,0022)	−0,0203 (0,0128)	−0,0002 (0,0036)	−0,0263 ** (0,0109)	−0,005 * (0,0027)
Ressources naturelles		−0,0085 *** (0,0023)	0,0056 (0,0099)	−0,0071 (0,0067)	−0,0118 * (0,0066)	−0,0113 *** (0,0030)
Chômage		−0,0076 (0,0084)	0,0035 (0,0277)	−0,1297 ** (0,0633)	−0,0278 (0,0194)	−0,0200 ** (0,0094)
Dépenses publiques		0,0008 (0,0009)	−0,0079 (0,0068)	0,0042 (0,0071)	0,0007 (0,0013)	0,0116 *** (0,0027)
IDE (Log)		0,0134 (0,0124)	0,0239 (0,0236)	0,02127 (0,0337)	0,0191 (0,0239)	−0,0089 ** (0,0043)
Investissements (FBCF)		0,0054 ** (0,0027)	0,0102 (0,0076)	0,00074 (0,0125)	0,0052 (0,0058)	−0,0030 (0,0059)
Inflation		−0,0002 (0,0008)	0,0015 (0,0045)	0,0000 (0,0011)	0,0094 (0,0070)	−0,6477 ** (0,3238)
Corruption		0,4594 ** (0,2302)	1,0407 * (0,5776)	0,3447 (0,6327)	−0,0734 (0,3696)	−0,0103 (0,0123)

Démocratie		−0,0033 (0,0069)	0,0036 (0,0093)	0,0016 (0,0299)	−0,0083 (0,0133)	−0,2230 (0,1554)
Capital humain		0,1844 (0,1204)	0,4532 * (0,2499)	0.2481 (0,7252)	0,0669 (0,3000)	0,0185 *** (0,0045)
Croissance économique		0,0092 *** (0,0033)	0,0074 (0,0087)	0,0089 (0,0127)	0,0208 *** (0,0060)	0,0185 *** (0,0045)
Constante	−0,2166 * (0,1110)	−1,2357 *** (0,3824)	−1,1380 (0,9808)	−1,3337 (1,4060)	−0,3702 (0,6159)	−0,5999 (0,6332)
Caractéristiques générales du modèle						
Nombre d'observations	438	339	57	49	120	113
Nombre de pays	27	24	3	3	9	9
P-value test Sargan/Hansen	0,5624	0,4122	0,9175	0,13248	0,6254	0,8742
P-value Fisher	0,0000	0,0000	0,0000	0,0000	0,0000	0,0000
P-value AR (1)	0,0000	0,002	0,0000	0,0024	0,0003	0,0000
P-value AR (2)	0,1248	0,635	0,854	0,784	0,1245	0,1985

Notes *: Les valeurs entre parenthèses correspondent à l'écart-type corrigé de l'hétéroscédasticité. ***significatif à 1% **significatif à 5%, *significatif à 10%. a=degré de liberté modèle 1.*

Source : *Auteurs*

Dans l'ensemble, nos résultats sont assez satisfaisants aussi bien sur le plan économétrique que sur le plan économique. Sur le plan économétrique, le test de Fisher nous permet de conclure que nos 6 modèles sont globalement et fortement significatifs. En effet, la p-value associée à cette statistique (Prob > F =0,000) est inférieure au seuil de 1% pour toutes les 6 estimations. En outre, le test de Hansen dont la p-value est supérieure au seuil de 10%, est concluant pour tous les modèles ne permettant pas de rejeter l'hypothèse nulle et donc la validité de nos instruments. Enfin, le test AR (2) est également satisfaisant puisque la p-value supérieure au seuil de 10% ne permet pas non plus de rejeter l'hypothèse nulle d'absence d'autocorrélation de second ordre des résidus dans les 6 estimations. Les résultats de nos estimations sont donc robustes d'autant plus que les écarts-types ont également été corrigés de l'hétéroscédasticité. Sur le plan théorique également, nos résultats sont pour la plupart conformes aux travaux antérieurs, aussi bien pour les indicateurs de frictions financières que pour la plupart des autres variables de contrôle.

Les coefficients associés au crédit accordé au secteur privé par les banques sont tous positifs dans les six modèles, mais uniquement significatifs au seuil de 10% dans le modèle 1 (où l'on a isolé uniquement les variables de frictions financières). La dette brute du gouvernement a une incidence négative sur la sophistication des exportations en ASS, il en va de même pour les différentes zones de cette sous-région de l'Afrique. Cet impact négatif est significatif pour l'ensemble des pays de l'ASS, la CEDEAO et SADC au seuil de 5%, 5 % et 10% respectivement. Ce résultat indique que lorsque les gouvernements gonflent leurs dettes (brutes), celles-ci défavorisent les niveaux d'innovations technologiques au niveau du tissu industriel, empêchant ainsi une complexité économique plus importante. Tous les coefficients liés aux écarts de taux d'intérêt sont négatifs et significatifs dans les modèles 1, 5 et 6. Ces derniers résultats enseignent que lorsque les écarts entre les taux d'intérêt débiteurs et créditeurs s'accentuent, ils pénalisent le degré de complexité des économies de l'ASS.

Les IDE ne semblent pas jouer un rôle sur la sophistication des exportations des pays de l'ASS. En effet, les coefficients associés aux IDE sont positifs, mais non significatifs pour les modèles 2, 3, 4 et 5. Ces résultats suggèrent la possibilité d'un transfert de capacités productives plus avancées des multinationales vers les entreprises locales, de sorte que ces dernières sont désormais capables de produire et d'exporter des produits plus sophistiqués qu'auparavant. Mais l'on observe particulièrement une incidence négative des IDE sur la sophistication des exportations en SADC. Ce dernier résultat soulève la problématique de la qualité et du type des IDE en destination de l'ASS. Les ressources naturelles pénalisent la sophistication des exportations, puisque pour l'ensemble des modèles 2, 4, 5 et 6 les coefficients liés aux ressources naturelles sont tous négatifs et significatifs à l'exception de la CEEAC. Le capital humain et les dépenses publiques et le contrôle de la corruption favorisent une plus grande sophistication des exportations en Afrique au sud du Sahara. Nous constatons une corrélation positive entre le PIB par habitant et l'ICE en ASS (pour modèles 2, 3, 4, 5 et 6, ils sont significatifs pour l'ASS, la CEDEAO et la SADC), ce qui implique que les pays plus développés exportent des produits plus sophistiqués.

Conclusion

L'objectif de cet article était d'examiner empiriquement l'incidence des frictions financières sur la sophistication des exportations dans le contexte de l'ASS. Nous avons opté pour une approche conceptuelle et théorique de la relation entre les deux concepts en première section et une revue des travaux empiriques existants sur cette relation en deuxième section. Les théoriciens McKinnon et Shaw (1973) et bien d'autres proposent la théorie de la libéralisation financière comme solution pour augmenter l'épargne, accroître le crédit et réduire les contraintes financières. À l'inverse, Stiglitz (1989) pense qu'à court terme, la libéralisation peut avoir tendance à entraîner des problèmes d'informations plus sévères, du fait que les banques doivent faire face à de nouvelles entreprises qu'elles n'ont pas eu le temps de connaître. À partir d'un panel dynamique estimé grâce à la méthode des GMM en système, nous avons démontré que la dette brute du gouvernement, les écarts de taux d'intérêt pénalisent la sophistication des exportations en ASS tandis que le crédit à accorder au secteur privé par les banques améliore la sophistication des exportations malgré que cette amélioration ne soit pas significative en ASS. De même, il apparaît également que le capital humain, les IDE, l'investissement privé et les dépenses publiques sont des facteurs au moins aussi importants que les précédents.

Références bibliographiques

Acemoglu D. (2001), « Credit market imperfections and persistent unemployment ». European Economic Review, 45(4-6), 665?679. doi:10.1016/s0014-2921(01)00107-6.

Raifu Isiaka Akande (2019). « The Effect of Financial Development on Unemployment in Nigeria: Do Measures of Financial Development Matter ? » DBN Journal of Economics and Sustainable Growth Vol. 2, Issue 2, pp. 1-35

Alagidede, I. P. (2020). "Structural transformation in the presence of trade and financial integration in sub–Saharan Africa". Central Bank Review.

Amaral P. S. (2010), « Imited enforcement, financial intermediation, and economic development: a quantitative assessment ». International Economic Review, Wiley Online Library, volume 51, 785-811.

Antràs, P. & Caballero R. J. (2010), "On the role of financial frictions and the saving rate during trade liberalizations". Journal of the European Economic Association, 8(2-3), 442?455. doi:10.1111/j.1542-4774.2010.tb00515.x.

Arellano, M., & Bover, O. (1995). "Another look at the instrumental variable estimation of error-components models", Journal of Econometrics, 68(1), 29?51. doi:10.1016/03044076(94)01642- d.

BAH, E.-H., & FANG, L. (2016). "ENTRY COSTS, FINANCIAL FRICTIONS? AND CROSS-COUNTRY DIFFERENCES IN INCOME AND TFP". Macroeconomic Dynamics, Vol. 20, 884-908.

Balestra, P. & Varadharajan-Krishnakumar J. (1987). "Full information estimations of a system of simultaneous equations with error component structure.", Econometric Theory, pp. 223-246.

Bassanini, A., & Duval, R. (2006). « Employment Patterns in OECD Countries: Reassessing the Role of Policies and Institutions ». OECD Economics Department Working Papers No. 486. OECD Publishing (NJ 1).

Barrett C. B. P. (2019), « The economics of poverty traps », University of Chicago Press.

Beck T. (2002), "Financial development and international trade", Journal of International Economics, 57(1), 107–131. doi:10.1016/s0022-1996(01)00131-3 ;

Benmelech E. A. (2019). "Financial frictions and employment during the great depression", Journal of Financial Economics, volume 133, number 3, 541-563.

Bergin, P., Feng, L., & Lin, C.-Y. (2018). "Financial Frictions and Trade Dynamics". IMF Economic Review. doi:10.1057/s41308-018-0060-x.

Bernanke B. S. (1999), "The financial accelerator in a quantitative business cycle framework", Handbook of macroeconomics, volume 1, 1341-1393.

Bertho, F. (2014). "Renforcer les systèmes financiers des pays d'Afrique subsaharienne pour financer le futur agenda pour le développement durable". Revue d'économie financière, 4(no.116), pp. 81-96.

Bloch L. & Coeuré B. (1994), « Les imperfections du marché du crédit et leur influence sur l'investissement des entreprises », Revue d'économie financière, number 30, 195-206.

Blot C. & Hubert P. (2016), « CAUSES ET CONSÉQUENCES DES TAUX D'INTÉRÊT NÉGATIFS ». Revue de l'OFCE(no.148).

Blundell R. & Bond S. (1998), "Initial conditions and moment restrictions in dynamic panel data models", Journal of Econometrics, 87(1), 115143. doi :10.1016/s03044076(98)00009-8.

Bougheas S. & Falvey R. (2011), "The Impact of Financial Market Frictions on Trade Flows, Capital Flows and Economic Development" University of Nottingham - School of Economics.

Brooks, W. & Dovis, A. (2019). « Credit Market Frictions and Trade Liberalizations ». Journal of Monetary Economics, volume 111 Elsevier, 32-47. doi: 10.1016/j.jmoneco.2019.01.013.

Buera, F. J., Fattal Jaef, R. N., & Shin, Y. (2015). "Anatomy of a credit crunch: From capital to labor markets". Review of Economic Dynamics, 18(1), 101?117.doi:10.1016/j.red.2014.11.001.

Buera, F. J. (2011). "Finance and development: A tale of two sectors". American economic review, 1964-2002.

Bustos, P., Castro-Vincenzi, Monras, J. & Ponticelli, J. (2019). "Structural transformation, industrial specialization, and endogenous growth". National Bureau of Economic Research, 50-73.

Chan, J. M. L. (2018). "Financial frictions and trade intermediation: Theory and evidence". European Economic Review. doi:10.1016/j.euroecorev.2018.04.002

Chaney, T. (2016). "Liquidity constrained exporters". Journal of Economic Dynamics and Control, 72, 141?, 154. doi:10.1016/j.jedc.2016.03.010

Christiano, L. J., Trabandt, M., and Walentin, K. (2011). "Introducing financial frictions and unemployment into a small open economy model". Journal of Economic Dyenamics and Control, 35(12):1999-2041.

CNUCED (2013). "World investment report 2013: Global value chains: Investment and trade for development". UN.

Coakley, J., Fuertes, A. & Smith, R. (2002), "A principal components approach to crosssection dependence in panels".

Dabla-Norris M. E. (2013). "Revisiting the link between finance and macroeconomic volatility.", International Monetary Fund, number 13-29.

Dabla-Norris M. E.-V. (2013), "Benchmarking structural transformation across the world". International Monetary Fund, pp. 13-176.

Driscoll, J. C. (1998). "Consistent covariance matrix estimation with spatially dependent panel data", Review of economics and statistics, volume 80, number 4 MIT press, pp. 549-560.

Elhiraika, A. B. (2014). "Assessing the determinants of export diversification in Africa". Applied Econometrics and International Development, volume 14 number 1, pp. 147-160.

Elhiraika, A. B. (2014). "Promoting manufacturing to accelerate economic growth and reduce growth volatility in Africa". The Journal of Developing Areas, pp. 1-20.

Erosa & Allub (2018.), "Public Financing with Financial Frictions and Underground Economy".

Gertler M. & Kiyotaki N. (2010). "Financial Intermediation and Credit Policy in Business Cycle Analysis". Handbook of Monetary Economics.

Guariglia A. & Mateut S. (2006), "Credit channel, trade credit channel, and inventory investment: Evidence from a panel of UK firms". Journal of Banking & Finance, 30(10), 2835?2856. doi:10.1016/j.jbankfin.2005.11.002

Hall R. E. (2011). "The high sensitivity of economic activity to financial frictions". The Economic Journal, 351-378.

Hirakata, N., & Sunakawa, T. (2019). "Financial frictions, capital misallocation and structural change". Journal of Macroeconomics, volume 61, 103-127. doi:10.1016/j.jmacro.2019.103127

Iqbal, N., Feng Ju, X., Fareed, Z. & Ahmed Sheikh, S.(2019). "Financial Development and International Trade inside Asia", European Journal of Business and Management, ISSN 2222-1905 (Paper) ISSN 2222-2839 vol. 11, No. 11.

Im K. S. (1997). "Testing for Unit Roots in Heterogeneous Panels", Mimeo, Department of Applied Economics, University of Cambridge.

Jermann U. and Quadrini V. (2012), "Macroeconomic effects of financial shocks", The American Economic Review, 102(2):1186-1186.

Joumady O. (1999). "Libéralisation financière, rationnement du crédit et investissement des entreprises marocaines". Régions et développement, 9, pp. 106-132.

Kiyotaki N. & Moore J. (1997), "Credit cycles" Journal of political economy volume 105, number 2, The University of Chicago Press, 211-248.

Lewis, W. A. (1954). "Economic development with unlimited supplies of labour"., BobbsMerrill Company, College Division.

Maddala G. S. (1999). "A comparative study of unit root tests with panel data and a new simple test"., Oxford Bulletin of Economics and statistics, volume 61, number 51 Wiley Online Library, 631-652.

Manova, K. (2008). « Credit constraints, equity market liberalizations and international trade ». Journal of International Economics, 76(1), 33–47. doi:10.1016/j.jinteco.2008.03.008.

Manova, K., Shang-Jin Wei & Zhang (2015). "Firm Exports and Multinational Activity Under Credit Constraints" Review of Economics and Statistics, volume 97, pp. 574-588,

McMillan, M. & Rodrick, D. (2011). "Globalization, structural change and productivity growth"., National Bureau of Economic Research.

Mensah, J. T. (2016). « What Drives Structural Transformation in Sub-Saharan Africa? » African Development Review, 157-169.

Merlin, G. & Teles, V. (2014). "Financial frictions, informality and income inequality"., Working Paper Series.

Mijiyawa, A. (2017). "Drivers of structural transformation : The case of the manufacturing sector in Africa"., World Development, 141-159.

Minetti, R., & Zhu, S. C. (2011). "Credit constraints and firm export: Microeconomic evidence from Italy". Journal of International Economics, 83(2), 109?125.doi:10.1016/j.jinteco.2010.12.004

Monacelli, T., Quadrini, V. & Trigari, A. (2011). "Financial Markets and Unemployment" National Bureau of Economic Research Working Paper No. 17389

Nabi, M. & Suliman M. (2011). "Credit rationing, interest rates and capital accumulation"., Economic Modelling, 2719-2729.

Ngoc Bui (2020). "How does financial development affect the employment Evidence from Asezn countries" Journal of Management Information and Decisions sciences 23(1), 1-6

Nickell, S., Nunziata, L., & Ochel, W. (2005). "Unemployment in the OECD since the 1960s. What do we know?"., The Economic Journal, 115(500), 1-27.

Niinimaki, J.-P. (2018). "Collateral in credit rationing in markets with asymmetric information". The Quarterly Review of Economics and Finance, volume 68, pp. 97-102.

Nissanke, M. (2018). « Exploring macroeconomic frameworks conducive to structural transformation of sub-Saharan African economies ». Structural Change and Economic Dynamics. doi:10.1016/j.strueco.2018.07.005.

Nixson, F. I. (1990). "Industrialization and structural change in developing countries". Journal of International Development, 310-333.

Pagano, M., & Pica, G. (2012). "Finance and employment". Economic Policy, 27(69) , 5?55. doi:10.1111/j.1468-0327.2011.00276.x

Pedroni, P. (1999). "Critical values for cointegration tests in heterogeneous panels with multiple regressors". Oxford Bulletin of Economics and statistics, volume 61, number s1, 653-670.

Pesaran, M. H. (2007). "A simple panel unit root test in the presence of cross-section dependence". Journal of applied econometrics, volume 22, number 2 Wiley Online Library, 265-312.

Sarafidis, V. & Roberson, D. (2006). "On the impact of cross section dependence in short dynamic panel estimation". http://www. econ. cam. ac. uk/faculty/robertson/csd. pdf.

Skott, P., & Gómez-Ramírez, L. (2018). "Credit constraints and economic growth in a dual economy". Structural Change and Economic Dynamics, volume 45, 64-76. doi:10.1016/j.strueco.2018.02.003

Stiglitz, J. E. & Weiss, A. (1981). "Credit rationing in markets with imperfect information". The American economic review, volume 71, number 3, 393-410.

Stiglitz, J. E. & Weiss, A. (1992). "Asymmetric information in credit markets and its implications for macro-economics". Oxford Economic Papers volume 44, number 4, 694-724.

Tripier, F. (2013). « Frictions de recherche sur les marchés financiers ». Revue française d'économie, volume 28, number 4, 15-47.

Weldemicael, E. (2012). « Determinants of export sophistication ». The University of Melbourne

Wen, C. A. (2014). « Self-Fulfilling Credit Cycles ». Society for Economic Dynamics.

Westerlund, J., & Edgerton, D. L. (2007). "A panel bootstrap cointegration test ". Economics Letters, 97(3), 185?190. doi:10.1016/j.econlet.2007.03.003.

Yakubu, A. S., Aboagye, A. Q. Q., Mensah, Lord, & Bokpin, G. A. (2018). "Effect of financial development on international trade in Africa: Does measure of finance matter?" The

Journal of International Trade and Economic Development, 1–20. doi:10.1080/09638199.2018.147424.

Zetlin-Jones, A., & Shourideh, A. (2017). "External financing and the role of financial frictions over the business cycle: Measurement and theory". Journal of Monetary Economics, 92, 1-15.

FRICTIONS FINANCIÈRES ET ANALYSE DE LA DIMENSION SOCIALE DE LA TRANSFORMATION STRUCTURELLE EN AFRIQUE SUBSAHARIENNE

Jacob TCHE

jacobtche1985@gmail.com

Ange Olive Alberte NGOUAKAM KAMADJE

ngangeolive@gmail.com

Christian BANDELA MENYENG

bandelachristian@gmail.com

Résumé

Cet article est une évaluation empirique de l'incidence des frictions financières sur la dimension sociale de la transformation structurelle. Il vise à évaluer l'effet des frictions financières sur l'emploi industriel en Afrique Subsaharienne. Les données proviennent de la WDI et de la WEO sur la période 1996-2017 et le test empirique après les analyses chiffrées par une analyse économétrique s'est fait par la Méthode des Moments Généralisés (GMM). Il ressort des résultats et principalement qu'à l'exception du crédit domestique accordé au secteur privé par les banques qui favorise l'évolution à la hausse du ratio de l'emploi industriel, la dette brute du gouvernement ainsi que les écarts de taux d'intérêt pénalisent le ratio de l'emploi industriel sur l'emploi total.

Mots clés : Frictions financières, Transformation sociale, Afrique Subsaharienne, GMM.

Abstract

This article undertakes a quantitative research of the impact of financial frictions on the social dimension of structural transformation. Its contribution lies in enriching the literature on not the problem of structural transformation but its social dimension, which has not yet been elaborated in the literature. It therefore aims to assess the effect of financial frictions on industrial employment in Sub-Saharan Africa. The data are from the WDI and WEO over the period 1996-2017 and the empirical test after the numerical analyses by an econometric analysis was done by the Generalized Moment Method (GMM). The results show that, with the exception of domestic credit granted to the private sector by banks, which favors the upward evolution of the industrial employment ratio, the government's gross debt and interest rate differentials penalize the industrial employment ratio over total employment.

Keywords : Financial frictions, social transformation, Sub-Saharan Africa, GMM.

Introduction

La problématique sur la transformation structurelle est d'actualité pour les pays africains qui sont en quête de modernisation économique et amélioration de la compétitivité économique vers le bien-être social. Nous contribuons à enrichir la littérature et apporter des solutions aux décideurs africains dans la modernisation des économies africaines.

Selon El Mokri (2016), les écarts de rythme de transformation économique entre pays jouent un rôle décisif dans l'explication de la divergence des chemins de développement empruntés par ceux-ci. La littérature économique met en exergue un lien étroit entre l'influence des imperfections de marchés, plus particulièrement le marché du crédit et la dynamique du processus de transformation structurelle dans sa dimension économique. La détérioration d'une transformation économique quelconque peut trouver sa justification dans l'amplification des chocs financiers à travers les frictions financières. Celles-ci revêtent les contraintes de financement ou d'accès au crédit à savoir les asymétries informationnelles et le rationnement du crédit (Stiglitz et Weiss, 1981). D'après l'enquête de la Banque mondiale auprès des entreprises, l'accès aux financements arrive toujours en tête de la liste des obstacles auxquels sont confrontés les agents économiques, et la plupart des investissements de ces entreprises sont autofinancés, d'où le déficit de financement dans ce secteur. Le niveau de frictions financières du marché bancaire dépend, entre autres, des risques particuliers auxquels celui-ci est exposé ; mais aussi des éléments contraignant ses clients (BEI, 2018).

La quête perpétuelle d'une meilleure transformation structurelle pour le développement des pays en général et plus précisément pour ceux en développement valut à celle-ci un intérêt assez particulier dans la littérature en ce sens où elle constitue un préalable au développement économique ou à une croissance durable et soutenable. Prenant compte du fait qu'elle puisse promouvoir une croissance intensive en emploi, en particulier dans le secteur formel, la transformation structurelle selon le rapport d'ACET (2014) constitue le nouveau phénomène qui fait consensus pour le développement de l'Afrique en tant que vecteur essentiel de l'amélioration des indicateurs sociaux.

Conformément à ce qui précède, les auteurs tels que Mc Millan et Rodrick (2011) affirment que les changements structurels constituent des avantages économiques conséquents, car ils permettent une efficacité des ressources utilisées. Par ailleurs, ce n'est que dans l'éventualité très improbable où tous les secteurs de l'économie se développeraient à un rythme égal qu'il serait possible pour une économie de connaître une croissance sans changement structurel (Nixson, 1990). Ainsi, une croissance et un développement économique soutenus sont pour la plupart liés à la croissance de la productivité dans tous les secteurs grâce à la transformation structurelle Alagidede et al (2020).

Selon Hall (2011), une friction financière est un écart entre le rendement reçu par les fournisseurs du capital financier en fin de compte, et le coût de capital payé par les consommateurs et les entreprises qui utilisent le capital. Les frictions financières créent donc un fossé entre l'épargne et l'investissement. Par ailleurs, les contraintes omniprésentes en matière de crédit ont été considérées comme des sources de ralentissement de la croissance dans les économies en développement. Bien qu'un assouplissement des contraintes de crédit stimule le taux de croissance asymptotique, il peut également participer à la réduction de la part du secteur formel, accroître les inégalités et le sous-emploi et n'avoir que peu ou pas d'effets sur le taux de croissance à moyen terme (Skott et Gomez, 2018).

Relativement à la notion de frictions financières, la définition communément utilisée est celle de Lewis (1954) qui renvoie à la réaffectation de l'activité économique entre les trois grands secteurs que sont l'agriculture, l'industrie manufacturière et les services qui accompagnent le processus de croissance économique moderne. La commission économique des Nations Unies pour l'Afrique (CEA) propose une autre définition, notamment l'ensemble des changements fondamentaux dans les structures économiques et sociales qui favorisent un développement équitable et durable. Elle est également comprise comme des processus de développement impliquant des changements dans de multiples dimensions d'un système socio-économique, y compris sa matrice de production, sa structure sociale, son cadre institutionnel et sa relation avec l'environnement naturel (Nissanke, 2018).

Dans le cas précis des frictions financières, plusieurs travaux mettent en avant leur rôle majeur dans l'entrave à la transformation structurelle malgré que cette alternative soit assez récente dans la littérature. En effet, dans le but d'identifier et de comprendre les canaux par lesquels les perturbations des marchés financiers affectent l'activité économique, Zetlin Jones et Shourideh (2017) affirment que la baisse de la production résulte d'une augmentation de la mauvaise allocation du capital causée par le resserrement des contraintes de garanties. De leurs résultats, ils concluent que si les chocs financiers peuvent avoir un impact significatif sur les décisions de production des entreprises privées, leur impact sur l'activité économique peut être faible. Bien plus, une réduction de la part de la population active peut expliquer le ralentissement de l'économie par une baisse de la productivité totale des facteurs globale causée par des frictions financières et une mauvaise allocation du capital entre les entreprises selon Hirakata et Sunakawa (2019).

Cette théorie regorge deux conclusions sous-jacentes : d'une part, avec des frictions financières, une baisse du facteur travail réduit le taux d'intérêt réel et augmente la demande excédentaire d'emprunt, ce qui resserre les contraintes de garantie à un ratio crédit/valeur donné et génère une mauvaise allocation du capital et une baisse de la totale productivité sectorielle des facteurs ; d'autre part, sans frictions financières, de telles modifications de la totale productivité sectorielle des facteurs entravent les changements structurels induits par la modification de la structure de la demande des ménages.

En suivant l'idée d'une modélisation des frictions financières comme des contraintes d'emprunt, Amaral et Quintin (2010) et Buera et al. (2011) montrent que les frictions financières peuvent générer des différences importantes de production et de productivité totale des facteurs entre les pays. Quant à Azariadis et Kaas (2014), ils constatent que les frictions du marché du crédit limitent la mobilité des capitaux entre les secteurs et conduisent à une faible PTF et à une faible croissance économique.

L'état des lieux sur les frictions financières laisse entrevoir une variation accrue du crédit intérieur fourni au secteur privé et celui fourni par les banques dans les pays développés et l'inverse dans les pays en développement et l'ASS. Par exemple, le crédit intérieur fourni au secteur privé (en pourcentage du PIB) aux États-Unis, en Chine et en Asie du Sud est passé de 175,6% en 2012 à 179,5% en 2018 ; de 128,9% en 2012 à 157,8% en 2018 ; de 47% à 48% pour la même période, respectivement. L'ASS est passé de 50,6% à 45 ,5% pour la même période et la même variable. Le crédit intérieur fourni par les banques au secteur privé aux États-Unis est passé de 50% à 51,9% de 2012-2018 et de 28,5% à 27 ,7% pour les pays d'ASS sur la même période.

Ainsi les efforts précédents en vue de favoriser une transformation économique durable dans la région ont échoué et il serait absolument nécessaire d'adopter une nouvelle approche. Il est donc crucial de penser à l'établissement d'un processus large et propre à chaque pays qui met à profit les ressources financières et non financières, favorise l'intégration régionale et mobilise la coopération entre les partenaires du développement en Afrique.

Au regard de ces constats, une question nous taraude l'esprit : quel est l'effet des frictions financières sur la transformation structurelle dans sa dimension économique en Afrique subsaharienne ? Cet article vise donc à évaluer l'effet des frictions financières sur l'emploi en Afrique Subsaharienne.

I. Revue de la littérature

I.1. Lien théorique entre frictions financières et transformation sociale

Afin de mettre en évidence le lien théorique entre frictions financières et transformation sociale, nous avons jugé important de présenter dans cette sous-partie deux théories à savoir la théorie du capital humain.

I.1.1. Théorie du capital humain

Depuis Adam Smith, la plupart des économistes reconnaissent que les compétences de la main-d'œuvre d'un pays représentent un de ses atouts concurrentiels les plus importants. Les origines de la théorie moderne du capital humain remontent toutefois aux années 60, alors que Schultz (1961), puis Becker (1965) proposaient leurs analyses théoriques et empiriques des liens entre l'investissement en capital humain et la rémunération.

Le concept de *« capital humain »* émerge véritablement en 1961 et a été développé par l'économiste américain Schultz (1961).

Littéralement, il renvoie à l'ensemble des aptitudes, talents, qualifications, expériences accumulées par une personne et qui déterminent en partie sa capacité à travailler ou à produire pour lui-même ou pour les autres. Stiglitz définit le capital humain comme l'ensemble accumulé de compétences et d'expériences qui aident les employés à être plus productifs. Samuelson et Nordhaus ajoutent que c'est *« le stock de connaissances et de compétences techniques qui caractérise la main-d'œuvre du pays et est le résultat d'investissements dans l'éducation et la formation tout au long de la vie »*.

La théorie du capital humain est une théorie de l'offre qui se concentre sur les caractéristiques et les compétences des travailleurs. Elle suppose une information parfaite sur le marché du travail. En pratique, cette hypothèse est peu crédible. D'une part, les investisseurs en capital humain ne sont pas sûrs du retour sur investissement. D'autre part, les employeurs ne sont pas sûrs des compétences de leurs employés. Sous ces hypothèses, il se pose pour l'employeur, le problème de la connaissance du niveau de productivité de ses employés. L'hétérogénéité du travail est donc une des causes d'existence d'asymétries d'information sur le marché du travail. Dans cette optique, le diplôme peut également être appréhendé comme un signal à la base du mécanisme de révélation de la qualité des candidats à un poste vacant.

De ce qui précède, nous pouvons ajouter que la prise en compte du capital humain dans l'analyse économique a constitué une avancée importante. L'accumulation de capital humain est un facteur essentiel de croissance économique : la diffusion des connaissances permet des rendements croissants et génère des externalités positives, car investir dans le capital humain permettrait aux individus d'être prédisposés à un emploi. Ce qui pourrait avoir un réel impact sur la hausse du niveau de l'emploi industriel. Les pays membres de l'organisation s'accordent en effet à penser que l'investissement dans le capital humain œuvre en faveur de la prospérité économique, de l'emploi et de la cohésion sociale en promouvant le bien-être des populations.

I.1.2. Théorie de l'emploi côté demande

Pour Keynes (1936), le volume de l'emploi n'est pas déterminé par un hypothétique marché du travail : il dépend uniquement de la décision d'embauche des entrepreneurs, personnages clés du système keynésien. Ils fondent leur taux d'emploi sur le *« principe de la demande effective* ». D'une part, nous fournissons des niveaux de production correspondant à la quantité de biens que nous voulons vendre, et d'autre part, nous veillons à maximiser nos profits. Par conséquent, c'est la demande globale attendue qui détermine le montant de la production et de l'emploi.

I.2. Frictions financières et transformation sociale : Revue de l'existant

La finance a un effet très contrasté sur les niveaux de transformation sociale observés entre les pays. Le développement financier est très important d'un point de vue de la mondialisation. Compte tenu des multiples effets positifs qui lui sont associés, plus précisément en ce qui concerne la croissance économique, la création d'emplois, l'amélioration de la productivité, le renforcement du capital humain, tous les pays aujourd'hui montrent un intérêt particulier à développer leur secteur financier, car ce dernier améliore significativement les facteurs des changements structurels. La crise financière de 2007-2009 et la récession qui a suivi ont provoqué une destruction d'emplois si massive que le rétablissement des niveaux d'emploi d'avant la crise nécessitera plus de 20 millions de nouveaux emplois dans le monde entier (OIT, 2010).

Une multitude de travaux ont été menés pour analyser les facteurs de la transformation sociale. Ces derniers se sont en majorité concentrés sur les déterminants réels d'un taux de chômage élevé, mais nous assistons depuis les années 90 à la prise en compte des facteurs financiers relatifs aux contraintes financières comme déterminant de l'accroissement du chômage. Les frictions financières créent un environnement qui contraint les agents économiques quant à leurs besoins en matière de financement et contribuent de fait à une expansion d'inégalités, à un niveau bas d'emplois et à une industrialisation accrue. Ainsi, compte tenu de notre intérêt particulier pour l'emploi industriel comme mesure de la transformation sociale et selon la logique des travaux explorés, cette section s'articulera de la manière suivante : premièrement, nous allons présenter les effets pervers des frictions financières sur l'emploi industriel (2.1) et deuxièmement les effets positifs (2.2).

I.2.1. Effets pervers

Un important courant de la littérature a traité de l'incidence des imperfections du marché du crédit sur la baisse vertigineuse du niveau de l'emploi. Il existe une pluralité d'explications, relayant cette incidence. Certains auteurs sont d'avis du fait qu'il existe un effet causal important et négatif des frictions financières sur l'emploi dans les entreprises. Le manque d'accès au crédit serait alors probablement responsable d'une fraction substantielle de la baisse globale de l'emploi dans les grandes entreprises (Benmelech et al, 2019). L'idée sous-jacente est que lorsqu'il y a un décalage entre les paiements au travail et la distribution des revenus, les entreprises doivent financer leur activité de travail tout au long du processus de production. De plus, contrairement au capital physique, le travail ne peut servir de garantie, ce qui le rend plus difficile à financer. Ainsi toute difficulté à obtenir un financement externe peut avoir de graves conséquences sur les décisions des entreprises en matière d'emploi. Ils construisent un ensemble de données de panel contenant des informations au niveau des entreprises sur les variables comptables et l'emploi pour 1928 et 1933 pour toutes les entreprises industrielles américaines. Le modèle utilisé est un modèle structurel simple estimé grâce à la méthode de différence des différences.

En effet, Benmelech et al (2019) en présentant de nouvelles preuves des conséquences qu'ont eues les contraintes financières sur les niveaux bas d'emplois enregistrés pendant la grande dépression, suggèrent l'échéance de la dette à long terme et les faillites bancaires comme effets directs y étant étroitement liés.

- Échéance de la dette à long terme : les entreprises ayant des besoins de refinancement plus importants (en raison de niveaux plus élevés d'obligations arrivant à l'échéance par rapport à leurs actifs) auraient eu des difficultés à emprunter pour payer leurs dettes financières et leurs salaires, et auraient dû réduire davantage leur main-d'œuvre que les entreprises qui ne sont pas confrontées à la nécessité de refinancer une dette à long terme arrivant à échéance.
- Les faillites bancaires : on fait allusion ici à l'interaction entre les dettes arrivant à échéance et les différences géographiques des faillites bancaires, afin d'obtenir une variation de l'exposition des chocs d'offre de crédit entre les entreprises. L'hypothèse faite est que les chocs de la demande sont les mêmes pour les entreprises

similaires ayant des niveaux différents d'obligations arrivant à échéance. En outre, lorsque les marchés obligataires cessent de fonctionner, les entreprises avec des niveaux élevés d'obligations à échéance ont une difficulté particulière à obtenir d'autres sources de capitaux externes pour assurer le refinancement de ces dettes lorsqu'elles se trouvent dans des régions qui ont connu des faillites bancaires.

Étant donné que le secteur financier a été au centre de la récente crise et que le volume du crédit a considérablement diminué, il est possible que la contraction du crédit soit un important moteur de la hausse du chômage (baisse de l'emploi). Selon ce point de vue, les employeurs sont contraints de réduire les investissements et l'emploi parce qu'ils ont des difficultés à lever des fonds. C'est le *« canal du crédit »* typique décrit par Bernanke et Gertler (1989) et Kiyotaki et Moore (1997).

Dans le même ordre d'idées, Monacelli et al (2011) examinent le rôle des frictions du crédit dans le chômage en introduisant l'utilisation stratégique de la dette par les entreprises dont l'application est limitée. Les données concernant les États-Unis entre 1999 et 2010 leur permettent de construire un modèle estimé par la méthode du VAR structurel pour expliquer pourquoi les entreprises diminuent leur demande de main-d'œuvre après une contraction du crédit alors même que les fonds pour l'embauche ne manquent pas. Ils concluent néanmoins que même si les entreprises ont suffisamment de fonds pour maintenir leurs plans d'embauche, une contraction du crédit peut toujours générer une réduction de l'emploi très persistante. Ce n'est pas parce qu'une dette moins élevée compromet la capacité d'embauche des entreprises, mais parce que, à tout le moins, elle place les travailleurs dans une position de négociation plus favorable leur permettant de négocier des salaires plus élevés. Par conséquent, la disponibilité du crédit affecte la *« volonté »*, et non (nécessairement) la *« capacité »* d'embaucher.

Buera et al (2015) trouvent que l'existence des frictions financières sur le marché du crédit est à l'origine d'une diminution des offres d'emploi et d'une augmentation du taux de chômage. L'asymétrie d'information dans la signature d'un prêt entraîne une augmentation des coûts marginaux des entreprises, ainsi que des coûts d'embauche par une majoration financière facturée par les intermédiaires financiers. Celle-ci sera transmise sur les prix des entreprises, ce qui affectera leur comportement d'embauche, le niveau des salaires et de l'emploi, ainsi que l'inflation dans l'économie. Ils postulent également que le resserrement du crédit entraîne une réduction beaucoup plus importante du taux de croissance net de l'emploi des petits établissements jeunes par rapport à celui des grands producteurs âgés, ce qui est conforme aux récentes conclusions empiriques de la littérature. Leur modèle est paramétré de manière à ce que l'équilibre stationnaire corresponde aux moments pertinents au niveau des agrégats et des établissements dans l'économie des États-Unis en supposant qu'une période dans le modèle est d'un an. Ils utilisent les données des entreprises américaines entre 2000 et 2016 avec une observation faite avant et après la crise financière de 2007-2008.

I.2.2. Non-existence de lien positif a priori

Un certain nombre d'arguments théoriques ont été avancés en faveur de l'existence potentielle d'une influence positive, mais à effet indirect des frictions financières sur l'emploi industriel. Ceux-ci mettent en avant le canal du développement financier. En effet, lorsque le développement financier est amélioré, les ressources de l'économie seront allouées plus efficacement, ce qui stimulera la production et les activités commerciales ; l'emploi augmentera donc de manière significative (Ngoc Bui, 2020). Pour mener à bien leur analyse, il utilise les données de panel de six pays de l'ASEAN entre 2004 et 2007 avec un modèle estimé par la méthode des moments généralisés. De manière plus précise, les résultats obtenus indiquent que le crédit intérieur au secteur privé a un impact positif sur l'emploi.

Trabandt et al (2011) indiquent qu'il existe des frictions dans la fixation des salaires, mais qu'elles n'ont pas d'impact direct sur la relation entre travailleurs et employeurs tant qu'elles sont mutuellement bénéfiques. Toutefois, les frictions salariales ont un impact sur l'effort de l'employeur concernant le recrutement de nouveaux employés. Le montant que les banques sont à même de prêter à un entrepreneur dans le cadre d'un contrat d'emprunt standard est fonction de la valeur nette de l'entrepreneur. Il est aisément compris que lorsqu'un choc réduit la valeur des actifs de l'entrepreneur, cela réduit sa capacité d'emprunt. En conséquence, il acquiert moins de capital, ce qui se traduit par une réduction des investissements et en fin de compte, par un ralentissement de l'économie qui aura un effet important sur la dynamique de l'emploi industriel. Le développement financier au sens de Pagano et Pica (2012) augmente l'emploi ou la productivité du travail et les salaires avec un impact moindre aux niveaux élevés du salaire d'équilibre, peut induire plus ou moins de réaffectation des emplois selon que les chocs sur les opportunités de profit ou sur le cash-flow prédominent.

Cependant, ce n'est qu'en cas de crise qu'il amplifie les pertes de production et d'emploi avec une répercussion plus accentuée sur les entreprises qui dépendent le plus des banques pour leurs liquidités. Un système financier plus développé amplifie la réaffectation de l'emploi des industries moins rentables vers des industries plus rentables. Cette réaffectation est bénéfique pour les travailleurs : ils se déplacent d'une industrie à l'autre en réponse aux salaires plus élevés que peuvent leur offrir les industries plus rentables et dans la mesure où le développement financier intensifie cette concurrence pour leur service de main-d'œuvre.

En testant les prévisions faites sur des données transnationales et sectorielles pour la période 1970-2003, les auteurs constatent que les mesures standards du développement financier sont effectivement associées à une plus grande croissance de l'emploi, mais uniquement dans les pays non membres de l'OCDE, conformément au modèle. Pour leur modèle, ils s'inspirent de l'approche empirique de Rajan et Zingales (1998).

Cependant, on remarque un côté sombre du développement financier en ce sens que pendant les crises bancaires, l'emploi industriel augmente moins dans les entreprises qui dépendent du financement extérieur et dans celles situées dans les pays financièrement développés.

II. Frictions financières et transformation sociale : analyse économétrique

Dans le souci de parvenir à des résultats pertinents, nous utiliserons les données de la base World Development Indicators (WDI, 2018) pour le ratio de l'emploi du secteur secondaire sur l'emploi total pour les autres variables macroéconomiques et de World Economic Outlook (WEO 2019) pour les indicateurs de frictions financières. Comme mentionné précédemment, l'étude couvre 36 pays de l'Afrique Subsaharienne sur la période 1996-2017.

II.1. Analyse descriptive et chiffrée des frictions financières et la transformation sociale

Dans l'ensemble de l'échantillon, le ratio de l'emploi du secteur industriel sur l'emploi total a présenté une tendance croissante au cours de la période 1996-2017 autour d'une moyenne de 12,423% par an avec un écart-type de 6,833. Mais de grandes disparités sont observées. En effet, deux principaux groupes se distinguent, celui constitué des pays où la moyenne annuelle de ce ratio est la plus élevée (Groupe 1[7]). Ce groupe 1 présente un ratio moyen de 19,47% par an pour un écart-type de 6,115 dans ce premier groupe, les pays tels que l'ile Maurice, l'Afrique du Sud et la République du Congo occupent respectivement les 3 premiers rangs avec des ratios moyens de 32,405%, 26,215% et 23 ,118%. Par contre, dans le groupe 2 constitué des pays à plus faible ratio de l'emploi industriel sur l'emploi total, sa moyenne se situe à 6,708% par an avec un écart-type de 2,331. Dans ce groupe, le Burundi (2,203%), le Mozambique (4,707%) et la Tanzanie (4,798%) occupent les trois derniers rangs.

Les graphiques qui suivent retracent l'évolution du ratio de l'emploi industriel sur l'emploi total, pour l'ensemble des 36 pays et pour ces deux sous-groupes de pays.

Figure 1 : Évolution du ratio de l'emploi industriel sur l'emploi total groupe 1 (1996-2017)

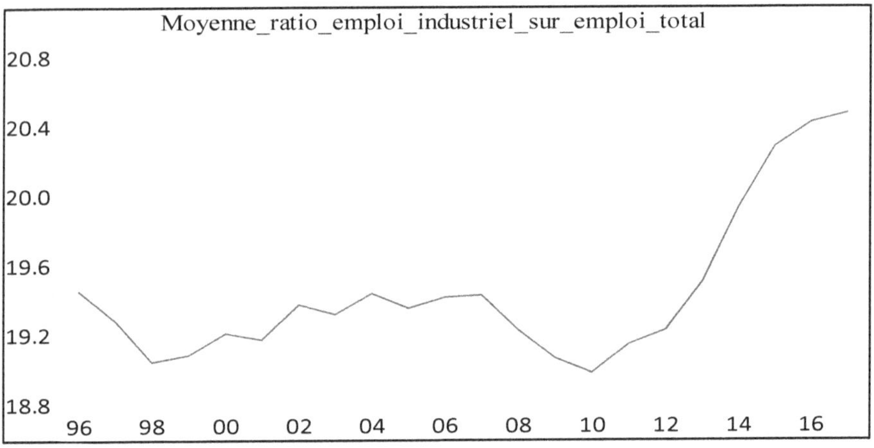

***Source :** Auteurs*

[7] Benin, Botswana, Burkina Faso, Cabo Verde, Comoros, Congo, Rep, Gambia, Ghana, Mauritius,
Namibia, South Africa, Sudan et Togo.

Figure 2 : Évolution du ratio de l'emploi industriel sur l'emploi total Groupe 2 (1996-2017)

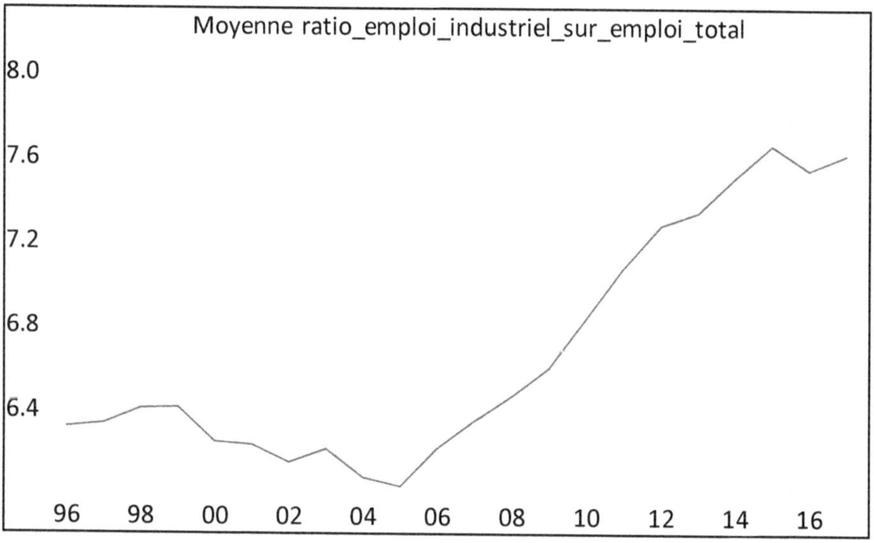

Source : *Auteurs*

Figure 3 : Évolution du ratio de l'emploi industriel sur l'emploi total Ensemble des 36 pays de l'ASS (1996-2017)

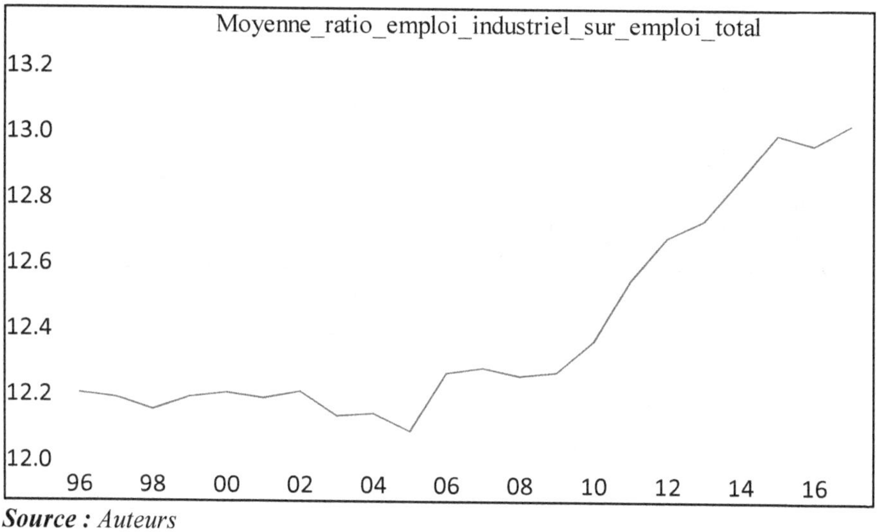

Source : *Auteurs*

Afin donc d'expliquer ces disparités, cette section présentera l'influence des frictions financières internes et externes sur l'évolution du ratio de l'emploi industriel sur l'emploi total du premier groupe (II.1.1) et ensuite sur celui du deuxième groupe (II.1.2).

II.1.1. Frictions financières et transformation sociale, le cas du groupe 1

Afin de dévoiler l'influence potentielle des frictions financières sur l'évolution du ratio de l'emploi industriel sur l'emploi total en Afrique Subsaharienne, nous examinerons au préalable l'incidence des frictions financières endogènes à savoir, crédit domestique accordé au secteur privé par les banques et l'écart du taux d'intérêt (II.1.1.1). Enfin, nous ferons de même pour l'influence des frictions financières exogènes (dette brute du gouvernement) sur ce même ratio (II.1.1.2).

II.1.1.1. Frictions financières endogènes et transformation sociale

Il sera question ici d'examiner tout à tour les effets du crédit domestique accordé par les banques et des écarts du taux d'intérêt.

i. Crédit domestique accordé par les banques et ratio de l'emploi industriel sur l'emploi total

Le crédit domestique accordé au secteur privé par les banques moyennes dans les États du groupe 1 n'a cessé d'augmenter au fil des années, passant de 18,315 ; 21,996 et 23,790 en 1996, 2000 et 2004 respectivement à 30,594 en 2009, 21,996 en 2013 et 36,060 en 2017 avec une moyenne de 27,770 au cours de la période 1996-2017. Il faut tout de même noter que malgré ce trend croissant, l'évolution du crédit domestique accordé au secteur privé par les banques moyen (% du PIB) a connu une période où cette tendance est inversée. En effet de 1999 à 2002, le montant du crédit a baissé, passant de 22,039% en 1999 à 21,996% en 2001 et à 20,717% en 2002. La même observation a pu être observée au cours de la période 2013-2014. Le graphique 4 ci-dessous retrace ainsi l'évolution du crédit domestique accordé au secteur privé.

Figure 4 : Évolution du crédit domestique accordé au secteur privé par les banques (1996-2017) (groupe 1)

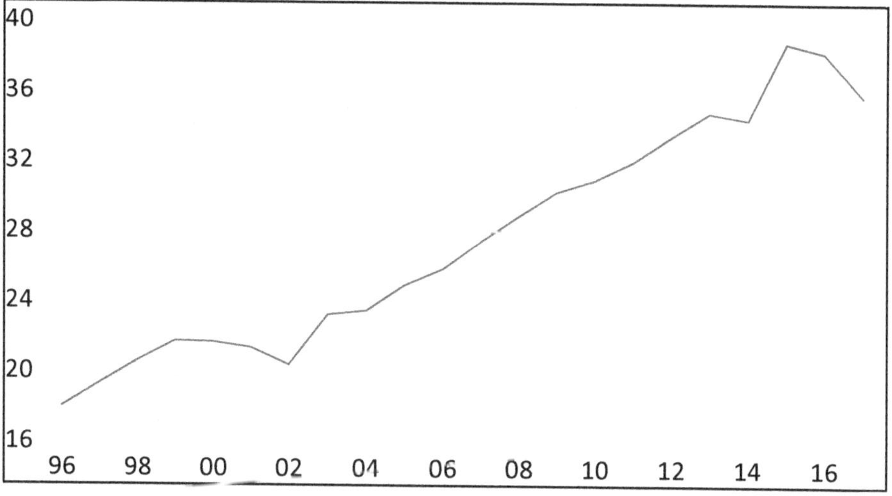

Source : *Auteurs*

Le graphique 5 ci-dessous retrace l'évolution simultanée de la moyenne du ratio de l'emploi industriel sur l'emploi total et du crédit domestique accordé au secteur privé par les banques. Le graphique révèle une évolution des deux indicateurs dans le même sens, celui ascendant avec un coefficient de corrélation de 0,581 significatif à 1%. Il y aurait donc une influence positive du crédit domestique accordé au secteur privé par les banques sur le ratio de l'emploi industriel sur l'emploi total. Ce résultat pourrait s'expliquer par le fait que, plus les banques accordent du crédit aux entreprises (en particulier celles du secteur industriel), plus celles-ci peuvent augmenter leur niveau d'investissement et par la suite leur niveau d'embauche (Joumady, 1999 et Jermann, 2012).

Graphique 5 : Évolution simultanée du ratio de l'emploi industriel sur l'emploi total et le crédit domestique accordé par les banques (groupe 1)

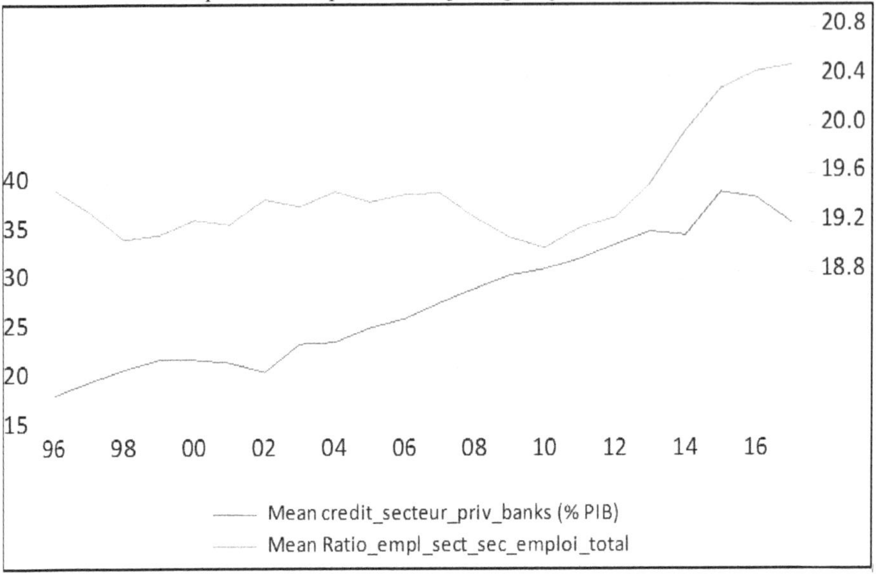

Source : *Auteurs*

ii. Écarts des taux d'intérêt et ratio de l'emploi industriel sur l'emploi total

Le graphique 6 ci-dessous indique une tendance décroissante de l'écart de taux d'intérêt moyen dans le groupe 1 avec une moyenne sur l'ensemble de la période de 5,241% par an. L'on note que sur la période 1996-2005 cet écart de taux d'intérêt moyen de l'ensemble des pays de ce groupe a été au plus haut, oscillant autour de 8,069%. Après l'année 2005, l'écart de taux d'intérêt a connu une chute vertigineuse passant de 6,406% en 2005 à 3,255% en 2009 avec une valeur intermédiaire de 4,816% en 2007, pour désormais évoluer autour d'une moyenne de 3,633% matérialisant ainsi une plus grande proximité des taux débiteurs et créditeurs dans ces pays en moyenne.

Graphique 6 : Évolution de l'écart des taux d'intérêt 1996-2017 (Groupe 1)

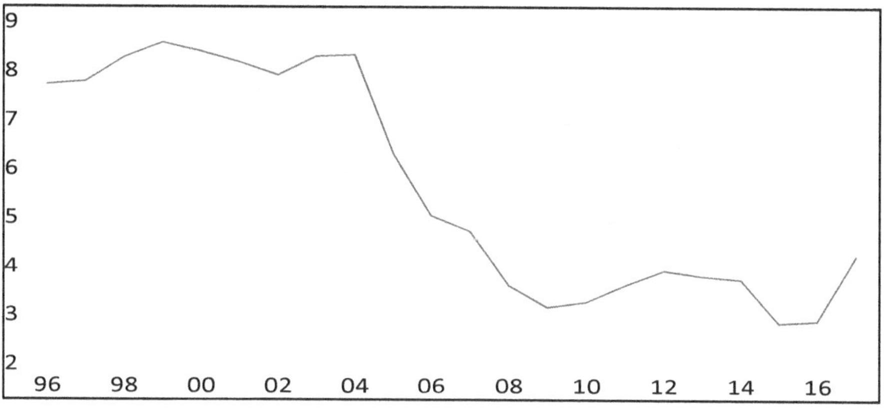

Source : *Auteurs*

Graphique 7 : Écarts de taux d'intérêt moyen par pays (groupe 1)

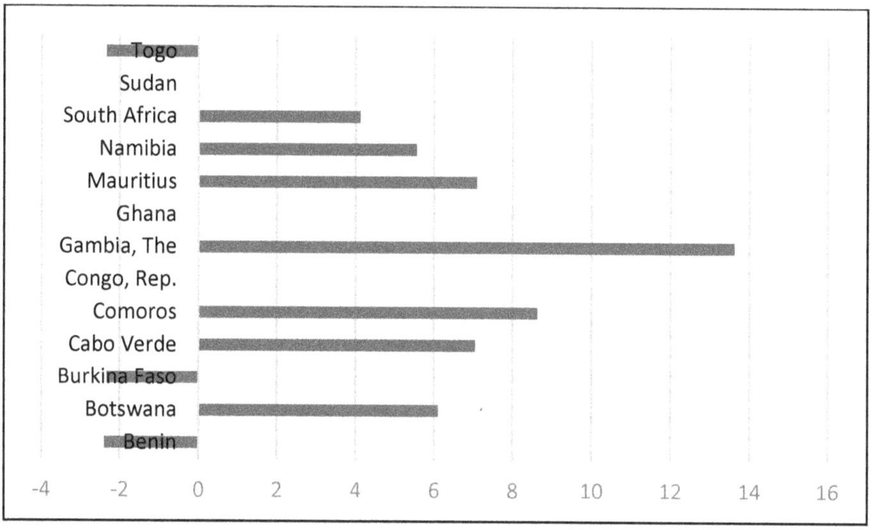

Source : *Auteurs*

Il est également très important de noter que certains de ces pays présentent des écarts de taux d'intérêt moyens négatifs comme l'indique le graphique 4.1.3 juste ci-dessus, il s'agit notamment du Burkina Faso, du Niger et du Togo.

Pour ce qui est de l'évolution simultanée des deux indicateurs, le graphique 4.1.6 indique des évolutions inverses. En effet, lorsque l'écart des taux d'intérêt évolue à la baisse, le ratio de l'emploi industriel sur l'emploi total évolue, lui, à la hausse. Ce graphique laisse donc entrevoir une relation négative (avec un coefficient de corrélation de -0,075, mais non significatif et une p-value de 0,318) entre l'écart des taux d'intérêt et le ratio de l'emploi industriel sur l'emploi total.

Graphique 8 : Évolution simultanée de l'écart des taux d'intérêt et du ratio de l'emploi industriel sur l'emploi total (groupe 1)

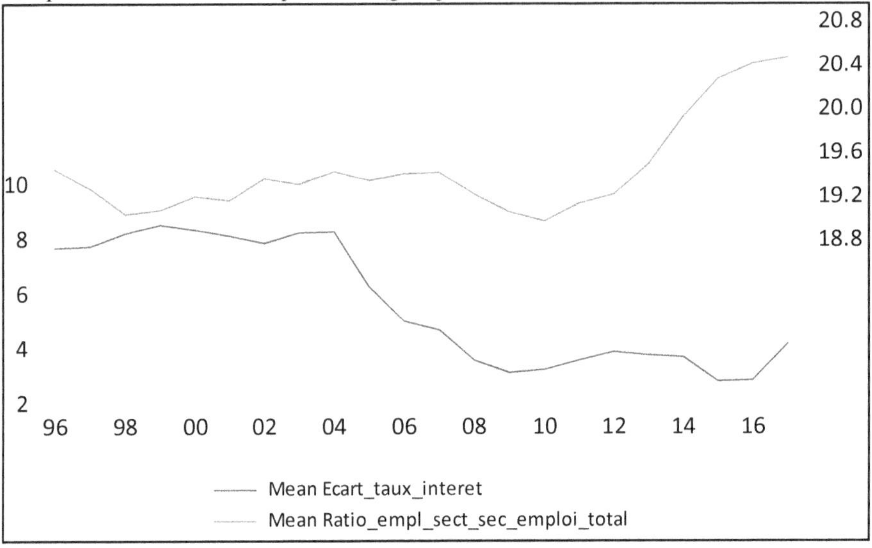

***Source :** Auteurs*

II.1.1.2. Frictions financières exogènes et ratio de l'emploi industriel sur l'emploi total

Comme précédemment, nous appréhendons les frictions financières exogènes par la dette brute du gouvernement. Le graphique 9 donne l'évolution de la dette brute moyenne des États de ce premier groupe. Le graphique indique un trend croissant de la dette brute des gouvernements de ces pays, autour d'une moyenne de 4,82% du PIB par an avec un écart-type de 2,069. Il indique aussi que ces pays n'ont cessé d'accroître leur dette tout en restant à un niveau acceptable, en effet pour l'ensemble de ces pays la dette brute maximale s'élève à 8,493% du PIB.

Graphique 9 : Évolution de la dette brute du gouvernement 1996-2017 (Groupe 1)

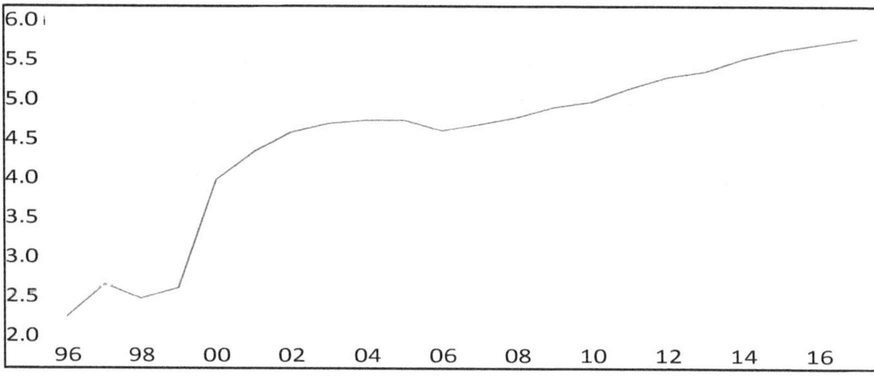

Source : *Auteurs*

Le graphique 9 qui suit donne l'évolution simultanée des deux indicateurs, il révèle une relation positive entre les deux variables. En effet, le graphique indique que lorsque la dette brute moyenne augmente, le ratio de l'emploi industriel sur l'emploi total augmente également. Pour aller un peu plus loin, le coefficient de corrélation entre ces deux variables s'élève à 0,386 et significatif à 1%. Cela pourrait s'expliquer par le fait que si les États augmentent leur niveau d'endettement pour financer la production d'infrastructures, qu'elles soient routières, énergétiques, etc. Cela contribuerait à faciliter l'exercice des entreprises qui dans ces élans pourraient augmenter leur niveau d'embauche.

Graphique 10 : Évolution simultanée de la dette brute du gouvernement et du ratio de l'emploi industriel sur l'emploi total (groupe 1)

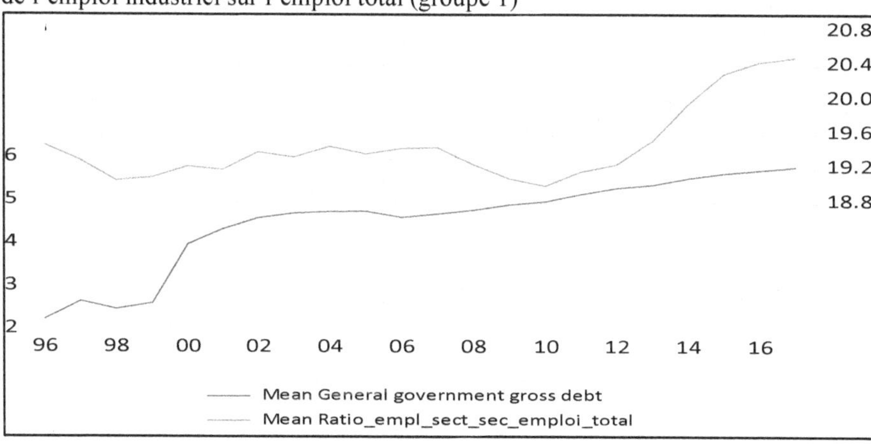

Source : *Auteurs*

II.1.2. Frictions financières et transformation sociale, le cas du groupe 2

Dans le but de dévoiler l'influence potentielle des frictions financières sur l'évolution du ratio de l'emploi industriel sur l'emploi total en Afrique Subsaharienne, nous allons tout d'abord examiner comme dans le cas du groupe 1 l'incidence des frictions financières endogènes à savoir, crédit domestique accordé au secteur privé par les banques et l'écart du taux d'intérêt (II.1.2.1). Nous examinerons enfin l'influence des frictions financières exogènes (dette brute du gouvernement) sur ce même ratio (II.1.2.2).

II.1.2.1. Frictions financières endogènes et transformation sociale

Le premier élément mis en avant ici sera l'impact du crédit domestique accordé au secteur privé par les banques, ensuite celui des écarts du taux d'intérêt.

i. Crédit domestique accordé par les banques et ratio de l'emploi industriel sur l'emploi total

Le crédit domestique accordé au secteur privé par les banques moyennes dans les États du groupe 2 a eu une tendance croissante au fil des années, passant de 8,2374% ; 8,9711% et 10,1473% en 1996, 2001 et 2006 respectivement à 14,7172% en 2010, 16,8333% en 2013 et 18,0662% en 2015. Cette évolution s'est faite autour d'une moyenne de 12,4441 au cours de la période 1996-2017. Il faut noter tout de même que malgré la croissance de la tendance, l'évolution du crédit domestique moyen accordé au secteur privé par les banques dans ce groupe est restée bien inférieure à celui du premier groupe. Le graphique 4.1.9 retrace ainsi l'évolution du crédit domestique accordé au secteur privé par les banques de 1996 à 2017 dans ce deuxième groupe de pays à plus faible ratio de l'emploi industriel sur l'emploi total.

Graphique 11 : Évolution du crédit domestique moyen accordé au secteur privé par les banques (1996-2017) (groupe 2)

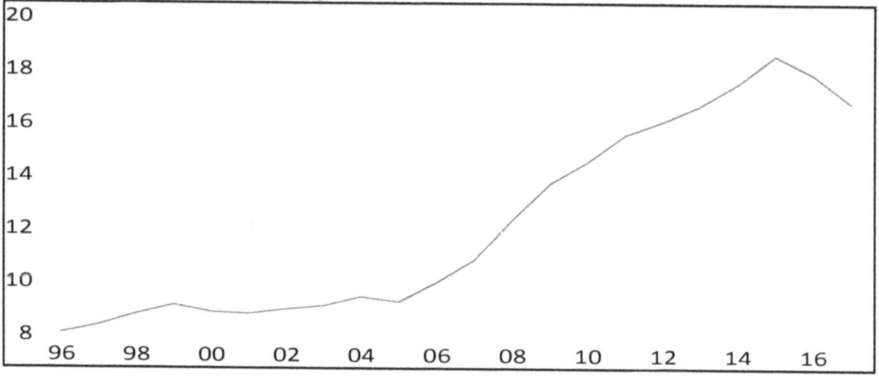

***Source :** Auteurs*

Le graphique 12 ci-dessous donne l'évolution simultanée de la moyenne du ratio de l'emploi industriel sur l'emploi total et du crédit domestique accordé au secteur privé par les banques. Le graphique révèle une évolution des deux indicateurs dans le même sens, celui ascendant avec un coefficient de corrélation de 0,0552, mais non significatif. Il y aurait donc une influence positive du crédit domestique accordé au secteur privé par les banques sur le ratio de l'emploi industriel sur l'emploi total. Ce résultat s'expliquerait par le fait que, plus les entreprises (en particulier celles du secteur industriel) bénéficient de plus en plus du crédit que leur accordent les banques (ceteris paribus), plus elles peuvent augmenter leur niveau d'investissement et par suite leur niveau d'embauche (Jermann, 2012).

Graphique 12 : Évolution simultanée du ratio de l'emploi industriel sur l'emploi total et le crédit domestique accordé par les banques (groupe 2)

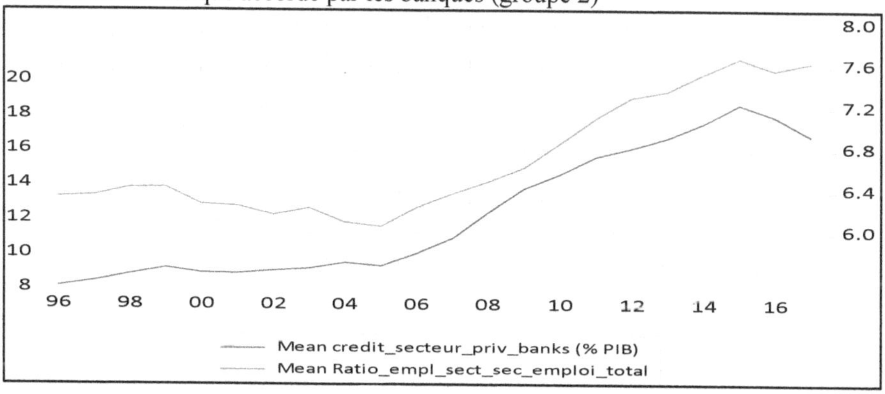

***Source :** Auteurs*

ii. Écarts des taux d'intérêt et ratio de l'emploi industriel sur l'emploi total

Le graphique 13 ci-dessous indique une évolution très irrégulière de l'écart de taux d'intérêt moyen dans le groupe 2 autour d'une moyenne sur l'ensemble de la période de 11,7833% par an. L'on note que sur la période 1997-2003, cet écart de taux d'intérêt moyen de l'ensemble des pays de ce groupe a été croissant, atteignant ainsi ses plus grandes valeurs avec une moyenne de 14,4363%. Après l'année 2003, l'écart de taux d'intérêt a connu une chute extraordinaire passant de 19,20% à 7,30% en 2006, avant de reprendre le chemin de la croissance, mais pour désormais évoluer autour d'une moyenne de 10,7845%.

Graphique 13 : Évolution de l'écart des taux d'intérêt 1996-2017 (Groupe 2)

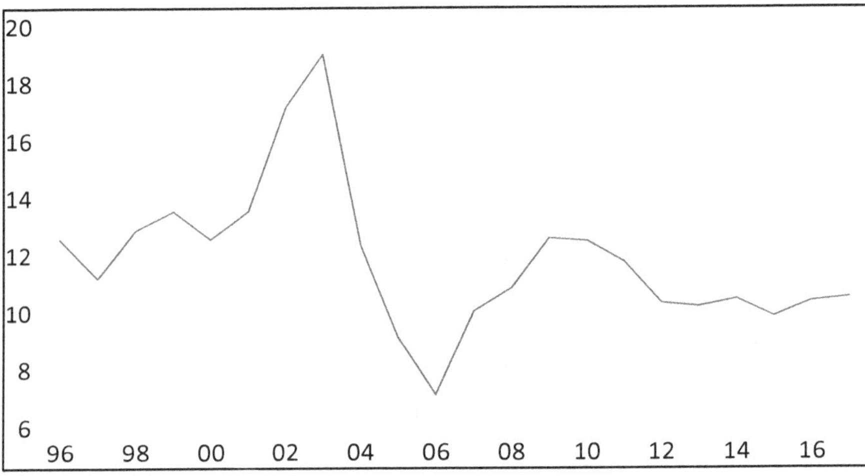

***Source :** Auteurs*

Pour ce qui est de l'évolution simultanée des deux indicateurs, le graphique 14ci-dessous montre des évolutions inverses. En effet, lorsque l'écart des taux d'intérêt évolue à la baisse, le ratio de l'emploi industriel sur l'emploi total évolue, lui, évolue à la hausse. Avec un coefficient de corrélation positif de l'ordre de 0,0792, mais non significatif. Cela laisse entrevoir une relation positive entre l'écart des taux d'intérêt et le ratio de l'emploi industriel sur l'emploi total.

Figure 14 : Évolution simultanée de l'écart des taux d'intérêt et du ratio de l'emploi industriel sur l'emploi total (groupe 2)

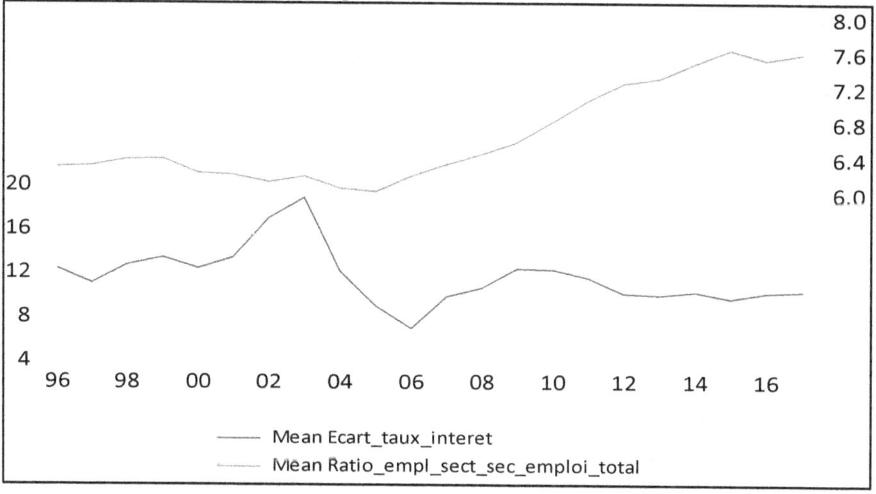

***Source :** Auteurs*

II.1.2.2. Frictions financières exogènes et ratio de l'emploi industriel sur l'emploi total

Comme précédemment, nous appréhendons les frictions financières exogènes par la dette brute du gouvernement.

Le graphique 15 ci-dessous donne l'évolution de la dette brute moyenne des États de ce deuxième groupe. Le graphique indique un trend croissant de la dette brute des gouvernements de ces pays, autour d'une moyenne de 7,2297% du PIB par an avec un écart-type de 1,8823. Ce graphique indique que ces pays n'ont cessé d'accroître leur dette. L'on remarque que la dette brute moyenne des États de ce groupe est plus élevée que celle des États du premier groupe. La dette brute moyenne maximale s'élève à 10,7620% du PIB et celle minimale s'élève à 1,1743%. On note tout de même au cours de l'évolution de cette dette brute, une décroissance au cours de la période 1997-2000.

Graphique 15 : Évolution de la dette brute du gouvernement 1996-2017 (Groupe 2)

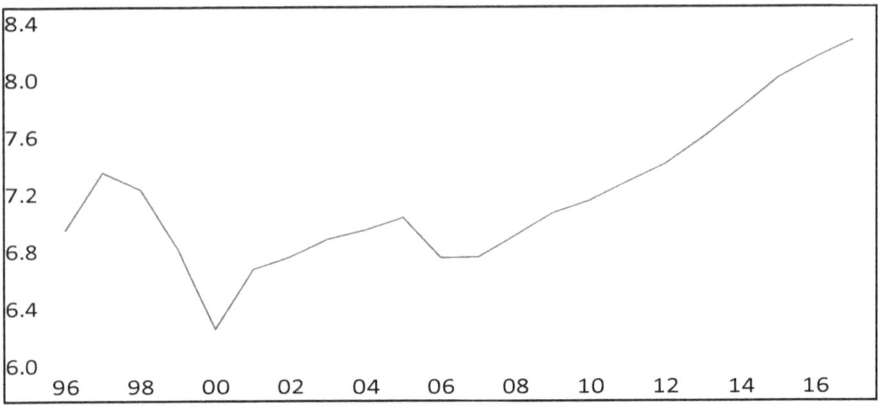

Source : *Auteurs*

La figure 16 donne l'évolution simultanée du ratio de l'emploi industriel sur l'emploi total et la dette brute du gouvernement. Il révèle une relation positive entre les deux variables. En effet, le graphique indique que lorsque la dette brute moyenne augmente, le ratio de l'emploi industriel sur l'emploi total augmente également. Pour aller un peu plus loin, le coefficient de corrélation entre ces deux variables s'élève à 0,0257, mais non significatif. Cela pourrait s'expliquer par le fait que si les États augmentent leur niveau d'endettement pour financer la production d'infrastructures, qu'elles soient routières, énergétiques, etc. Ce qui contribuerait à faciliter l'exercice des entreprises qui dans cet élan pourraient augmenter leur niveau d'embauche.

Graphique 16 : Évolution simultanée de la dette brute du gouvernement et du ratio de l'emploi industriel sur l'emploi total (groupe 1)

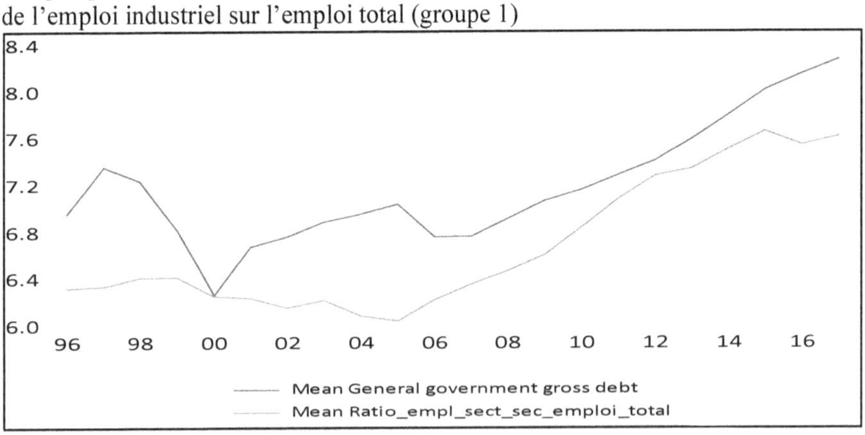

Source : *Auteurs*

Au bout de ces analyses, nous pouvons déjà nous faire une idée sur l'existence d'une relation entre frictions financières et transformation sociale, sans toutefois affirmer qu'il existe une relation de cause à effet entre les frictions financières et les transformations sociales uniquement à partir de cette première analyse. Aussi, nous allons la compléter dans la section suivante en ayant recours à l'outil économétrique.

II.2. Frictions financières et transformation Sociale en ASS, approche économétrique

II.2.1. Modèles économétriques

En nous référant aux travaux de Benmelech et al (2019) qui eux-mêmes s'inspirent de ceux de Bassanini et Duval (2006), nous adoptons une modélisation en données de panel. L'équation nous permettra de tester l'influence des frictions financières sur le ratio de l'emploi industriel sur l'emploi total. Concrètement, la spécification retenue pour notre modèle est la suivante :

$$\boldsymbol{Ratio\_empl\_ind/empl\_total_{it}} = \boldsymbol{\delta Fric\_fin_{it}} + \boldsymbol{\theta Y_{it}} + \boldsymbol{\eta_i} + \boldsymbol{\varepsilon_{it}} \quad (1)$$

Où $Ratio\_empl\_ind/empl\_total_{it}$ représente le ratio de l'emploi industriel sur l'emploi total. $\boldsymbol{Fric\_fin_{it}}$ est le vecteur des indicateurs de frictions financières ; $\boldsymbol{Y_{it}}$, est le vecteur des déterminants traditionnels de l'emploi industriel. $\boldsymbol{\eta_i}$ est l'effet spécifique fixe ou aléatoire du pays $\boldsymbol{i}$; $\boldsymbol{\varepsilon_{it}}$, est le terme d'erreur. $\boldsymbol{i = 1, 2, 3, \ldots, N = 36}$ et $\boldsymbol{t = 1, 2, 3, \ldots, 22}$ représentent respectivement les pays et les années.

De manière plus spécifique, on a :

$$\boldsymbol{Ratio\_empl\_ind/empl\_total_{it}} = \boldsymbol{\delta_1 ecart\_taux\_int_{it}} + \boldsymbol{\delta_2 cred\_dom\_sec\_priv_{it}} + \boldsymbol{\delta_3 det\_brut\_gouv_{it}} + +\boldsymbol{\theta_1 \mathrm{Corrup}} + \boldsymbol{\theta_2 reg\_politik_{it}} + \boldsymbol{\theta_3 Infl_{it}} + \boldsymbol{\theta_4 PIB\_\text{tête}_{it}} + \boldsymbol{\theta_5 FBCF_{it}} + \boldsymbol{\theta_6 IDE_{it}} + \boldsymbol{\theta_7 cap\_hum_{it}} + \boldsymbol{\eta_i} + \boldsymbol{\varepsilon_{it}} \quad (2)$$

II.2.2. Présentation des variables

Toutes les variables utilisées dans cette partie, leurs définitions ainsi que leurs sources, sont consignées dans le tableau 2.2.1 ci-dessous. Il s'agit des variables qui prennent en compte les indicateurs des frictions financières endogènes et exogènes à savoir l'écart des taux d'intérêt, le crédit domestique accordé au secteur privé par les banques, la dette brute du gouvernement (Merlin et Teles, 2014 ; Allub et Erosa, 2018), l'influence du niveau de vie (PIB/tête et le capital humain) ; l'influence des facteurs institutionnels (Contrôle de la corruption et régime politique) ainsi que d'autres variables macroéconomiques pouvant affecter le ratio de l'emploi industriel sur l'emploi total en ASS. Il s'agit notamment de l'inflation, la FBCF et les investissements directs étrangers.

Tableau 1 : Statistiques descriptives des variables du modèle de 1996 à 2017

Variables		Observations	Moyenne	Variance
Frictions financières	Crédit domestique accordé au secteur privé	769	20,88733	25,46584
	Dette brute du gouvernement	678	5,967326	2,529563
	Écart de taux d'intérêt	507	8,452862	8,777269
Institutions	Régime politique	769	2,719116	4,947554
	Contrôle de la corruption	769	0,6662959	0,2149081
Sociales	Capital humain	747	1,737248	0,4215826
	Taux de croissance PIB par tête	787	1,796793	4,105915
Autres	Inflation	724	17,1893	158,1794
	FBCF	723	20,91407	8,727591
	IDE (log)	787	18,77813	2,181649
Expliquée	Ratio de l'emploi du secteur secondaire sur l'emploi total	780	−0,877332	0,5707878

***Source :** Auteurs*

II.2.3. Méthode d'estimation

Bassanini et Duval (2006) et même Nickell et al. (2005) ont supposé qu'il pourrait exister deux problèmes distincts d'endogénéité. Le premier est une possible causalité inverse ou double du niveau d'emploi sur les variables institutionnelles. Par exemple, les décideurs politiques peuvent réagir à un taux de chômage élevé en réformant leur économie. Cela peut impliquer a priori une causalité du niveau d'emploi sur chacun des déterminants institutionnels du chômage. Le deuxième est sur le plan économétrique, avec l'omission de variables explicatives pertinentes dans la spécification du modèle ; la simultanéité qui apparaît lorsque la variable dépendante et certaines variables explicatives sont déterminées en « même temps » ; ou encore les erreurs de mesures sur les variables indépendantes et/ou de la variable dépendante. L'hypothèse d'exogénéité des variables explicatives n'étant plus vérifiée, il n'est plus opportun de recourir à la méthode des Moindres Carrés Ordinaires (MCO). Ainsi, pour corriger le problème d'endogénéité, nous optons pour la méthode des Doubles Moindres Carrés (DMC).

Cette méthode consiste à affecter à chaque variable soupçonnée de souffrir du biais d'endogénéité, au moins une variable instrumentale. La variable instrumentale est une variable corrélée avec la variable source d'endogénéité, mais qui n'est pas corrélée avec le terme d'erreur. Dans le cas des DMC, outre les variables instrumentales exogènes au modèle, il est également possible d'utiliser la variable endogène retardée comme instrument, puisque celle-ci est supposée non corrélée avec les résidus. Au total, il existe plusieurs estimateurs des DMC parmi lesquels on peut citer l'estimateur DMC à effets fixes et l'estimateur DMC à effets aléatoires. Pour ce dernier, on distingue l'estimateur DMC de Balestra et Varadharajan-Krishnakumar (1987) et l'estimateur EC2SLS (2008).

Le choix entre le modèle à effets fixes et celui à effets aléatoires nécessite que soit effectué au préalable un test de spécification. Le test recommandé est celui de Hausman. Lorsque la probabilité du test est inférieure au seuil de 10%, alors on réfute l'hypothèse nulle d'absence de corrélation entre l'effet spécifique et les variables indépendantes et le modèle choisi est celui à effets fixes. Si par contre cette probabilité est supérieure au seuil de 10%, alors on ne peut rejeter l'hypothèse nulle.

Comme principal test de robustesse, nous effectuerons le test de validité des instruments de Sargan/Hansen. Si la probabilité dudit test est supérieure au seuil de 10%, alors on ne peut rejeter l'hypothèse nulle et on conclut que nos instruments sont valides. En outre, notons que pour le modèle à effets fixes, le R2 le plus pertinent est le R2-within, car il donne une idée sur la variabilité intra-individuelle de la variable indépendante expliquée par celles des variables explicatives. Le R2-between quant à lui donne une idée de la contribution des effets fixes des individus au modèle. En revanche, pour le modèle à effets aléatoires, le R2 le plus pertinent est le R2-between, car il donne une idée de la variabilité interindividuelle de la variable dépendante expliquée par celles des variables explicatives. Le R2-within quant à lui donne une idée des effets aléatoires du pays au modèle.

III. Résultats et interprétations

Cette sous-section s'organisera autour de deux principaux points. Dans le premier point, nous présenterons les principaux résultats issus de nos estimations. Dans le second point, nous ferons des interprétations économiques de ces différents résultats afin d'en extraire toute la consistance.

III.1. Résultats des estimations

L'objectif de ce chapitre est de déterminer l'impact des frictions financières sur le ratio de l'emploi du secteur industriel sur l'emploi total en ASS.

En nous basant sur les travaux de Bassanini et Duval (2006) nous avons opté pour un modèle en panel que nous avons estimé par la méthode des DMC. Concrètement, dans l'estimation (A), nous avons recouru à l'estimateur à effets fixes. En revanche, dans l'estimation (B) nous avons tenu compte de l'existence d'effets aléatoires. Une présentation synthétique de nos principaux résultats est effectuée dans le tableau 5.

Tableau 5 : Résultats des estimations.

	Modèle à effets fixes (A)	**Modèle à effets aléatoires (B)**
Variables explicatives		
Crédit domestique accordé au secteur privé	0,1865***(0,0184)	0,0553***(0,0201)
Dette brute du gouvernement	-0,4329***(0,0842)	-0,2306(0,1506)
Écart de taux d'intérêt	-0,0901***(0,0225)	-0,0087(0,0124)
Régime politique	-0,1622***(0,0544)	0,0255(0,0443)
Contrôle de la corruption	1,7779(1,4967)	-1,8268(1,7135)
Capital humain	1,8815***(0,7251)	0,6444(0,8895)
Taux de croissance PIB par tête	0,0827*(0,0495)	0,0176(0,0229)
Inflation	-0,0039(0,0028)	-0,0012(0,0030)
FBCF	0,0050(0,0219)	0,0488***(0,0178)
IDE (log)	0,2840**(0,1367)	0,1720**(0,0745)
Variables muettes temporelles	Oui	Oui
Constante	5,36711**(2,5661)	9,7700***(2,2639)

Caractéristiques générales du modèle		
Nombre d'observation	524	524
Nombre de cross-section	31	31
P-value Test de Fisher	0,000	0,0003
R^2	0,4283	0,3963
P-value test Sargan/Hansen	0,9513	0,4022
Test de spécification de Hausman	$Chi2(8) = 9{,}40 \quad Prob(Chi2) = 0{,}8047$	

Notes *: les valeurs entre parenthèses correspondent à l'écart-type corrigé de l'hétéroscédasticité. *** p<0,01 significatif à 1%, ** p<0,05 significatif à 5%, * p<0,1 significatif à 10 %.*

Source : *Auteurs*

III.2. Interprétations des résultats

Sur le plan économétrique, le test de Fisher est concluant pour l'ensemble des deux estimations puisque sa probabilité est inférieure au seuil de 1%. Cela signifie donc que nos modèles sont globalement bien specifiés. De plus, le test de sur identification de Sargan/Hansen est lui aussi concluant et permet de valider tous nos instruments. En effet, la p-value de cette statistique est supérieure au seuil de 10% dans toutes les deux régressions, ce qui ne permet pas de rejeter l'hypothèse nulle de validité des instruments.

Nous avons également fait le test de spécification de Hausman pour savoir lesquels des modèles à effets fixes ou des modèles à effets aléatoires sont pertinents pour notre étude. La probabilité de ce test est Prob (χ2)=0,8047. Le fait que cette probabilité soit supérieure au seuil de 10% implique que le test de Hausman ne permet pas dans ce cas de figure de choisir entre le modèle à effets aléatoires et le modèle à effets fixes. Toutefois, l'analyse des R2 nous amène à considérer le modèle à effets fixes plus pertinent dans notre cas. Ainsi, nos interprétations économiques seront davantage basées sur le modèle (A).

Sur le plan théorique, les résultats obtenus s'inscrivent pour la plupart dans la lignée des travaux antérieurs aussi bien pour les indicateurs de frictions financières que les déterminants traditionnels. S'agissant de l'influence des frictions financières, nous avons établi une relation positive et significative à 1 % entre le crédit domestique accordé au secteur privé par les banques et le ratio de l'emploi industriel sur l'emploi total. Ce résultat suggère que plus les entreprises du secteur secondaire reçoivent du crédit bancaire, plus elle augmente leur niveau d'emploi. Contrairement à cette relation positive du crédit domestique accordé au secteur privé par les banques, la dette brute du gouvernement ou les écarts de taux d'intérêt pénalisent l'évolution à la hausse du ratio de l'emploi du secteur secondaire sur l'emploi total. Ces derniers résultats sont tous significatifs au seuil de 1 %, laissant ainsi comprendre que plus le gouvernement s'endette, cela détériore le niveau d'emploi industriel. Lorsque les écarts entre le taux débiteur et créditeur évoluent à la hausse, les entreprises du secteur industriel ne peuvent recruter davantage. Tous ces résultatsb s'accordent avec ceux de Nickell et al. (2005) et de Bassanini et Duval (2006) dans le contexte de l'OCDE.

Pour ce qui est des autres variables, comme on pouvait s'y attendre, le capital humain impacte positivement et significativement au seuil de 1% le ratio de l'emploi industriel sur l'emploi total. Pour ce qui est des institutions, le contrôle de la corruption positivement lié au ratio de l'emploi industriel sur l'emploi total, même si ce résultat n'est pas significatif. L'autre variable institutionnelle, qu'est le régime politique, est négativement et significativement liée au ratio de l'emploi du secteur secondaire sur l'emploi total. Ce résultat laisse donc croire que plus le régime politique tend vers la démocratie, moins le ratio de l'emploi industriel évolue à la hausse.

Conclusion

La problématique de l'emploi en Afrique est au cœur de tous les programmes de développement. Il est donc question de trouver les voies et mesures pour accroître le volume de l'emploi et surtout celui de l'emploi industriel. L'objectif de cet article qui s'achève était de déterminer empiriquement l'impact des frictions financières sur les transformations sociales (ratio de l'emploi industriel sur l'emploi total).

Il ressort de nos résultats qu'à l'exception du crédit domestique accordé au secteur privé par les banques qui favorise l'évolution à la hausse de ce ratio, la dette brute du gouvernement ainsi que les écarts de taux d'intérêt pénalisent l'augmentation du ratio de l'emploi industriel sur l'emploi total. Certaines orientations pour la recherche peuvent suivre. Dans notre modèle, les frictions financières s'appliquent à toutes les entreprises de manière symétrique. Cependant, Beck et al. (2005) montrent que l'obstacle du financement contraint plus les petites entreprises et moins les grandes. Une extension de notre cadre pour tenir compte de l'hétérogénéité des entreprises (par exemple, les petites entreprises par rapport aux grandes, ou les entreprises à forte intensité de capital par rapport aux entreprises à forte intensité de main-d'œuvre) serait particulièrement intéressante.

Références bibliographiques

Acemoglu, D. (2001). « Credit market imperfections and persistent unemployment ». European Economic Review, 45(4-6), 665679. doi:10.1016/s0014-2921(01)00107-6.

Raifu Isiaka Akande (2019). « The Effect of Financial Development on Unemployment in Nigeria : Do Measures of Financial Development Matter ? » DBN Journal of Economics and Sustainable Growth Vol. 2, Issue 2, pp. 1-35

Alagidede, I. P. (2020). "Structural transformation in the presence of trade and financial integration in sub–Saharan Africa". Central Bank Review.

Amaral, P. S. (2010) « Imited enforcement, financial intermediation, and economic development: a quantitative assessment ». International Economic Review, Wiley Online Library, volume 51, 785-811.

Antràs, P., & Caballero, R. J. (2010). "On the role of financial frictions and the saving rate during trade liberalizations". Journal of the European Economic Association, 8(2-3), 442455. doi:10.1111/j.1542-4774.2010.tb00515.x.

Arellano, M., & Bover, O. (1995). "Another look at the instrumental variable estimation of error-components models". Journal of Econometrics, 68(1), 2951. doi:10.1016/03044076(94)01642- d.

BAH, E.-H., & FANG, L. (2016). "ENTRY COSTS, FINANCIAL FRICTIONS? AND CROSS-COUNTRY DIFFERENCES IN INCOME AND TFP". Macroeconomic Dynamics, Vol. 20, 884-908.

Balestra, P., & Varadharajan-Krishnakumar, J. (1987). "Full information estimations of a system of simultaneous equations with error component structure". Econometric Theory, 223-246.

Bassanini, A., & Duval, R. (2006). « Employment Patterns in OECD Countries: Reassessing the Role of Policies and Institutions ». OECD Economics Department Working Papers No. 486. OECD Publishing (NJ 1).

Barrett, C. B.-P. (2019). « The economics of poverty traps ». University of Chicago Press.

Beck, T. (2002). "Financial development and international trade". Journal of International Economics, 57(1), 107–131. doi:10.1016/s0022-1996(01)00131-3

Benmelech, E. a. (2019). "Financial frictions and employment during the great depression". Journal of Financial Economics, volume 133, number 3, 541-563.

Bergin, P., Feng, L., & Lin, C.-Y. (2018). "Financial Frictions and Trade Dynamics". IMF Economic Review. doi:10.1057/s41308-018-0060-x.

Bernanke, B. S. (1999). "The financial accelerator in a quantitative business cycle framework". Handbook of macroeconomics, volume 1, 1341-1393.

Bertho, F. (2014). "Renforcer les systèmes financiers des pays d'Afrique subsaharienne pour financer le futur agenda pour le développement durable". Revue d'économie financière, 4(no.116), P.p. 81-96.

Bloch, L. & Coeuré, B. (1994). « Les imperfections du marché du crédit et leur influence sur l'investissement des entreprises ». Revue d'économie financière, number 30, 195-206.

Blot, C., & Hubert, P. (2016). « CAUSES ET CONSÉQUENCES DES TAUX D'INTÉRÊT NÉGATIFS ». Revue de l'OFCE (no. 148).

Blundell, R., & Bond, S. (1998). "Initial conditions and moment restrictions in dynamic panel data models". Journal of Econometrics, 87(1), 115?143. doi :10.1016/s03044076(98)00009-8.

Bougheas, S. & Falvey, R. (2011). "The Impact of Financial Market Frictions on Trade Flows, Capital Flows and Economic Development" University of Nottingham - School of Economics.

Brooks W. & Dovis A. (2019), « Credit Market Frictions and Trade Liberalizations ». Journal of Monetary Economics, volume 111 Elsevier, 32-47. doi: 10.1016/j.jmoneco.2019.01.013.

Buera, F. J., Fattal Jaef, R. N., & Shin, Y. (2015). "Anatomy of a credit crunch: From capital to labor markets". Review of Economic Dynamics, 18(1), 101?117.doi:10.1016/j.red.2014.11.001.

Buera, F. J. (2011). "Finance and development: A tale of two sectors". American economic review, 1964-2002.

Bustos, P., Castro-Vincenzi, Monras, J. & Ponticelli, J. (2019). "Structural transformation, industrial specialization, and endogenous growth". National Bureau of Economic Research, 50-73.

Chan, J. M. L. (2018). "Financial frictions and trade intermediation: Theory and evidence". European Economic Review. doi:10.1016/j.euroecorev.2018.04.002

Chaney, T. (2016). "Liquidity constrained exporters". Journal of Economic Dynamics and Control, 72, 141 ?, 154. doi:10.1016/j.jedc.2016.03.010

Christiano, L. J., Trabandt, M., and Walentin, K. (2011). "Introducing financial frictions and unemploymelnt into a small open economy model". Journal of Economic Dyenamics and Control, 35(12):1999-2041.

CNUCED (2013). "World investment report 2013: Global value chains : Investment and trade for development", UN.

Coakley, J., Fuertes, A. & Smith, R. (2002). "A principal components approach to crosssection dependence in panels".

Dabla-Norris, M. E. (2013). "Revisiting the link between finance and macroeconomic volatility", International Monetary Fund, number 13-29.

Dabla-Norris, M. E.-V. (2013). "Benchmarking structural transformation across the world", International Monetary Fund, 13-176.

Driscoll, J. C. (1998). "Consistent covariance matrix estimation with spatially dependent panel data", Review of economics and statistics, volume 80, number 4 MIT press, 549-560.

Elhiraika, A. B. (2014). "Assessing the determinants of export diversification in Africa". Applied Econometrics and International Development, volume 14 numbers 1, 147-160.

Elhiraika, A. B. (2014). "Promoting manufacturing to accelerate economic growth and reduce growth volatility in Africa". The Journal of Developing Areas, 1-20.

Erosa & Allub (2018.). "Public Financing with Financial Frictions and Underground Economy".

Gertler, M., & Kiyotaki, N. (2010). "Financial Intermediation and Credit Policy in Business Cycle Analysis". Handbook of Monetary Economics.

Guariglia, A., & Mateut, S. (2006). "Credit channel, trade credit channel, and inventory investment: Evidence from a panel of UK firms". Journal of Banking & Finance, 30(10), 2835?2856. doi:10.1016/j.jbankfin.2005.11.002

Hall, R. E. (2011). "The high sensitivity of economic activity to financial frictions". The Economic Journal, 351-378.

Hirakata, N., & Sunakawa, T. (2019). "Financial frictions, capital misallocation and structural change". Journal of Macroeconomics, volume 61, 103-127. doi:10.1016/j.jmacro.2019.103127

Iqbal, N., Feng Ju, X., Fareed, Z. & Ahmed Sheikh, S.(2019). "Financial Development and International Trade inside Asia.", European Journal of Business and Management, ISSN 2222-1905 (Paper) ISSN 2222-2839 vol. 11, No. 11.

Im, K. S. (1997). "Testing for Unit Roots in Heterogeneous Panels"., Mimeo, Department of Applied Economics, University of Cambridge.

Jermann, U. and Quadrini, V. (2012). "Macroeconomic effects of financial shocks"., The American Economic Review, 102(2):1186-1186.

Joumady, O. (1999). "Libéralisation financière, rationnement du crédit et investissement des entreprises marocaines". Régions et développement, 9, 106-132.

Kiyotaki, N. & Moore, J. (1997). "Credit cycles" Journal of political economy volume 105, number 2, The University of Chicago Press, 211-248.

Lewis, W. A. (1954). "Economic development with unlimited supplies of labour"., BobbsMerrill Company, College Division.

Maddala, G. S. (1999). "A comparative study of unit root tests with panel data and a new simple test"., Oxford Bulletin of Economics and statistics, volume 61, number 51 Wiley Online Library, 631-652.

Manova, K. (2008). « Credit constraints, equity market liberalizations and international trade ». Journal of International Economics, 76(1), 33–47. doi:10.1016/j.jinteco.2008.03.008.

Manova, K., Shang-Jin Wei & Zhang (2015). "Firm Exports and Multinational Activity Under Credit Constraints" Review of Economics and Statistics, volume 97, pp. 574-588,

McMillan, M. & Rodrick, D. (2011). "Globalization, structural change and productivity growth"., National Bureau of Economic Research.

Mensah, J. T. (2016). « What Drives Structural Transformation in Sub-Saharan Africa? » African Development Review, 157-169.

Merlin, G. & Teles, V. (2014). "Financial frictions, informality and income inequality"., Working Paper Series.

Mijiyawa, A. (2017). "Drivers of structural transformation : The case of the manufacturing sector in Africa"., World Development, 141-159.

Minetti, R., & Zhu, S. C. (2011). "Credit constraints and firm export: Microeconomic evidence from Italy". Journal of International Economics, 83(2), 109?125.doi:10.1016/j.jinteco.2010.12.004

Monacelli, T., Quadrini, V. & Trigari, A. (2011). "Financial Markets and Unemployment" National Bureau of Economic Research Working Paper No. 17389

Nabi, M. & Suliman M. (2011). "Credit rationing, interest rates and capital accumulation" Economic Modelling, 2719-2729.

Ngoc Bui (2020). "How does financial development affect the employment Evidence from Asezn countries" Journal of Management Information and Decisions sciences 23(1), 1-6

Nickell, S., Nunziata, L., & Ochel, W. (2005). "Unemployment in the OECD since the 1960s. What do we know?"., The Economic Journal, 115(500), 1-27.

Niinimaki, J.-P. (2018). "Collateral in credit rationing in markets with asymmetric information". The Quarterly Review of Economics and Finance, volume 68, pp. 97-102.

Nissanke, M. (2018). « Exploring macroeconomic frameworks conducive to structural transformation of sub-Saharan African economies ». Structural Change and Economic Dynamics. doi:10.1016/j.strueco.2018.07.005.

Nixson, F. I. (1990). "Industrialization and structural change in developing countries". Journal of International Development, 310-333.

Pagano, M., & Pica, G. (2012). "Finance and employment". Economic Policy, 27(69) , 5?55. doi:10.1111/j.1468-0327.2011.00276.x

Pedroni, P. (1999). "Critical values for cointegration tests in heterogeneous panels with multiple regressors". Oxford Bulletin of Economics and statistics, volume 61, number s1, 653-670.

Pesaran, M. H. (2007). "A simple panel unit root test in the presence of cross-section dependence". Journal of applied econometrics, volume 22, number 2 Wiley Online Library, 265-312.

Sarafidis, V. & Roberson, D. (2006). "On the impact of cross section dependence in short dynamic panel estimation". http://www. econ. cam. ac. uk/faculty/robertson/csd. pdf.

Skott, P., & Gómez-Ramírcz, L. (2018). "Credit constraints and economic growth in a dual economy". Structural Change and Economic Dynamics, volume 45, 64-76. doi:10.1016/j.strueco.2018.02.003

Stiglitz, J. E. & Weiss, A. (1981). "Credit rationing in markets with imperfect information". The American economic review, volume 71, number 3, 393-410.

Stiglitz, J. E. & Weiss, A. (1992). "Asymmetric information in credit markets and its implications for macro-economics". Oxford Economic Papers volume 44, number 4, 694-724.

Tripier, F. (2013). « Frictions de recherche sur les marchés financiers ». Revue française d'économie, volume 28, number 4, 15-47.

Weldemicael, E. (2012). « Determinants of export sophistication ». The University of Melbourne

Wen, C. A. (2014). « Self-Fulfilling Credit Cycles ». Society for Economic Dynamics.

Westerlund, J., & Edgerton, D. L. (2007). "A panel bootstrap cointegration test ". Economics Letters, 97(3), 185?190. doi:10.1016/j.econlet.2007.03.003.

Yakubu, A. S., Aboagye, A. Q. Q., Mensah, Lord, & Bokpin, G. A. (2018). "Effect of financial development on international trade in Africa: Does measure of finance matter?" The

Journal of International Trade and Economic Development, 1–20. doi:10.1080/09638199.2018.147424.

Zetlin-Jones, A., & Shourideh, A. (2017). "External financing and the role of financial frictions over the business cycle: Measurement and theory". Journal of Monetary Economics, 92, 1-15.

QUALITÉ DES INSTITUTIONS ET CYCLICITÉ DE LA POLITIQUE MONÉTAIRE EN AFRIQUE

Jacob TCHE

jacobtche1985@gmail.com

François Stéphane WILLY

willyfrancois1@yahoo.com

Résumé

Cet article contribue à la recherche empirique corrélative à l'influence de la qualité des institutions sur la cyclicité de la politique monétaire en Afrique de 2002 à 2016. À partir des données de la WDI, de la WGI et de base Polity IV sur 38 pays d'Afrique, nous montrons au moyen d'un modèle en panel dynamique estimé par la méthode des GMM en système qu'une amélioration de la qualité des institutions conduit à une politique monétaire moins procyclique. Les résultats renseignent également renseigné sur le fait.. Les résultats nous ont également renseigné sur le fait que la qualité des institutions, mesurée soit par le contrôle de la corruption, soit par l'indice moyen de qualité des institutions influence négativement la relation entre la politique monétaire et le cycle économique des pays africains. En d'autres termes, la qualité des institutions influence négativement la relation entre la politique monétaire et le cycle économique dans les pays africains.

Mots clés : qualité des institutions, politique monétaire, cyclicité de la politique, Afrique

Abstract

This article contributes to empirical research related to the influence of the quality of institutions on the cyclicality of monetary policy in Africa over the period from 2002 to 2016. Using data from the WDI, WGI and Polity IV database on 38 African countries, we showed by means of a dynamic panel model estimated by the GMM method in the system that an improvement in the quality of institutions leads to a less procyclical monetary policy. The results also informed us that the quality of institutions measured either by the control of corruption or by the average index of quality of institutions negatively influences the relationship between monetary policy and the economic cycle of African countries in our sample. In other words, the quality of institutions negatively influences the relationship between monetary policy and the business cycle in African countries.

Keywords : Quality of institutions, monetary policy, policy cyclicality, Africa.

Introduction

La politique économique, dont les principaux instruments sont la politique budgétaire et la politique monétaire, comprend l'ensemble des activités économiques de l'État (Deiss, 1998). Selon Tinbergen[8] (1961), la politique économique consiste en la manipulation délibérée d'un certain nombre de moyens mis en œuvre pour atteindre certaines fins. Autrement dit, la politique économique désigne l'ensemble des décisions prises, et la mise en œuvre de moyens par les pouvoirs publics afin d'atteindre certains objectifs concernant la situation économique.

Celles-ci peuvent avoir de nombreux objectifs[9] à savoir, corriger les défaillances du marché, relancer l'économie en périodes difficiles, lutter contre l'inflation, améliorer la compétitivité des entreprises ou encore promouvoir un développement durable. En général, les politiques macroéconomiques sont conçues pour stabiliser les fluctuations du cycle économique. Par exemple, les politiques budgétaires et monétaires des pays industrialisés ont été expansionnistes en réponse à la faiblesse des conditions économiques dans les dernières années (Calderon et al, 2008). Cependant, les propriétés cycliques des politiques macroéconomiques, notamment celles des politiques budgétaires et monétaires, sont beaucoup plus controversées parmi les EME et les PED.

Relativement à la politique monétaire, celle-ci correspond selon Mankiw (2015), aux choix de la banque centrale relatifs à l'offre de monnaie. Par ailleurs, Mathai (2009) la définit comme étant l'action des autorités monétaires (banques centrales nationales ou banques centrales régionales) d'ajuster l'offre de monnaie dans l'économie pour parvenir à une combinaison d'inflation et de stabilisation de la production. La plupart des économistes admettraient qu'à long terme, la production est fixe, de sorte que tout changement dans la masse monétaire ne fait que modifier les prix[10].Mais à court terme, parce que les prix et les salaires ne s'ajustent généralement pas immédiatement, les changements dans la masse monétaire peuvent affecter la production effective de biens et de services. C'est pourquoi la politique monétaire, généralement menée

[8] Prix Nobel d'économie en 1969, Tinbergen est aussi connu pour avoir énoncé le premier principe de politique économique, à savoir « le principe de cohérence de politique économique ».

[9] Le carré magique de Kaldor.

[10] Cela relève de la théorie quantitative de la monnaie développée par Fisher (1911).

par des banques centrales telles que la Réserve fédérale américaine (Fed) ou la Banque centrale européenne (BCE), est un outil politique important pour atteindre les objectifs d'inflation et de croissance.

Toutefois, le comportement cyclique de la politique monétaire peut être appréhendé au travers du comportement du taux d'intérêt nominal contrôlé par les autorités monétaires par rapport au cycle économique. De ce fait, une politique monétaire peut être contracyclique, procyclique ou acyclique. Une politique monétaire est contracyclique si elle implique une réduction du taux d'intérêt nominal (augmentation) en période de récession (d'expansion), procyclique si elle implique une augmentation (réduction) du taux d'intérêt nominal en période de récession (d'expansion) et acyclique si le taux d'intérêt nominal est constant, quelle que soit la phase du cycle économique (Kaminsky et al, 2004).

Selon le *« rapport sur le développement économique »* (Genève, 2017), en Afrique, certaines économies ont adopté une politique monétaire restrictive pour limiter l'impact de l'inflation résultant d'un affaiblissement de la monnaie et/ou de l'augmentation des tarifs réglementés de l'électricité, les banques centrales ayant relevé les taux directeurs par exemple en Angola, au Nigéria et en Égypte. Cependant, l'Algérie, la Côte d'Ivoire, le Cameroun, notamment, le Kenya et le Maroc ont tempéré leur politique monétaire. Le Kenya et le Maroc ont ramené leurs taux directeurs à 2,25% et 10%, profitant des faibles pressions inflationnistes, et l'Algérie a réduit son taux d'escompte pour la première fois en près d'une décennie de 4% à 3,5%, principalement en raison de la baisse des liquidités causée par la chute des cours du pétrole. La plupart des pays d'Afrique centrale et d'Afrique de l'Ouest ont également assoupli leur politique, leur monnaie commune (le franc CFA) étant rattachée à l'euro qui les obligeait à se conformer à la politique monétaire extrêmement souple de la Banque centrale européenne.

Selon Mankiw (2000), la production d'une économie fluctue, soit parce que son taux naturel de production se modifie, soit parce que sa production effective s'écarte du taux naturel. Il fait l'hypothèse selon laquelle le taux naturel de production croît de manière régulière (comme nous le dit le modèle de Solow) et que la plupart des fluctuations de court terme sont en fait des écarts par rapport au taux naturel (comme nous l'explique le modèle de l'offre et de la demande agrégées). Pour Burns et Mitchell (1946), les cycles économiques sont un genre particulier de fluctuations que l'on peut observer dans l'activité économique agrégée des nations dont l'organisation du travail repose principalement sur l'entreprise privée. Un cycle économique peut être défini comme un mouvement général d'expansion observé dans un grand nombre d'activités simultanément. Elle est suivie de mouvements généraux similaires de récession, de contraction et de reprise convergeant pour entraîner l'économie dans une nouvelle phase d'expansion. Cette série de changements et de mouvements est répétitive, mais pas régulière, etc.

En pratique, la conjoncture économique est mesurée soit par le taux de croissance du PIB, soit par l'écart de production (output gap). L'indicateur économique qui mesure la différence entre la production réelle et potentielle d'une économie est l'écart de production, c'est- à-dire le volume maximal de biens et de services qu'elle peut produire quand elle fonctionne à plein régime, en utilisant toutes ses capacités[11] (Jahan et Mahmud, 2013).

À la suite de Aygun et Gulzar (2016), la cyclicité des dépenses publiques (et/ou du solde budgétaire) et celle du taux d'intérêt nominal (taux d'intérêt réel) peuvent être appréhendées respectivement comme des indicateurs de l'efficacité des politiques budgétaires et monétaires. En ce sens, lorsque ces politiques sont contracycliques, elles peuvent être considérées comme étant efficaces. Par ailleurs, nous attirons l'attention sur la qualité des institutions en tant que déterminant de la cyclicité des politiques Economiques. Acemoglu et al. (2002) qui affirment que les distorsions de la politique macroéconomique ne sont pas la cause de la volatilité de la croissance économique comme cela est fréquemment indiqué, mais qu'elles sont plutôt le symptôme de problèmes institutionnels.

Cependant, on ne peut pas parler de la qualité du système sans parler de ce qu'est le système. North (1990) définit donc « l'institution » comme un concept très large désignant les règles formelles et informelles qui régissent l'interaction humaine. Cependant, une définition plus étroite se concentre plutôt sur une agence, une procédure ou une réglementation particulière. Au niveau intermédiaire, les institutions sont définies en fonction de la protection des droits de propriété, de l'application équitable des lois et règlements et de la

[11] D'ailleurs, la production potentielle est aussi souvent appelée capacité de production de l'économie.

corruption. Cette signification est plus étroite que celle de Nord, qui englobe toutes les normes qui régissent l'interaction humaine. Les recherches récentes sur les déterminants du développement économique utilisent généralement cette définition intermédiaire.

La littérature sur la cyclicité de la politique monétaire n'est pas abondante, par conséquent celle qui introduit des travaux prenant en compte le rôle de la qualité institutionnelle sur celle-ci l'est encore moins.

Cependant, la sagesse conventionnelle recommande que les pays suivent des politiques monétaires contracycliques. Cette recommandation remonte au moins à Wicksell (1907) et s'est avérée robuste à de nombreux développements de la théorie monétaire au siècle dernier[12]. Selon Yakhin (2007), si les économies développées suivent généralement ce conseil, ce n'est pas le cas des pays en développement. Plus précisément, si les autorités monétaires dans les économies développées tendent à augmenter leurs taux d'intérêt en période de boom économique et à le réduire durant les périodes de ralentissement, cela n'est pas le cas dans les pays en développement, car c'est le contraire qui se produit.

Contrairement à la conception de la cyclicité de la politique budgétaire, celle de la politique monétaire est beaucoup plus difficile à appréhender, car les instruments de politique monétaire peuvent dépendre du régime de taux de change existant. Selon Kaminsky et al (2004), il suffit de définir deux régimes de taux de change, à savoir des taux de change fixes ou prédéterminés et des taux de change flexibles (que nous définissons comme incluant tout régime dans lequel le taux de change bénéficie d'une certaine flexibilité).

Selon certaines hypothèses, un instrument d'action commune à ces deux régimes différents serait un taux d'intérêt à court terme. L'exemple le plus marquant est le taux des fonds fédéraux aux États-Unis, un taux interbancaire au jour le jour qui constitue la principale cible de la Réserve fédérale. D'un point de vue théorique, avec des taux de change flexibles, la politique monétaire peut certainement être

[12] La politique monétaire contracyclique a été préconisée par le Plan de Chicago ; voir par exemple, Mints (1946) et Friedman (1948). Le modèle classico-keynésien IS-LM, Hicks (1937), soutient également des politiques monétaires contracycliques. Taylor (1993) et une grande partie de la littérature néo-keynésienne qui a suivi soutenaient également des politiques monétaires contracycliques ; voir par exemple, Woodford (2001) et Giannoni et Woodford (2002).

envisagée en termes de taux d'intérêt à court terme, puisque les changements dans l'offre de monnaie influenceront directement les taux d'intérêt. Sous des taux de change fixes ou prédéterminés, la seule hypothèse nécessaire pour qu'un taux d'intérêt à court terme soit également considéré comme un instrument de politique est qu'il existe une substitution imparfaite entre les actifs nationaux et étrangers (voir Flood et Jeanne, 2000). En fait, les banques centrales ont souvent recours à un taux d'intérêt à court terme pour défendre un taux de change fixe.

En principe, l'observation de la corrélation entre un taux d'intérêt[13] à court terme contrôlé par les autorités monétaires et le cycle économique indiquerait si la politique monétaire est contracyclique (le taux d'intérêt est réduit dans les périodes difficiles, ce qui implique une corrélation positive), procyclique (le taux d'intérêt est réduit dans les bons moments et augmenté dans les mauvais moments, impliquant une corrélation négative), ou acyclique (n'induisant aucune corrélation).

Dès lors, on se pose la question de savoir quelle est l'influence de la qualité des institutions sur la relation entre la politique monétaire et le cycle économique en Afrique ? L'objectif de cette contribution est de montrer l'influence de la qualité des institutions sur la relation entre la politique monétaire et le cycle économique en vérifiant l'hypothèse selon laquelle la qualité des institutions influence négativement la relation entre la politique monétaire et le cycle économique en Afrique.

I. Qualité des institutions et cyclicité de la politique monétaire : revue de la littérature

I.1. Cadre conceptuel de la politique monétaire

I.1.1. Objectifs, cibles et instruments de la politique monétaire

Les objectifs de la politique monétaire comprennent traditionnellement la stabilité des prix, la promotion de la croissance, la réalisation du plein emploi, le lissage du cycle économique, la

[13] Les corrélations attendues avec d'autres variables monétaires sont plus complexes. En l'absence d'une politique active de taux d'intérêt, nous prévoyons que les soldes monétaires réels (en termes d'agrégats monétaires) seront élevés dans les bons moments et faibles dans les mauvais moments (corrélés positivement avec le cycle économique), et les taux d'intérêt réels d'une politique procyclique de taux d'intérêt renforceraient cette tendance cyclique.

prévention des crises financières et la stabilisation des taux d'intérêt à long terme et du taux de change réel. Bien que certains objectifs soient compatibles les uns avec les autres, d'autres ne le sont pas. Par exemple, l'objectif de stabilité des prix est souvent contraire aux objectifs de stabilité des taux d'intérêt et d'emploi à court terme plus élevé. Les pays peuvent assigner à ces objectifs des poids égaux ou, comme de nombreux pays l'ont fait ces dernières années, mettre davantage l'accent sur l'objectif de faible inflation (Khan, 2011).

Cependant, ils ne sont pas des objectifs en soi, mais s'ils sont atteints, ils contribueront directement à la réalisation des objectifs à plus long terme de la politique. Les objectifs de politique monétaire sont classés soit comme cibles opérationnelles, soit comme cibles intermédiaires[14]. Ils comprennent divers agrégats monétaires et des taux d'intérêt à long terme.

En revanche, les objectifs opérationnels sont des objectifs tactiques que la banque centrale peut influencer à court terme. Bien que les banques centrales ne puissent pas utiliser directement les instruments de politique monétaire pour affecter les objectifs intermédiaires, elles peuvent les utiliser pour affecter les objectifs opérationnels, tels que la base monétaire de et les taux d'intérêt de court terme, qui influencent les objectifs intermédiaires.

Les instruments monétaires peuvent être considérés comme étant directs ou indirects. Les instruments directs fonctionnent conformément à la réglementation (accordée à la banque centrale) qui affecte directement le taux d'intérêt ou le volume de crédit. A titre illustratif, les plafonds de taux d'intérêt fixés administrativement, les plafonds de crédit bancaire individuels et les prêts dirigés. Ceux-ci deviennent de plus en plus inefficaces à mesure que la monnaie et les marchés financiers se développent. En outre, ils créent des distorsions, y compris la répression financière et favorisent la désintermédiation financière.

Les instruments indirects, quant à eux, sont également appelés *« instruments basés sur le marché »*, puisque leur utilisation affecte le prix des réserves bancaires déterminé par le marché lorsque la banque centrale effectue des transactions avec des institutions financières et non financières. Il existe trois principaux types d'instruments indirects, à savoir les opérations d'open market, les politiques de prêt des banques

[14] Les cibles intermédiaires sont des variables qui affectent les objectifs ultimes de la politique monétaire, mais ne sont pas contrôlées directement par la banque centrale.

centrales et les réserves obligatoires, qui sont utilisées pour injecter et absorber des liquidités. Parmi les autres instruments indirects figurent les adjudications par la banque centrale de bons du Trésor ou d'obligations de la banque centrale, et les ventes aux enchères de banques centrales de crédits de la banque centrale.

I.1.2. Fondements théoriques de la politique monétaire

Trois grandes analyses économiques offrent trois politiques différentes.

❖ **La théorie quantitative de la monnaie**

Celle-ci est d'abord apparue au XVIe siècle lorsque l'afflux des métaux précieux d'Amérique latine a provoqué en Europe de très fortes augmentations de prix. La hausse des prix s'explique par une augmentation de la quantité de monnaie en circulation. Toutefois, il revient à Fisher (1911) d'avoir adopté cette idée au début du XXe siècle avec l'équation suivante :

$$M \times V = P \times T$$

Où V est la vélocité de circulation de la monnaie, P le niveau général des prix, M est la masse monétaire en circulation et T, le volume des transactions.

Selon la théorie quantitative de la monnaie, une variation de la masse monétaire entraînera une variation du prix, à condition que le volume des transactions et le taux de rotation de la monnaie restent les mêmes. Par conséquent, pour éviter l'inflation, la masse monétaire doit permettre l'échange de biens dans l'économie. Par conséquent, la masse monétaire ne devrait pas croître plus vite que l'activité économique (telle que la croissance du PIB).

❖ **La vision keynésienne**

Keynes conteste d'abord les hypothèses de la théorie quantitative de la monnaie en remarquant qu'une augmentation de la masse monétaire ne conduit pas nécessairement à la hausse des prix. Pour lui, une politique monétaire agit cependant différemment, car elle provoque plutôt une variation des taux d'intérêt. Ainsi, une augmentation de l'offre de monnaie sur le marché monétaire, qui conduit la banque centrale à acheter des titres fournis par les banques contre la monnaie nouvelle (création monétaire), entraîne une baisse des taux d'intérêt : celle-ci à son tour favorise les entreprises puisque le coût des emprunts destinés à financer les investissements diminue. Pour les keynésiens, la politique monétaire est un instrument de politique à court terme. Une augmentation de la masse monétaire devrait entraîner une baisse des taux d'intérêt. Cependant, cette condition n'est pas toujours remplie, en particulier dans les situations de trappe à liquidité. Deuxièmement, la baisse des taux d'intérêt doit entraîner une reprise de l'investissement.

Vu que l'efficacité de la politique monétaire est conditionnelle, les keynésiens voient la politique monétaire comme un outil pour soutenir la politique budgétaire. Dans ce contexte, on parle de policy mix. Dans une perspective keynésienne, la politique monétaire est une question d'intervention discrétionnaire. Cela signifie que les taux d'intérêt peuvent augmenter ou baisser de manière anticyclique si une augmentation de la masse monétaire entraîne une baisse des taux d'intérêt. Cependant, cette condition n'est pas toujours remplie, en particulier dans les situations de trappe à liquidité. Deuxièmement, la baisse des taux d'intérêt doit entraîner une reprise de l'investissement.

Parce que l'efficacité de la politique monétaire est conditionnelle, les keynésiens voient la politique monétaire comme un outil pour soutenir la politique budgétaire.

Dans ce contexte, on parle de policy mix. Dans une perspective keynésienne, la politique monétaire est une question d'intervention discrétionnaire. Selon les circonstances, cela signifie que les taux peuvent être relevés ou abaissés de manière anticyclique.

❖ Le monétarisme

L'analyse monétariste, en particulier celle de Friedman, reprend la théorie quantitative de la monnaie puisqu'elle considère que l'inflation est partout et toujours un phénomène monétaire. Critiquant les interventions de l'État en matière monétaire, l'idée centrale des thèses monétaristes est que la politique monétaire n'a à long terme, aucun effet réel sur l'activité économique. Elle ne peut influencer, avec l'inflation, que les grandeurs nominales de l'économie. À cet effet, trois critiques à l'égard des politiques monétaires conjoncturelles :

- La politique monétaire expansionniste conduit à une inflation plus rapide. Selon Friedman, cela se produit à long terme à travers l'illusion de la monnaie.
- Selon Friedman, la politique économique et monétaire se heurte au problème du décalage. La politique monétaire contracyclique risque de devenir procyclique lorsque les cycles économiques

sont courts et que la politique monétaire tarde à produire ses effets.

- Les monétaristes critiquent le choix des taux d'intérêt nominaux comme objectif intermédiaire de la politique monétaire, tant que les taux d'intérêt nominaux sont constitués de deux composantes : Retour sur investissement et inflation anticipée. Cependant, lorsque les taux d'intérêt nominaux fluctuent, il est impossible de savoir si c'est la compensation ou l'inflation anticipée qui est ajustée.

I.2. Rôle de la qualité institutionnelle

I.2.1. Politique monétaire et institutions politiques

Dans de nombreux pays, les institutions de politique monétaire ont été conçues pour minimiser les influences politiques sur la prise de décision, mais étant donné les motivations des politiciens, ces protections seront probablement toujours imparfaites. Des influences politiques importantes peuvent donc peser sur la politique monétaire[15]. Afin d'étayer cela, nous considérons d'abord les cycles de politique monétaire liés au calendrier des élections (théorie des cycles opportunistes), puis ceux qui impliquent des changements partisans (théorie des cycles partisans). Nous considérons ensuite les modèles politiques des biais inflationnistes, y compris les applications du problème d'incohérence temporelle et les modèles de comportement bureaucratique.

❖ Cycles politiques motivés par le calendrier électoral

La théorie des cycles économiques opportunistes prédit que les politiciens en place modifieront leurs politiques économiques pour stimuler la croissance à court terme afin d'attirer des votes supplémentaires pour les prochaines élections. Dans le modèle du cycle économique et politique de Nordhaus (1975), les politiciens en quête de votes manipulent l'économie de manière opportuniste pour obtenir le soutien d'électeurs myopes préoccupés par les conditions

---

[15] Par exemple, les modèles de cycle économique partisans et politique exigent que les politiciens contrôlent, ou au moins influencent, les politiques fiscales ou monétaires. McCallum (1978) est crédité de la première mise à l'essai formelle des cycles d'affaires politiques. Il a présenté une série de variables électorales, conçues pour détecter les cycles de chômage électoral potentiels compatibles avec divers modèles prédéfinis.

macroéconomiques actuelles. Cela a probablement été inspiré par l'élection présidentielle américaine de 1972. En effet, cette année-là, Richard Nixon a été le bénéficiaire d'un boom préélectoral sain, un boom que beaucoup soupçonnaient[16] d'avoir été orchestré avec la coopération d'Arthur Burns, ce dernier étant président de la Réserve fédérale (Fed) à cette époque.

Le contrôle des prix imposés par l'administration Nixon a transféré une pression politique intense à la Fed (tout mouvement de la Réserve fédérale pour relever les taux d'intérêt dans un régime de prix et salaires contrôlés aurait certainement attiré les politiciens et le public). Ainsi, alors que l'attitude accommodante de la Fed reflétait probablement une autoprotection bureaucratique, l'effet a néanmoins favorisé les perspectives de réélection du titulaire.

Des preuves quantitatives systématiques des cycles monétaires politiques existent également, par exemple Grier (1987) a estimé une fonction de réaction augmentée de variables muettes pour tenir compte du calendrier électoral de la politique monétaire aux États-Unis. Cela a été remis en question par Beck (1987), qui a suggéré que le profil électoral reflétait principalement les pressions budgétaires. Mais Grier (1989), utilisant des spécifications empiriques plus flexibles, a trouvé plus tard des preuves de cycles électoraux même lorsque la politique budgétaire était prise en compte. Les preuves subséquentes ont été mitigées, mais l'hypothèse d'un cycle économique politique monétaire ne pouvait clairement pas être écartée.

❖ Cycles politiques partisans

Pour sa part, la théorie des cycles partisans repose sur l'idée que les différents partis peuvent avoir des objectifs économiques différents. Dans la relation inflation-chômage de la courbe de Phillips à court terme, une partie se concentrera sur la réduction de l'inflation, tandis que l'autre partie se concentrera sur la baisse du chômage. Les politiques économiques changeront donc au fur et à mesure que les partis sortants seront éliminés.

Dans une étude pionnière transnationale, Hibbs (1977) a constaté que les taux de chômage étaient plus bas sous des régimes politiques de gauche que de droite, reflétant les préoccupations sous-jacentes des

[16] Woolley (1980) a soigneusement examiné la prise de décision de la Fed cette année-là et a conclu que le Federal Open Market Committee (FOMC) de la Fed n'était pas directement motivé par le désir d'assurer la réélection de Nixon.

principales circonscriptions des partis. Soutenant ce thème dans le domaine de la politique monétaire, Beck (1984) conclut que la politique monétaire américaine est plus facile sous la conduite des présidents démocrates que sous les républicains. Minford et Peel (1982) ont fourni des preuves similaires pour les gouvernements de gauche et de droite en Europe et au Royaume-Uni.

Cependant, avec l'avènement de la révolution des anticipations rationnelles, les modèles de cycles économiques et politiques des variétés à la fois partisanes et électorales ont été remis en question et finalement reformulés. Rogoff et Sibert (1988) ont présenté un modèle rationnel des cycles électoraux, tandis qu'Alesina (1987), puis Chappell et Keech (1986, 1988) ont formulé des modèles partisans rationnels.

Dans les modèles partisans rationnels, l'incertitude des élections entraîne des surprises politiques et des fluctuations des résultats économiques réels. Alesina, Roubini et Cohen (1997) ont empiriquement trouvé de larges preuves à l'appui des cycles partisans rationnels et des modèles connexes de politique monétaire dans un panel de 18 pays de l'OCDE.

❖ Les origines politiques de l'inflation

Dans la plupart des économies, le niveau des prix augmente avec le temps. En l'absence d'arguments solides en faveur de l'inflation, on est amené à soupçonner un parti pris politique en faveur de politiques inflationnistes. Le problème d'incohérence temporelle, décrit par Kydland et Prescott (1977) et appliqué à la politique monétaire par Barro et Gordon (1983), est une explication possible pour un tel biais.

Selon cette théorie, les décideurs accordent autant d'importance à une inflation faible qu'à une production supérieure à son taux naturel. Si le public s'attendait à une inflation nulle, les décideurs seraient incités à augmenter la production avec une surproduction de la monnaie. Mais si le public avait des anticipations rationnelles, cette incitation serait anticipée, rendant un équilibre d'inflation nul et intenable. Au contraire, l'inflation sera positive en termes d'équilibre et se maintiendra à un niveau où les coûts marginaux de l'inflation et les gains marginaux (à court terme) associés à la production sont équilibrés. Bien qu'il ne soit pas largement apprécié, un résultat similaire a été décrit par Nordhaus (1975) dans un contexte où les anticipations étaient adaptatives plutôt que d'être rationnelles.

Pour éviter un équilibre inflationniste sous-optimal, certains ont proposé que les politiciens désignent des banquiers centraux conservateurs (c'est-à-dire moins préoccupés par les gains de production que leurs dirigeants politiques) et leur donnent l'indépendance dans l'élaboration des politiques quotidiennes (Rogoff, 1985). Une telle solution est problématique : car on ne sait pas très bien comment les conservateurs doivent être identifiés et choisis, et on ne sait pas non plus comment leur indépendance doit être protégée compte tenu des motivations des dirigeants politiques (Toma, 1997).

Mis à part ces questions, une littérature empirique substantielle s'est développée sur la relation entre l'indépendance de la banque centrale et la performance inflationniste entre les pays. Après une étude exhaustive, Cukierman (1992) a conclu que la prépondérance de la preuve étaye le point de vue selon lequel l'indépendance et la faible inflation sont liées, mais cette preuve n'est pas écrasante. L'inflation peut aussi provenir du désir des gouvernements d'extraire directement des revenus par la création de monnaie (il est largement reconnu que les hyperinflations ont des origines politiques dans la nécessité de générer des revenus sans imposer de taxes explicites).

En utilisant un modèle qui utilise la logique du problème de l'incohérence temporelle, Cukierman (1992) a montré que le motif du revenu peut produire un taux d'inflation dépassant le taux de maximisation du seigneuriage à l'état stationnaire. Il fournit également un soutien empirique pour le motif du seigneuriage à partir de preuves transnationales (le seigneuriage est une source de revenus plus importante lorsque les institutions fiscales sont moins efficaces et les systèmes politiques moins stables).

I.2.2. Politique monétaire et qualité des institutions économiques

Dans leur étude, Huang et Wei (2006) étudient une caractéristique particulière qui prévaut dans les PED (et dans les économies en transition), à savoir la faible gouvernance publique. Étonnamment, dès lors, la conséquence de cette caractéristique sur la conception de la politique monétaire (et même sur la cyclicité de la politique monétaire) n'a pas été systématiquement examinée. Leur souhait à travers cette étude était donc de combler ce vide et de démontrer que l'effet n'est pas trivial. Comme beaucoup de PED manquent de crédibilité dans leur politique monétaire (un sujet largement étudié dans la littérature) il est généralement admis que ces pays devraient rattacher leurs monnaies à une devise majeure d'un pays faiblement inflationniste ; adopter un régime de caisse d'émission ou dollariser. Ils montrent donc dans leur analyse qu'en présence d'institutions faibles, ces politiques ne sont pas nécessairement appropriées.

Les institutions faibles peuvent être modélisées comme une érosion de la capacité du gouvernement à percevoir des revenus par le biais de canaux fiscaux. Cela peut résulter d'un vol pur et simple par des fonctionnaires des impôts ou des pratiques par lesquelles les inspecteurs s'entendent avec les contribuables pour réduire l'obligation fiscale de ces derniers en échange de pots-de-vin. Dans un cadre de ciblage de l'inflation, Huang et Wei (2006) ont étudié comment le niveau socialement optimal du ciblage d'inflation est affecté par des institutions faibles en examinant en outre les implications pour la conception de plusieurs autres cadres monétaires, y compris un currency board, la dollarisation, et un banquier central conservateur de type Rogoff, tout en les classant en termes de bien-être social. Ils ont également montré que l'incitation des autorités à renforcer les institutions du point de vue de l'économie politique est limitée, car si l'on considère que la qualité initiale des institutions est suffisamment faible, il serait difficile d'inciter les autorités à consentir des efforts pour la renforcer.

Le cadre d'analyse développé par Alesina et Tabellini (1987) pourrait fournir une explication satisfaisante quant à la conception du problème de la corruption. Sa configuration de base est telle que la fonction objective du gouvernement comprend la fourniture de biens publics en plus de la stabilisation de l'inflation et de la production. Dans cette fonction, les niveaux cibles pour l'inflation et la production sont normalisés à 0. En outre, le gouvernement vise à minimiser la déviation de la fourniture de biens publics à partir d'un objectif non négatif.

Cependant, l'existence d'un biais d'inflation est à portée de vue. En effet, pour générer un biais d'inflation sous un régime discrétionnaire, le modèle de Barro-Gordon (1983) suppose que le niveau de production ciblé d'un gouvernement est systématiquement au-dessus de l'équilibre à long terme. Or, une propriété intéressante de la reformulation d'Alesina et Tabellini (1987) est que la nécessité de fournir des biens publics est suffisante pour générer un biais d'inflation.

Une hypothèse cruciale faite par Huang et Wei est de faire un lien entre la capacité fiscale du gouvernement et la qualité des institutions.

Plus précisément, les institutions faibles (par exemple, la présence de corruption) sont supposées provoquer une fuite des recettes fiscales : plus la qualité institutionnelle est faible, plus les fuites sont importantes. Si le secteur privé paie une taxe d'un certain montant τ, seule une proportion ϕ de ce montant revient au gouvernement, où $0 \leq \phi \leq 1$[17].

D'un autre point de vue, au lieu d'être traitée de manière exogène, la qualité institutionnelle pourrait être traitée de façon endogène. Notamment, on peut considérer que les efforts visant à renforcer la qualité institutionnelle (par exemple en luttant contre la corruption et en améliorant la capacité fiscale) devraient l'accroître. Ainsi, en endogénéisant la qualité des institutions, on pourrait se demander quand un gouvernement serait prêt à entreprendre des réformes pour renforcer ses institutions. Une réponse à cette question peut s'appréhender dans la stratégie de modélisation de Cukierman et al (1992).

Ainsi, un constat est que les efforts du gouvernement pour améliorer la qualité institutionnelle sont susceptibles d'avoir un coût (ce qui est désavantageux pour une économie considérée, car constitue une réelle contrainte à l'amélioration de la qualité institutionnelle). Ce coût peut prendre la forme d'une perte de rentes économiques dont les fonctionnaires bénéficient, ou d'une résistance accrue de la part de puissants groupes d'intérêts spéciaux qui ont bénéficié de la corruption et de la perte de recettes fiscales. Il se pose donc un véritable problème, à savoir celui de l'engagement ou de l'incitation des autorités à renforcer effectivement la qualité institutionnelle.

En effet, ceci traduit le fait que les agents du gouvernement et de l'administration n'ont pas vraiment une forte incitation[18] à améliorer la qualité institutionnelle, car ceux-ci verraient systématiquement une partie de leur revenu liée à des activités d'extraction de rentes et de corruption disparaître : ce qui expliquerait donc un engagement limité de la part du gouvernement.

Un niveau initial de corruption élevé (voir très élevé) signifie une fuite massive des recettes fiscales. Dans de telles circonstances, même avec beaucoup d'efforts (coûteux), les autorités ne seraient pas en

---

[17] Notons que lorsque $\phi = 1$, cette hypothèse devient celle formulée par Alesina et Tabellini (1987). [29] Ce coût est assimilable à une désutilité.

[18] Cette analyse se concentre sur l'engagement, mais il est simple de l'étendre au cas discrétionnaire. Nous serions donc en présence d'un jeu politique où les autorités doivent d'abord choisir leur niveau d'effort, avec pour corollaire que le coût est un paramètre clé qui affecte l'incitation des autorités à renforcer les institutions.

mesure de générer suffisamment de revenus pour que ces efforts en vaillent la peine. Ainsi, ils choisiraient de ne pas investir dans l'effort. Ce qui, au niveau de la politique monétaire, reviendrait à une situation où la fixation d'un niveau d'inflation bas en ciblant l'inflation ou en nommant un banquier central conservateur de type Rogoff n'inciterait pas le gouvernement à consacrer plus d'efforts au renforcement des institutions.

Entreprendre des réformes pour améliorer la qualité des institutions avant d'adopter un régime monétaire visant un faible niveau d'inflation constitue une alternative, car si la qualité initiale des institutions est modérée, alors peut-être que des efforts (même minimes) de la part des autorités pourraient contribuer à l'amélioration de la qualité institutionnelle. Dans cette configuration, fixer un niveau d'inflation bas par le ciblage d'inflation pour induire la lutte contre la corruption ne ferait pas de mal, bien que ce ne soit en aucun cas un outil décisif pour renforcer les institutions.

I.3. Cyclicité de la politique monétaire : rôle de la qualité institutionnelle

I.3.1. Cyclicité de la politique monétaire

Outre la qualité institutionnelle, trois autres déterminants de la cyclicité de la politique monétaire ont été cités dans la littérature. En effet, il s'agit de l'hypothèse d'absence de crédibilité (Calvo et Reinhart, 2002), de l'imperfection des marchés financiers (Yakhin, 2007) et de l'adoption d'un cadre de ciblage d'inflation (McGettingham et al, 2013 ; Thornton et Vasilakis, 2016). La conception de Calvo et Reinhart (2002) est relativement simple, car ils affirment que le manque de crédibilité peut expliquer les politiques monétaires procycliques.

I.3.2. Imperfection des marchés financiers et cyclicité de la politique monétaire

Yakhin construit un modèle de petite économie ouverte néo-keynésienne avec rigidité salariale et chocs de Productivité, où il résoud la politique monétaire optimale sous différents niveaux d'intégration sur les marchés financiers internationaux. Ce modèle suggère que, lorsque les économies accèdent aux marchés financiers internationaux, la politique monétaire optimale passe d'une approche procyclique à une approche contracyclique. Il explique qu'un tel résultat peut rationaliser la différence de comportement monétaire observée entre PED, EME et pays développés. Cet argument peut être soutenu par Tytell et Wei (2004) pour qui l'intégration aux marchés de capitaux mondiaux a incité les gouvernements à poursuivre de meilleures politiques macroéconomiques, spécialement des politiques monétaires à faible inflation.

Le fait que les pays en développement ont un accès limité aux marchés financiers internationaux par rapport aux économies développées. Cela le motive à analyser comment le niveau d'intégration financière affecte la politique monétaire optimale. À cette fin, le modèle évoque le fait qu'une pleine intégration financière, c'est-à-dire une période au cours de laquelle une économie peut emprunter et prêter librement sur les marchés financiers internationaux, la politique optimale est contracyclique, tandis qu'une situation de manque d'accès aux marchés financiers internationaux conduit à une politique optimale procyclique.

Le cadre analytique de modèle est tel que celui-ci incorpore deux imperfections de marché, à savoir la concurrence monopolistique[19] sur le marché libéral et la rigidité des salaires nominaux. La concurrence monopolistique fausse l'équilibre d'état régulier, par conséquent, afin de motiver la politique monétaire uniquement par des considérations conjoncturelles, Yakhin introduit une subvention de travail constante qui rétablit la première allocation optimale en régime permanent. La productivité fluctuant, le rôle de la politique monétaire est donc de réduire au minimum la distorsion introduite par la rigidité de salaire. Dans ce cadre, l'autorité monétaire manipulerait le taux d'intérêt nominal de manière à reproduire l'équilibre des salaires flexibles.

Pour acquérir une intuition d'orientation cyclique de la politique optimale, passons brièvement en revue les deux cas polaires : le cas d'une intégration financière complète et le cas d'une intégration financière faible.

---

[19] On parle généralement de concurrence monopolistique lorsqu'un secteur d'activité présente certaines caractéristiques propres à la concurrence parfaite et au monopole (Varian 2014). Par exemple, un secteur est monopolistique dans la mesure où chaque entreprise est confrontée à une courbe de demande décroissante pour son produit. Elle a par conséquent un certain pouvoir de marché puisqu'elle peut fixer son propre prix au lieu d'accepter passivement le prix du marché comme une entreprise concurrentielle.

En pleine intégration financière, la politique monétaire optimale est contracyclique. Dans ce cas, le taux de change est régi par des différences de taux d'intérêt. Par conséquent, en l'absence d'une réponse politique, une amélioration de la productivité n'a pas d'effet sur le taux de change. Un taux de change stable combiné à des salaires nominaux rigides implique que les salaires réels sont également stables. Cependant, si les salaires nominaux étaient flexibles, un choc de productivité positif se traduirait par des salaires réels plus élevés, car cela augmenterait la demande de main-d'œuvre. Par conséquent, afin de rétablir la première meilleure allocation, la politique monétaire vise à apprécier la monnaie nationale de manière à augmenter les salaires réels. Ceci est réalisé en augmentant le taux d'intérêt nominal. Autrement dit, lorsque l'économie est pleinement intégrée dans les marchés financiers mondiaux, la politique monétaire optimale est contracyclique.

Lorsque l'intégration financière est faible, la politique monétaire optimale est procyclique. Dans ce cas, les ménages ne peuvent pas utiliser les marchés financiers internationaux pour lisser la consommation et, par conséquent, un choc de productivité positif augmente la consommation et réduit le taux d'intérêt réel national. En l'absence d'une réponse politique, la baisse du taux d'intérêt réel résulte d'une appréciation immédiate du taux de change. L'appréciation augmente les salaires réels et par conséquent contrecarre de manière endogène l'effet expansionniste de la productivité. L'ampleur de cet effet dépend du niveau d'aversion pour le risque. Or une aversion au risque plus élevée implique que les services publics marginaux sont plus sensibles aux mouvements de la consommation et, par conséquent, un ajustement plus important du taux d'intérêt réel est nécessaire pour rétablir l'équilibre. Ainsi, quand l'économie connaît un choc de productivité positif, une plus grande aversion au risque implique une plus grande appréciation du taux de change et donc des salaires réels plus élevés.

En particulier, nous montrons que pour un coefficient d'aversion au risque supérieur à l'unité (qui est le cas empiriquement pertinent), l'augmentation des salaires réels est supérieure à celle impliquée par l'équilibre des salaires flexibles. Par conséquent, la politique optimale consiste à abaisser le taux d'intérêt nominal de façon à déprécier la monnaie et à réduire les salaires réels. Autrement dit, dans le cadre de l'autarcie financière, la politique monétaire optimale est procyclique.

I.3.3. Le ciblage d'inflation comme déterminant de la cyclicité de la politique monétaire

Dans un échantillon de 90 économies industrielles et en développement dont 22 ont adapté le ciblage d'inflation, Thornton et Vasilakis (2016) ont évalué si l'adoption de cadres de ciblages d'inflation a facilité les politiques monétaires contracycliques.

Ils étendent donc la littérature empirique sur les déterminants de la cyclicité de la politique monétaire en examinant si l'adoption d'un régime de ciblage de l'inflation a facilité la procyclicité de la politique monétaire. Ceci en évaluant l'effet du traitement du ciblage d'inflation sur la cyclicité des politiques monétaires en utilisant des méthodes d'appariement des scores de propension, qui ont l'avantage d'éviter le « problème d'auto-sélection » de l'adoption des politiques pouvant donner des résultats biaisés.

Il y a plusieurs raisons de croire que l'adoption d'un régime de ciblage d'inflation pourrait faciliter la politique monétaire procyclique. La première raison, et probablement la plus importante, est l'impact potentiel des ciblages d'inflation sur la crédibilité de la politique monétaire : adopter un objectif unique comme le ciblage d'inflation peut être une politique efficace pour une banque centrale qui ne peut s'engager à surmonter le problème classique d'incohérence temporelle.

La crédibilité des politiques devrait être renforcée par l'approche fondée sur les règles des ciblages d'inflation et l'accent mis sur la transparence et la reddition de comptes par rapport aux autres cadres monétaires. Des recherches récentes suggèrent que l'adoption du ciblage d'inflation a des effets de crédibilité positifs, par exemple, mesurés par l'évolution subséquente des coûts d'emprunt du gouvernement (Palomino, 2012 ; Thornton et Vasilakis, 2016). Deuxièmement, la flexibilité du taux de change inhérente aux ciblages d'inflation devrait réduire la sensibilité des taux d'intérêt dans la mesure où elle fournit un mécanisme de correction des déséquilibres externes non disponibles avec une parité de change (Jahjah et al, 2013). Troisièmement, l'adoption du ciblage d'inflation peut témoigner d'un engagement à l'égard de réformes économiques et de politiques macroéconomiques plus saines (Roger, 2010). Enfin, en raison de la contrainte qu'impose un cadre de ciblage d'inflation sur les revenus de seigneuriage, l'adoption des ciblages publics pourrait entraîner une meilleure discipline budgétaire et des réformes fiscales qui stimulent les recettes fiscales et limitent les dépenses (Minea et Tapsoba, 2014).

McGettingham et al. (2013) ont également fourni des données empiriques formelles sur l'impact des ciblages d'inflation sur la cyclicité de la politique monétaire. Ils appliquent des techniques de régression par panel à 64 pays en développement et pays à revenu élevé pendant la période 1985-2011. Leur résultat montre que les pays qui ont adopté un cadre de ciblage d'inflation tendent à avoir une politique monétaire plus contracyclique, à savoir qu'on observe une amélioration du coefficient de corrélation entre les taux d'intérêt réels et la production dans ces pays. Un inconvénient de cette étude est qu'elle ignore le problème d'auto-sélection de l'adoption des politiques qui se pose lorsque le choix du ciblage d'un pays est non aléatoire et peut conduire à des estimations biaisées. En particulier, une corrélation systématique entre le choix du ciblage et d'autres covariables entraînera le problème de sélection sur observable, ce qui peut conduire à des estimations biaisées.

Thornton et Vasilakis (2016) trouvent des preuves de l'existence de ce problème en utilisant une variable muette désignant le ciblage d'inflation dans des estimations probit. Montrant que cette variable est systématiquement corrélée avec des variables telles que la performance macroéconomique, le niveau de la dette publique, le niveau de développement financier et le régime de change. Ils testent également l'impact de l'adoption des ciblages d'inflation sur le caractère cyclique de la politique monétaire en examinant les évolutions d'une corrélation de 10 ans entre la composante cyclique du PIB réel et la composante cyclique du taux d'intérêt réel à court terme. Une corrélation positive indiquerait une politique monétaire contracyclique, tandis qu'une corrélation négative indiquerait une politique monétaire procyclique.

II.4. Cyclicité de la politique monétaire et qualité institutionnelle : quelques évidences empiriques

Dans un échantillon de 55 économies développées et en développement33, Duncan va observer dans un premier temps, et d'un point de vue purement descriptif que la corrélation entre la production et le taux d'intérêt nominal de la banque centrale (mesure habituelle de la cyclicité de la politique monétaire) est directement liée à un indice de qualité institutionnelle (par exemple ordre, stabilité du gouvernement, profil d'investissement, etc.) largement utilisé dans la littérature économique.

Autrement dit, les pays ayant des institutions fortes tendent à montrer des corrélations positives entre les rendements et les taux d'intérêt (signaux de politique monétaire contracyclique), tandis que les pays à faible institutionnalité ont des corrélations négatives et suivent des politiques généralement qualifiées de procycliques. Ce résultat est robuste par rapport à un certain nombre d'exercices de sensibilité. Mais d'un autre côté, il existe une relation statistiquement significative et négative entre la mesure des taux d'intérêt et l'indicateur de la qualité institutionnelle.

Afin d'utiliser la réponse conditionnelle des taux d'intérêt aux fluctuations du cycle économique pour mesurer l'orientation de la politique monétaire et éviter certains biais potentiels, il a estimé les coefficients de production d'une règle standard de Taylor qui inclut le taux d'inflation pour chaque pays. Par ailleurs, sa spécification économétrique prend la forme d'un panel dynamique ayant comme variable dépendante le taux d'intérêt nominal. Pour contrôler l'endogénéité potentielle, l'auteur utilise la Méthode des Moindres Carrés généralisés (GMM) en considérant des retards de la variable dépendante et des variables explicatives comme variables instrumentales.

Comme dans Calderon et al (2004), il caractérise l'ensemble des pays en utilisant une règle d'intérêt unique et incluant un terme multiplicatif (désignant le produit entre la variable représentant le cycle économique et l'indicateur de la qualité institutionnelle) pour essayer de capturer l'interaction entre la mesure de la cyclicité monétaire et la qualité institutionnelle.

II. Qualité des institutions et cyclicité de la politique monétaire en Afrique : une analyse empirique

Notre analyse porte sur 27 pays africains (11 pays ayant de notre échantillon ont été retirés ; Bénin, Burkina Faso, Cameroun, République Démocratique du Congo, Madagascar, Mali, Maroc, Sénégal, Soudan, Togo, Tunisie) sur la période de 2002 à 2016. Cependant, le choix de cette période d'étude et du nombre de pays s'explique par les raisons suivantes :

- Premièrement, le choix est conditionné par la disponibilité des données.

- Deuxièmement, le manque de disponibilité de mesures politiques ou d'autres variables pertinentes est également une contrainte évidente.
- Troisièmement, le choix est également conditionné du fait de l'existence d'unions monétaires en Afrique.

En effet, selon Tapsoba (2009), en Afrique, seules deux zones monétaires sont opérationnelles. Il s'agit de la zone CEMAC dont les membres sont le Cameroun, le Congo, le Gabon, la Guinée équatoriale, la RCA et le Tchad et de la zone UEMOA dont les membres sont le Mali, le Bénin, le Burkina Faso, le Sénégal, la Guinée- Bissau, le Niger, la Côte d'Ivoire et le Togo. Ces pays disposent dans chacune de ces zones d'une politique monétaire qui leur est commune et dont les institutions en charge de cette politique sont la BEAC[20] et la BCEAO[21]. Pour davantage de clarté et pour caractériser cette position, rappelons à titre illustratif que depuis le 1er janvier 1999, la BCE est responsable de la politique monétaire des pays qui ont adopté l'euro. Les banques centrales nationales sont devenues de simples représentantes de la BCE dans la mesure où elles sont en charge de l'application de la politique monétaire unique qui est, elle, décidée au sein de la BCE qui fixe les taux directeurs pour l'ensemble de la zone.

II.1. Analyse descriptive

II.1.1. Cyclicité de la politique monétaire en Afrique

Évolution du taux d'intérêt nominal en Afrique de 2002 à 2016

La dynamique du taux d'intérêt nominal présente une évolution irrégulière. Son niveau moyen se situe à 16,45% avec un écart-type de 2,79%. L'année 2003 correspond à celle où le taux d'intérêt nominal est le plus élevé (21,84%), alors qu'il a eu la valeur la plus faible en 2010 (10,16%).

[20] BEAC (Banque des États de l'Afrique Centrale)

[21] BCEAO (Banque Centrale des États de L'Afrique de l'Ouest)

Graphique 1 : Évolution du taux d'intérêt nominal en Afrique de 2002 à 2016

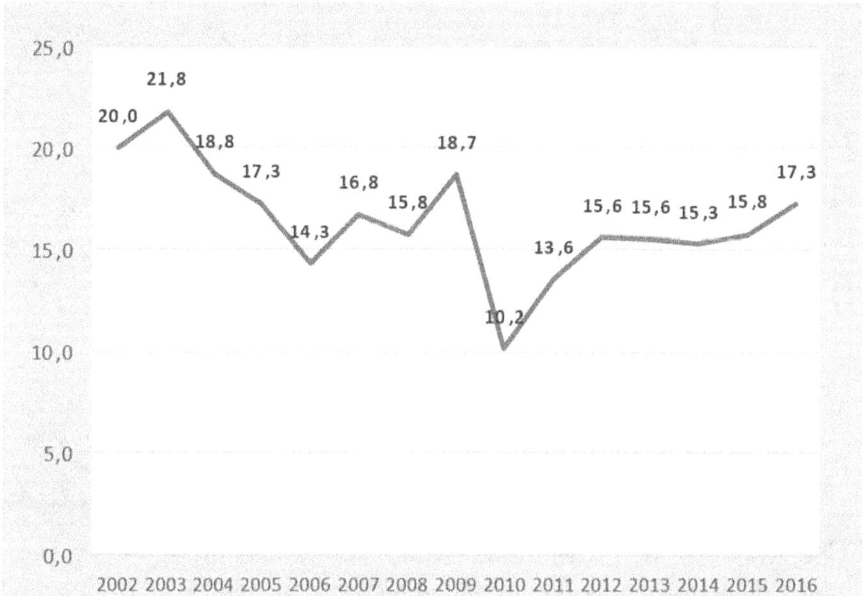

Source : Auteur, à partir des données de la Banque Mondiale (WDI, 2017)

II.1.2. Analyse de la corrélation entre la composante cyclique du taux d'intérêt nominal et le taux croissance du PIB

Tout comme dans l'analyse de la cyclicité de la politique budgétaire, l'analyse de la cyclicité de la politique monétaire requiert elle aussi qu'on observe la corrélation entre la composante cyclique du taux d'intérêt nominal et l'output Gap ou alors la corrélation entre la composante cyclique du taux d'intérêt nominal et le taux de croissance du PIB (GDP Growth). Dans cette analyse, nous retenons la deuxième configuration.

Afin d'obtenir la composante cyclique du taux d'intérêt nominal, nous avons utilisé la méthode de décomposition (de lissage) du filtre HP de Hodrick et Prescott (voir annexe 2). Cette méthode suppose que la série du taux d'intérêt nominal puisse se décomposer en composantes, à savoir une tendance et un cycle. Comme en témoigne le graphique 8, la composante cyclique permet de renseigner sur les écarts entre la valeur observée de la série du taux d'intérêt nominal et sa tendance.

Graphique 2 : Évolution de la composante cyclique du taux d'intérêt nominal en Afrique de 2002 à 2016

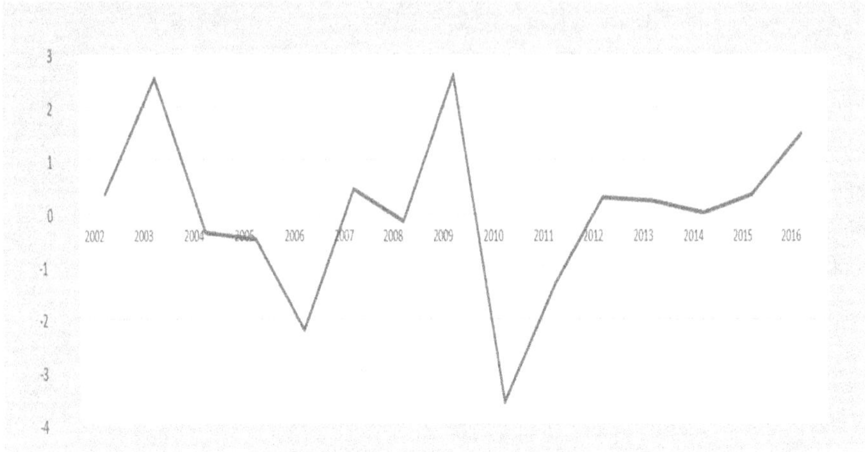

Source : Auteur, à partir des données de la Banque Mondiale (WDI, 2017)

Le graphique de l'évolution conjointe entre la composante cyclique du taux d'intérêt nominal et du taux de croissance du PIB dans les pays africains de notre échantillon montre qu'en général, les deux variables évoluent en sens inverse. On peut l'observer sans ambiguïté sur la période de 2002 à 2011, le sens alternant après 2011. On constate d'ailleurs avec le calcul du coefficient de corrélation entre la composante cyclique du taux d'intérêt nominal et le taux de croissance du PIB sur la période d'étude de 2002-2016 dont la valeur est de -0,322 que la corrélation entre les deux composantes est négative. Toutefois, sur la période de 2002 à 2010, ce coefficient a été de -0,288, tandis qu'il a été de 0,98 sur la période allant de 2011 à 2013, et enfin il a été de -0,13 sur la période 2014 à 2016.

Une corrélation négative entre la composante cyclique du taux d'intérêt nominal et le taux de croissance du PIB comme en témoigne la valeur moyenne de -0,322 de ce coefficient sur l'ensemble de la période d'étude, nous indique que la politique monétaire des pays de notre échantillon est généralement à caractère procyclique (Kaminsky et al. 2004 ; Duncan, 2014). On peut donc conclure à partir de cette analyse descriptive, d'une procyclicité de la monétaire dans ces pays.

Graphique 3 : Évolution de la composante cyclique des dépenses publiques et du taux de croissance du PIB en Afrique

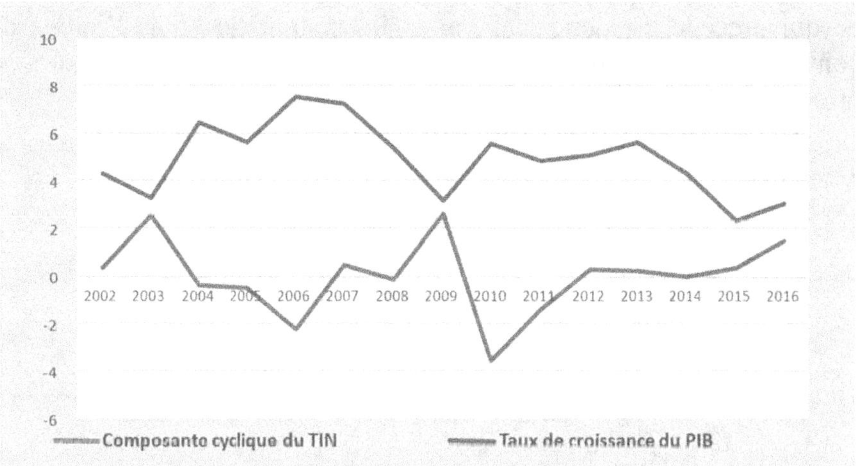

Source : Auteur, à partir des données de la Banque Mondiale (WDI, 2017)

II.2. Qualité institutionnelle et cyclicité de la politique monétaire : une analyse descriptive

II.2.1. Analyse selon l'indicateur de contrôle de la corruption

Dans cet échantillon de pays, les scores sur l'indicateur de contrôle de la corruption sont très faibles. On relève qu'en moyenne la valeur de l'indicateur de contrôle de la corruption a été de 0,391. Sur la période de 2002 à 2010, il a été de -0,397, il a été de -0,374 sur la courte période de 2011 à 2013, et enfin il a été de -0,388 sur la période de 2014 à 2016.

En comparant ces dernières valeurs à celles du coefficient de corrélation données antérieurement dans l'analyse de la cyclicité de la politique monétaire, il apparaît un fait assez intéressant, à savoir qu'il existe une certaine similitude dans leurs évolutions. Ainsi, sur la période de 2002 à 2010, le niveau moyen de -0,397 de l'indicateur de contrôle de corruption, il est associé un coefficient de corrélation entre la composante cyclique du taux d'intérêt nominal et le taux de croissance du PIB égal à -0,288. De même, sur la période de 2011-2013, la valeur moyenne de -0,374 de l'indicateur de contrôle de corruption est associée à celle du coefficient de corrélation qui est de 0,98. Enfin, sur la période de 2014-2016, nous avons plutôt une valeur moyenne de -0,388 de l'indicateur de contrôle de la corruption contre -0,13 pour la valeur du coefficient de corrélation. Rappelons qu'ici, une valeur négative du coefficient de corrélation indique une politique monétaire procyclique alors qu'une valeur positive de ce coefficient indique une politique monétaire contracyclique. Le constat qui se dégage du fait de ce qui précède est donc clair, ainsi il apparaît que plus l'indice de contrôle de la corruption est élevé, moins la politique monétaire est procyclique dans ces pays.

Graphique 4 : Évolution de l'indicateur de contrôle de la corruption (Échantillon de 27 pays)

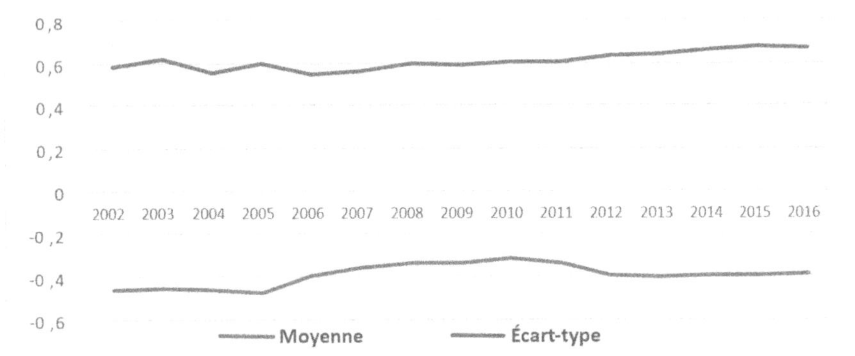

Source : Auteur, à partir des données de la Banque Mondiale (WGI, 2016)

II.2.2. Analyse selon l'indice moyen de qualité institutionnelle

L'analyse selon un indice moyen de qualité institutionnelle permet de tenir compte des six indicateurs de WGI. Rappelons-le et même au vu des statistiques relatives à cet indice moyen, les pays africains ont une mauvaise qualité institutionnelle. À cet égard, pour les pays de notre échantillon, le niveau moyen de l'indice de qualité institutionnelle est de -0,417 avec une dispersion de 0,562. En considérant une analyse qui associe le niveau moyen de qualité institutionnelle à la valeur du coefficient de corrélation entre la composante cyclique du taux d'intérêt nominal et le taux de croissance du PIB, nous retrouvons les mêmes similitudes que celles observées dans l'analyse précédente selon l'indicateur de contrôle de la corruption.

En effet, sur la période de 2002-2010, on associe la valeur moyenne de -0,426 de l'indice moyen de qualité institutionnelle à un coefficient de corrélation égal à -0,28 (désignant une situation de procyclicité de la politique monétaire). Puis, sur la période de 2011-2013, on associe la valeur moyenne de -0,398 de l'indice moyen de qualité institutionnelle à un coefficient de corrélation égal à 0,98 (désignant une situation de contracyclicité de la politique monétaire). Et enfin, sur la période de

2014-2016, on associe la valeur moyenne de -0,411 de l'indice moyen de qualité institutionnelle à un coefficient de corrélation égal à -0,13 (désignant une situation de procyclicité de la politique monétaire).

Au vu de ces faits, il paraît évident que la qualité des institutions influence la cyclicité de la politique monétaire en Afrique. Autrement dit, nous statuons sur ces faits en disant qu'une amélioration de la qualité des institutions dans les États africains conduit à une politique monétaire moins procyclique. Par conséquent, la qualité des institutions influence négativement la relation entre la politique monétaire et le cycle économique en Afrique.

Graphique 5 : Évolution de l'indice moyen de qualité institutionnelle (2002-2016)

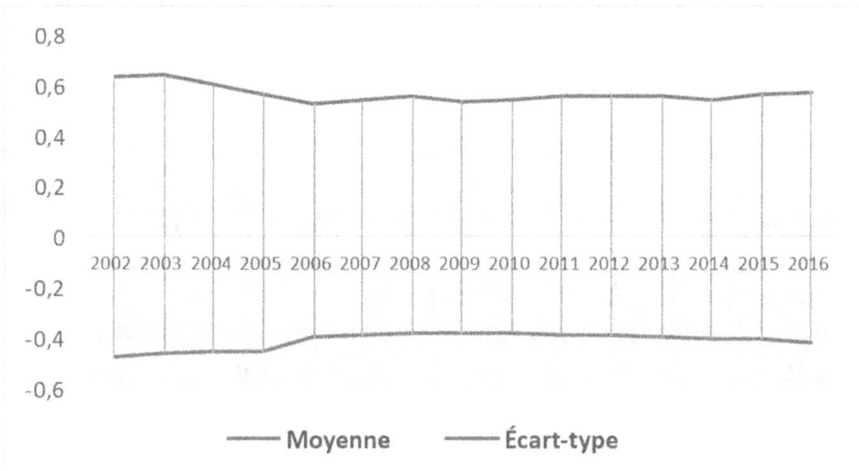

Source : Auteur, à partir des données de la Banque Mondiale (WGI, 2016)

II.3. Approche économétrique de l'analyse du rôle des institutions sur la cyclicité de la politique monétaire en Afrique

II.3.1. Spécification du modèle économétrique

Afin d'utiliser la réponse conditionnelle des taux d'intérêt aux fluctuations du cycle économique pour mesurer l'orientation de la politique monétaire et éviter certains biais potentiels, nous partons du cadre théorique d'une règle standard de Taylor (1993) qui inclut le taux d'inflation pour chaque pays. La règle de Taylor est une règle qui relie mécaniquement le niveau du taux d'intérêt à très court terme, contrôlé par la banque centrale, à l'inflation et à l'écart de production. Ensuite, pour *« examiner le rôle des règles de politique monétaire dans un monde où les décideurs ne peuvent appliquer mécaniquement de simples formulations algébriques des règles de politique monétaire »,* Taylor utilise la règle *« hypothétique, mais représentative »* suivante :

$$r = \sigma + p + 0{,}5y + 0{,}5\,(p - \sigma)$$

Où r est le taux des fonds fédéraux, p est le taux d'inflation au cours des quatre derniers trimestres et y est la différence entre le PIB réel et le PIB tendanciel. Si l'inflation atteint sa cible de 2 % et que le PIB est à sa valeur tendancielle, le taux réel ou neutre (σ) est égal au taux de croissance tendanciel de l'économie (2,2 % pour la période 1984-1992). « La règle reproduit assez fidèlement l'évolution du taux des fonds fédéraux. Cela se rapprocherait de la fonction de réaction de l'Autorité monétaire américaine sur la période 1987-1992.

Il s'agit donc d'une règle représentative de l'évolution du taux des fonds fédéraux entre 1984 et 1992. Ces valeurs, spécifiques au cas des États-Unis, se justifient pragmatiquement par un souci de réalisme de la règle. Taylor reconnaît toutefois que ces coefficients pourraient être différents dans d'autres pays. Par ailleurs, depuis le début des années quatre-vingt-dix, les recherches économiques, sur le thème des règles de politique monétaire, se sont beaucoup développées. En particulier, les travaux de Taylor en 1993 ont connu un retentissement considérable. En estimant une règle de politique monétaire aux États-Unis, entre 1984 et 1992, il a montré que les autorités monétaires suivaient une règle simple basée sur la conjugaison d'une cible d'inflation et d'une cible de production.

Implicitement, cette règle traduit le fait selon lequel l'objectif de la politique monétaire peut se répartir en objectif de stabilisation de l'inflation et en objectif de la stabilisation de la production. La règle prospective proposée décrit d'une manière plausible la dynamique du taux d'intérêt. Cette règle fait dépendre le niveau du taux de sa valeur passée, de l'écart de production et du niveau d'inflation.

Dans le cadre de notre étude, nous analyserons le caractère cyclique de la politique monétaire en Afrique en adoptant une spécification légèrement modifiée par rapport à celle de Taylor. Celle-ci prend la forme de l'équation (1). Par la suite, nous utiliserons le cadre d'une règle de Taylor augmentée en ce sens que nous ajoutons dans une première spécification (Équation 2) des termes d'interactions entre l'Output Gap et le contrôle de la corruption[22], et entre l'Output Gap et le niveau d'intégration financière internationale en plus de tenir compte de l'effet global du contrôle de la corruption et de l'ouverture financière.

Puis, dans une seconde spécification qui prend la forme de l'équation 3, nous ajoutons des termes d'interactions entre l'Output Gap et l'indice de qualité institutionnelle (IQL_Index) et entre l'output Gap et le niveau d'intégration financière internationale, en plus de tenir compte de l'effet global de l'indice de qualité institutionnelle et de l'ouverture financière.

À la suite de Duncan (2014), nos modèles se présentent comme suit :

$$TIN_{i,} = \mu_i + \eta_t + TIN_{i,-1} + \theta Inflation_{i,t} + \beta Output\_Gap_{i,t} + \nu_{i,t} \quad (1)$$

$i = 1, 2, \ldots, 27$ et $t = 1, 2, \ldots, 15$

μ_i et η_t représentent les effets pays et temporel respectivement, et ν_{it} est le terme d'erreur stochastique. Nous supposons maintenant que nous pouvons caractériser l'ensemble des pays en utilisant une règle d'intérêt unique (Calderon et al, 2004) et inclure des termes multiplicatifs pour essayer de capturer l'interaction entre la mesure de la cyclicité monétaire et la qualité institutionnelle (comme dans Duncan, 2014). En outre, comme annoncé plus haut, nous captons également l'interaction entre la mesure de la cyclicité de la politique monétaire et le niveau d'intégration financière internationale en vue de tester l'hypothèse évoquée par Yakhin (2007).

$$TIN_{i,} = \mu_i + \eta_t + \phi TIN_{i,-1} + \theta Inflation_{i,t} + \beta Output\_Gap_{i,t} + Output\_Gap * Control\_corrupt_{i,t} + Output\_Gap * Integration\_fin_{i,t} + Control\_Corrupt_{i,t} + Integration\_fin_{i,t} + \nu_{i,t} \quad (2)$$

$i = 1, 2, \ldots, 27$ et $t = 1, 2, \ldots, 15$

[22] En ce sens, nous cherchons ici à tester directement l'hypothèse développée par Alesina et al (1987).

$$TIN_{i,} = \mu_i + \eta_t + \phi TIN_{i,-1} + \theta Inflation_{i,t} + \beta Output\_Gap_{i,t} + Output\_Gap * IQL\_Index_{i,t} + Output\_Gap * Integration\_fin_{i,t} + IQL\_Index_{i,t} + Integration\_fin_{i,t} + \nu_{i,t} \quad (3)$$

$i = 1, 2, \ldots, 27$ et $t = 1, 2, \ldots, 15$

II.3.2. Présentation des variables

Les définitions des variables, les mesures et les sources sont contenues dans le tableau suivant.

Tableau 1 : Définitions, mesures et descriptions des variables pour l'analyse de la cyclicité de la politique monétaire

Variables	Définitions	Sources
Taux d'intérêt nominal	Nous appréhendons la politique monétaire à partir de cette variable. Celle-ci est obtenue à partir des données sur le taux d'intérêt réel et le taux d'inflation. Nous avons déterminé la composante cyclique de cette variable.	Calcul de l'auteur, à partir des données de WDI 2017
Output Gap	Il s'agit de la composante cyclique du PIB, obtenue ici à partir du logarithme du PIB annuel (dollars US constants).	WDI 2017
Inflation (IPC)	Elle désigne une augmentation durable, générale, et autoentretenue des prix des biens et des services.	WDI 2017
Degré d'intégration financière internationale	Mesure l'accès aux marchés financiers étrangers. Afin de le capter, nous utilisons l'indice d'ouverture financière de Chinn-Ito (2006) également utilisé par Frankel et al. (2013).	Kaopen (2017)
Contrôle de la corruption	Reflète les perceptions de la mesure dans laquelle le pouvoir public est exercé à des fins de gain privé, y compris les grandes et petites formes de corruption, ainsi que la « capture » de l'État par les élites et les intérêts privés.	WGI (2016)

IQL Index	Cet indice est appréhendé comme une mesure de la qualité des institutions économiques. Pour sa construction, nous avons pris 6 variables provenant de WGI, à savoir la voix et la responsabilité, la stabilité politique et l'absence de violence, l'efficacité gouvernementale, la qualité réglementaire, la primauté du droit et le contrôle de la corruption. Ces dernières ayant des valeurs estimées et comprises entre -2,5 et 2,5. Ainsi, l'indice est calculé comme une moyenne simple de ces différents éléments afin d'obtenir un indice unique de qualité des institutions.	Calcul de l'auteur, à partir des données de WGI (2016)

Note : *Les composantes cycliques sont calculées en utilisant le filtre de Hodrick-Prescott ($\lambda = 100$).*

III. Techniques d'estimation, résultats et interprétations

III.1. Techniques d'estimation

L'utilisation de la méthode des MCO est susceptible de générer des estimations biaisées et incohérentes au moins pour deux raisons. Premièrement, la variable dépendante retardée est probablement corrélée avec le terme d'erreur, violant ainsi l'hypothèse d'exogénéité des variables de droite. Deuxièmement, le fait de ne pas tenir compte des effets spécifiques non observés par pays, viole également l'hypothèse d'exogénéité. Pour contrôler l'endogénéité potentielle, nous utilisons la méthode GMM et les décalages de la variable dépendante et des variables explicatives en guise de variables instrumentales.

Une approche attrayante pour traiter l'hétérogénéité non observée est la première différence, qui permet de se débarrasser des effets individuels. Ensuite, le problème d'endogénéité est résolu en instrumentant la ou les variables suspectées d'être corrélées avec le terme d'erreur. En suivant les arguments standards sur l'utilisation des variables instrumentales, $TIN_{i,-2}$ peut-être considéré comme un instrument approprié. Une telle approche est appelée dans la littérature l'approche d'Anderson et Hsiao (1982).

En effet, l'estimateur à variable instrumentale d'Anderson et de Hsiao est constant à mesure que la taille de l'échantillon s'élargit. Cependant, il est asymptotiquement inefficace lorsque la dimension temporelle est supérieure à 3, ce qui signifie que tous les instruments disponibles (ou les restrictions d'orthogonalité) ne sont pas utilisés. Tous les retards possibles de la variable dépendante d'au moins deux périodes antérieures et éventuellement les décalages d'autres variables de droite sont utilisés comme instruments.

Cependant, Blundell et Bond (1998) démontrent que les GMM en différences premières ont de mauvaises propriétés d'échantillons finis. Afin de résoudre le problème associé aux données de panel persistant, Blundell et Bond (1998) développent un estimateur GMM système basé sur un système simultané de deux équations, qui sont l'équation en niveau et celle en différence. Les variables retardées servent d'instruments pour l'équation différentielle alors que leurs premières différences retardées sont les instruments de l'équation en niveau. La validité des instruments est établie en utilisant un test de suridentification. Ce pourrait être soit le test de Sargan (1958) sur les restrictions d'identification ou le test J de Hansen (1982), les deux testant si les instruments sont orthogonaux aux termes d'erreur. Ceci devrait être complété par un test sur l'autocorrélation séquentielle résiduelle.

Ainsi, l'estimateur GMM en différence première propose de passer les équations (1), (2) et (3) en différence première afin d'éliminer l'effet spécifique à chaque individu.

$$\Delta TIN_{i,} = \lambda \Delta TIN_{i,} + \alpha \Delta (Output\_Gap * Control\_corrupt)_{i,t} + \beta \Delta X_{i,t} + \Delta_{\ i,t} \quad (4)$$

$$\Delta TIN_{i,} = \lambda \Delta TIN_{i,} + \alpha \Delta (Output\_Gap * IQL\_Index)_{i,t} + \beta \Delta X_{i,t} + \Delta_{\ i,t} \quad (5)$$

Cependant, ce passage soulève un nouveau problème dans la mesure où la variable dépendante retardée est par construction corrélée avec le terme d'erreur. Pour résoudre ce problème, les auteurs avancent deux arguments : l'absence d'autocorrélation des termes d'erreurs ainsi que la faible exogénéité des variables explicatives. Arellano et Bover (1995)/Blundell et Bond (1998) proposent les solutions suivantes :

$$E\left[TIN_{i,t-s}(\varepsilon_{i,,t} - \varepsilon_{i,t-s})\right] = 0 \qquad \text{Pour } S \geq 2 \qquad t = 3,4,....T \quad (6)$$

$$E\left[Output\_Gap_{i,t}{}_{i,t-s}(\varepsilon_{i,,t} - \varepsilon_{i,t-s})\right] = 0$$

Pour $S \geq 2$ $t = 2,3,....T$ (7)

$$E[(Output\_Gap * Control\_corrupt)_{i,t-s}(\varepsilon_{i,,t} - \varepsilon_{i,t-s})] = 0$$

Pour $S \geq 2$ $t = 2,3,....T$ (8)

$$E[(Output\_Gap * IQL\_Index)_{i,t-s}(\varepsilon_{i,,t} - \varepsilon_{i,t-s})] = 0$$

Pour $S \geq 2$ $t = 3,4,....T$ (9)

$$E[X_{i,t-s}(\varepsilon_{i,,t} - \varepsilon_{i,t-s})] = 0$$

Pour $S \geq 2$ $t=3,4,....T$ (10)

Les conditions (4), (5), (6), (7), (8), (9) et (10) soulignent l'absence de corrélation entre les variables endogènes retardées ainsi que les variables explicatives retardées avec les variations du terme d'erreur. De ce fait, les conditions (4), (5), (6), (7), (8), (9) et (10) permettent l'utilisation des variables retardées en niveau comme instruments pour estimer nos équations (1), (2) et (3). Du fait des différentes raisons évoquées antérieurement, nous nous intéresserons uniquement à l'estimateur GMM en système de Blundell et Bond. En outre, afin de tester la robustesse de notre modèle, nous effectuerons deux tests. Le premier est le test de sur identification de Sargan/Hansen. Il permet de tester la validité des variables retardées comme instruments. Il sera concluant si l'on ne parvient pas à rejeter l'hypothèse nulle au seuil de 10%.

III.2 Résultats

Tableau 2 : Présentation des résultats des estimations GMM en système de l'analyse de la cyclicité de la politique monétaire

Variables	**Modèle 1**		**Modèle 2**		**Modèle 3**
		(1)	(2)	(1)	(2)
Taux d'intérêt nominal (retardé)	0.165*** (0.0378)	0.141** (0.0565)	0.135*** (0.0363)	0.235 (0.186)	0.145*** (0.0341)
Output Gap	-27.97*** (4.428)		27.67** (10.68)		23.18*** (7.942)
Inflation	0.432*** (0.0356)	0.443*** (0.0393)	0.426*** (0.0212)	0.490*** (0.141)	0.425*** (0.0212)
Output Gap_Contrôle de la corruption		29.54*** (1.870)	40.76*** (12.97)		
Output Gap_IQL Index				62.09*** (20.50)	37.06*** (10.41)
Output Gap_Intégration financière		4.753** (2.104)	4.788*** (1.613)	-2.527 (7.248)	7.274*** (1.316)
Contrôle de la corruption		1.781 (1.682)	1.456*** (0.230)		
IQL Index				9.747* (4.915)	1.626*** (0.282)
Intégration financière (Kaopen)		-2.018*** (0.471)	-0.981*** (0.259)	-3.031** (1.413)	-0.842** (0.312)
Constante	-3.260*** (0.355)	-2.588*** (0.641)	-2.656*** (0.329)	0.335 (2.888)	-2.591*** (0.285)
Observations	378	378	378	378	378
Nombre de pays	27	27	27	27	27
Fisher (p-value)	0.000	0.000	0.000	0.000	0.000
Hansen test (p-value)	0.247	0.248	0.246	0.317	0.275
AR (1) (p-value)	0.010	0.019	0.012	0.029	0.010
AR (2) (p-value)	0.088	0.158	0.123	0.164	0.094

Notes *: La variable dépendante dans ces estimations est la composante cyclique du taux d'intérêt nominal. *** p<0,01 significatif à 1%, ** p<0,05 significatif à 5%, * p<0,1 significatif à 10%.* ***Source*** *: Auteur, estimations réalisées à partir du logiciel Stata 14.*

III.3 Interprétation des résultats

En général, il apparaît que le taux d'intérêt nominal (TIN) retardé présente une forte significativité. Ceci montre que la spécification en panel dynamique retenue pour modéliser le comportement cyclique de la politique monétaire semble être conforme. La première colonne intègre comme variables, le TIN retardé, l'output gap et le taux d'inflation. Dans les modèles (2) et (3), nous examinons l'influence de la qualité institutionnelle sur la cyclicité de la politique monétaire en prenant d'une part, le contrôle de la corruption (colonnes 2 et 3) et d'autre part, un indice moyen de qualité institutionnelle (colonnes 4 et 5) comme mesures de la qualité des institutions en Afrique. Le choix de ces mesures montre que notre intérêt est beaucoup plus accentué sur l'influence de la qualité des institutions économiques sur la cyclicité de la politique monétaire. Il est à noter que dans l'ensemble, les résultats sont significatifs autant sur le plan économétrique que théorique, même si théoriquement, les travaux traitant du sujet sont assez rares.

Sur le plan économétrique, la p-value associée au test de Fisher est de 0.000 pour l'ensemble des estimations, preuve que les différents modèles sont significatifs au seuil de 1%. Le test de suridentification de Hansen (-p-value= 0,247 (colonne (1)) ; -p-value= 0,248 (colonne (2)) ; -p-value= 0,246 (colonne (3)) ; -p-value= 0,317 (colonne (4)) ; -p-value= 0,275 (colonne (5))) ne permet pas de rejeter l'hypothèse de validité des variables retardées en niveau et en différence comme instruments comme instruments : dans l'ensemble, les instruments utilisés sont valides. Le test d'autocorrélation d'Arellano et Bond non plus (-p-value= 0,088(colonne (1)) ; -p-value= 0,158 (colonne (2)) ; -p-value= 0,123 (colonne (3)) ; -p-value= 0,164 (colonne (4)) ; -p-value= 0,094 (colonne (5))) ne permet pas de rejeter l'hypothèse d'absence d'autocorrélation de second ordre.

Sur le plan théorique, le résultat de l'estimation du modèle 1 confirme qu'effectivement la politique monétaire des pays africains est procyclique. Le signe négatif de l'estimation du coefficient de l'Output_Gap est conforme avec la définition de Kaminsky et al. (2004). Le coefficient négatif -27,97 et statistiquement significatif à 1% montre que la politique monétaire est généralement procyclique dans ces pays. Autrement dit, une augmentation de 1% de la valeur de l'Output_Gap entraîne une diminution de 27,97 points du taux d'intérêt nominal (TIN), toutes choses restantes égales par ailleurs.

Cependant, notre principal intérêt est dans le terme d'interaction entre Output_Gap et la mesure de qualité institutionnelle. Néanmoins, notre principal intérêt ici est sur les termes d'interaction. Les termes d'interaction montrent ici la variation marginale de la cyclicité du taux d'intérêt nominal (la relation entre les composantes cycliques de la production et du taux d'intérêt nominal) associée à un changement unitaire de la qualité institutionnelle.

Notons qu'une estimation de coefficient positive pour le terme d'interaction Output_Gap*IQL_Index montre qu'une amélioration de la qualité institutionnelle dans les pays africains est associée à une politique monétaire moins procyclique, et son ampleur reflète la diminution de la variation en pourcentage du taux d'intérêt nominal associé à une hausse de 1% de l'Output_Gap lorsque la qualité institutionnelle augmente d'un point, toutes choses étant égales par ailleurs.

Premièrement, considérons l'indice moyen de qualité institutionnelle comme mesure de la qualité institutionnelle. La même approche a été utilisée par Duncan (2014), à la seule différence que ce dernier a calculé un indice moyen de qualité institutionnelle en utilisant les données provenant de l'International Country Risk Guid (ICRG). Dans le modèle 3 (colonne 5), nous observons que le coefficient du terme d'interaction entre l'Output Gap et l'indice moyen IQL_Index est positif et statistiquement significatif au seuil de 1%. Ainsi un accroissement de 1 point de la qualité institutionnelle est associé à une augmentation de 37,06 points du taux d'intérêt nominal lorsque l'Output_Gap s'accroît de 1%. En d'autres termes, un accroissement de 1 point de la qualité institutionnelle en Afrique conduit à des politiques monétaires moins procycliques en Afrique et principalement dans les pays de notre échantillon.

Si l'on considère par contre le contrôle de la corruption comme unique mesure de la qualité institutionnelle (dans le but de tester l'argument de Huang et Wei, 2006 ; Alesina et al. 1995) nous trouvons le résultat (colonne 3) selon lequel l'estimation du coefficient du terme d'interaction Output_Gap*Control_corrupt vaut 40,76. Celui-ci est positif et statistiquement significatif au seuil de 1%. Cela signifie qu'un accroissement de 1 point du contrôle de la corruption est associé à une augmentation de 40, 76 points du taux d'intérêt nominal lorsque l'Output_Gap s'accroît de 1%. Parallèlement, une amélioration du contrôle de la corruption conduit à des politiques monétaires moins procycliques.

Par ailleurs, s'agissant de la variable d'interaction entre l'Output_Gap et l'intégration financière internationale, nous trouvons dans les modèles (2) et (3) que celle- ci explique la cyclicité de la politique monétaire. La valeur du coefficient du terme d'interaction

Output_Gap*Integration_fin est positive et statistiquement significative au seuil de 1%, respectivement égale à 4,78 et 7,27 dans les modèles 1 (colonne 3) et 2 (colonne 5) selon que l'on considère le contrôle de la corruption et l'indice moyen de qualité institutionnelle. Ces résultats nous indiquent premièrement (modèle 2) qu'un accroissement de point de l'indice kaopen de Chinn-Ito d'intégration financière internationale est associé à une augmentation de 4,78 points du taux d'intérêt nominal lorsque l'Output_Gap s'accroît de 1%. Deuxièmement (modèle 3), un accroissement de 1 point de l'indice kaopen d'intégration financière internationale est associé à une hausse de 7,27 points du taux d'intérêt nominal lorsque l'Output_Gap s'accroît de 1%. L'ampleur semble donc être plus élevée dans le modèle 3.

En d'autres termes, cela signifie que plus les pays africains ont accès aux marchés financiers internationaux, plus ceux-ci sont susceptibles de mener des politiques monétaires moins procycliques. Ce résultat corrobore avec la théorie de Yakhin (2007), son modèle suggère que, lorsqu'une économie accède aux marchés financiers internationaux, la politique monétaire optimale passe d'une approche procyclique à une approche contracyclique. Il explique donc la procyclicité rencontrée dans les PED par un accès limité aux marchés financiers internationaux.

Globalement, il apparaît à la suite de Duncan (2014) que la qualité institutionnelle joue un grand rôle dans l'explication de la cyclicité de la politique monétaire. Cela évoque donc un fait très important, à savoir qu'une amélioration de la qualité institutionnelle en Afrique permettrait de passer d'une orientation procyclique à une orientation contracyclique de la politique monétaire.

Conclusion

Cet article était consacré à une évaluation empirique de l'influence de la qualité des institutions sur la cyclicité de la politique monétaire en Afrique. Partant d'une spécification fondée sur celle de Duncan (2014), et par le biais de la méthode des MMG en système, nous avons montré que la qualité des institutions influence négativement la relation entre la politique monétaire et le cycle économique dans les pays africains. Autrement dit, une amélioration de la qualité des institutions en Afrique conduit à des politiques moins procycliques.

Références bibliographiques

Acemoglu, D., Johnson, S., Robinson, J., and Thaicharoen, Y. (2003), «Institutional Causes, Macroeconomic Symptoms: Volatility, Crises and Growth », *Journal of Monetary Economics,* vol. 50, PP 49-123.

Akitoby, B., Clements, B., Gupta, S., and Inchauste, G. (2004), « *The cyclical and long-term behaviour of government expenditures in developing countries* », IMF, Working Paper, No. WP/04/202.

Alesina, A., and Tabellini, G, (1987), « Rules and discretion with non-coordinated monetary and fiscal policies », Economic Inquiry, vol. 25 (4), pp. 619–630.

Arellano, M., and Bond, S. (1991), « Some Tests of Specification for Panel Data: Monte Carlo Evidence and an Application to Employment Equations », *Review of Economic Studies*, vol. 58, PP 277-297.

Anderson, T. W., and Hsiao, C. (1982), « Formulation and estimation of dynamic models using panel data », *Journal of Econometrics*, vol. 18, PP 47-82. North-Holland Publishing Company.

Barro, R. (1979), « On the determination of the public debt », Journal of political economy, vol. 87 (5), pp. 940-971.

Barro, R, and Gordon, D. (1983), « Rules, discretion, and reputation in a model of monetary policy », *Journal of Monetary Economics*, vol. 12 (1), pp. 101–122.

Barro, R. (1986), « Reputation in a model of monetary policy with incomplete information », *Journal of Monetary Economics*, vol.17 (1), PP. 3–20.

Beck, N. (1987), « Elections and the Fed: is there a cycle in monetary policy? », *American Journal of Political Science*, vol.31, PP 194–216.

Benigno, P., and Woodford, M. (2003), « *Optimal monetary and fiscal policy: a linearquadratic approach* », In: Gertler, M., Rogoff, K. (Eds.), NBER Macroeconomics Annual, vol. 18.

Calvo, G. (1978), « On the time consistency of optimal policy in a monetary economy », *Econometrica*, vol. 46, PP 1411–1428.

Chappell, H.W., and Keech W.R (1988), « The unemployment consequences of partisan monetary policy », *Southern Economics Journal*, vol. 55 (1), PP 107–122.

Duncan, R. (2014), « Institutional quality, the cyclicality of monetary policy and macroeconomic volatility », Journal of Macroeconomics.

Edison, H. (2003), « Qualité des institutions et résultats économiques : Un lien vraiment étroit ? », Finances & Développement, Juin 2003.

Fatas, A., and Mihov, I. (2009), « *the Euro and fiscal policy* », National Bureau of Economic research, MIT Press.

Fisher, I. (1911), « The Purchasing Power of Money », (Macmillan, New York).

Flood, R.P., and Jeanne, O. (2000), « *An interest rate defense of a fixed exchange rate?* » IMF Working Paper No.00/159.

FMI, *Perspectives économiques régionales 2017* : Afrique Subsaharienne, Washington.

Grier, K. (1989), « On the existence of a political monetary cycle », *American Journal of Polity Sciences*, vol.33, PP 376–389.

Hodrick, R.J., and Prescott, E., C. (1997), « Postwar U.S. Business Cycles: An Empirical Investigation », *Journal of Money, Credit and Banking*, Vol. 29, No. 1 (Feb., 1997), pp. 1-16.

Huang, H and Wei, S, (2006), « Monetary policies for developing countries: The role of institutional quality », *Journal of International Economics*, vol. 70, pp. 239–252.

Khan, M. (2011), « The Design and Effects of Monetary Policy in Sub-Saharan African Countries », Journal of African Economies, Vol. 20, AERC.

Leigh, D., and Stehn, S.J. (2009), « fiscal and monetary policy during the downturns: Evidence from the G7 », IMF Working paper No. 3.

Lledó, V., Yackovlev, I., and Gadenne, L. (2009), « *Cyclical Patterns of Government Expenditures in Sub-Saharan Africa: Facts and Factors* », International Monetary Fund/ working paper.

Mankiw, G. (2015), « Macroeconomics », Worth publishers, 10th edition.

Mathai, K. (2009), « What is monetary policy? »*Finance and development,* September 2009.

McGettingham, D., Moriyama, K., Ntsama, J.N.N., Painchard, F., Qu, H., and Steinberg, C., (2013). « *Monetary Policy in Emerging Markets: Taming the Cycle* », IMF Working Paper 13/96.

Mohanty, D. (2011), « *Lessons for monetary policy from the global financial crisis – An Emerging market perspective* », paper presented at the central banks conference of the bank of Israel, Jerusalem.

North., D.C. (1990), « Institutions, Change, and Economic Performance », Cambridge University Press.

Palomino, F. (2012), « Bond risk premium and optimal monetary policy, *Review of Economic Dynamics* », vol. 15, pp. 19–40.

Persson, T., and Tabellini, G. (1990), « Macroeconomic Policy, Credibility and Politics » Harwood Publishers, London.

Rapport économique sur l'Afrique, évolutions récentes de la situation économique en Afrique.

Rogoff, K. (1985), « The optimal degree of commitment to an intermediate monetary target », Quarterly Journal of Economics, vol. 100 (4), PP 1169–1190.

Walsh, C. (1995), « Optimal contracts for central bankers », *American Economic Review*, vol. 85 (1), 150–167.

Woodford, M. (2001), « The Taylor rule and optimal monetary policy », *American Economic Review*, Paper. Proc. Vol. 91 (2), PP 232–237.

Woolley, J. (1984), « *The Federal Reserve and the politics of monetary policy* » New York:

Cambridge University Press.

Yakhin, Y. (2007), « Financial Integration and Cyclicality of Monetary Policy in Small Open Economies », Baker Institute for Public Policy, and Department of Economics, Rice University.

QUALITÉ DES INSTITUTIONS ET CYCLICITÉ DE LA POLITIQUE BUDGÉTAIRE EN AFRIQUE

Jacob TCHE

jacobtche1985@gmail.com

François Stéphane WILLY

willyfrancois1@yahoo.com

Résumé

Ce papier étudie l'influence modélisée de la qualité des institutions sur la relation entre la politique budgétaire et le cycle économique en Afrique. Cette contribution est particulière parce qu'elle vient enrichir la littérature sur la cyclicité de la politique budgétaire à partir de la qualité des institutions en Afrique. Il s'agit jusqu'ici d'une littérature qui était déjà vieille et la raison d'être de cet article est davantage d'enrichir. Pour ce faire, nous utilisons les données de la WDI, de la WGI et de la base Polity IV sur 38 pays d'Afrique sur la période 2002 à 2016. La méthodologie utilisée est celle des Moments Généralisés qui ont pu établir une relation négative entre la qualité institutionnelle, la politique budgétaire et les cycles économiques en Afrique.

Mots-clés : Qualité des institutions, cyclicité fiscale, Afrique

Abstract

The present paper investigates the modelled influence of the quality of institutions on the relationship between fiscal policy and the economic cycle in Africa. This contribution is special because it enriches the literature on the cyclicality of fiscal policy based on the quality of institutions in Africa. To do this, we use data from the WDI, the WGI and the Polity IV database on 38 African countries over the period 2002 to 2016. The methodology used is that of Generalized Moments which were able to establish a negative relationship on the relationship between the quality of institutions, fiscal policy and the economic cycle in Africa.

Keywords : Quality of institutions, fiscal cyclicality, Africa.

Introduction

Les dysfonctionements du marché pour atteindre un état d'équilibre satisfaisant, contraignant l'Etat à intervenir pour réguler l'économie par le raffinement des politiques économiques. La conception étroite de la politique économique considère les politiques conjoncturelles comme étant synonymes du terme de *« politique économique »*. En ce sens, la politique économique, dont les principaux instruments seraient donc la politique budgétaire et la politique monétaire, comprend l'ensemble des activités économiques de l'État (Deiss, 1998). Selon Tinbergen[23] (1961), la politique économique consiste en la manipulation délibérée d'un certain nombre de moyens mis en œuvre pour atteindre certaines fins.

Celle-ci peut avoir de nombreux objectifs[24] à savoir, corriger les défaillances du marché, relancer l'économie en périodes difficiles, lutter contre l'inflation, améliorer la compétitivité des entreprises ou encore promouvoir un développement durable. En général, les politiques macroéconomiques sont conçues pour stabiliser les fluctuations du cycle économique. Par exemple, les politiques budgétaires et monétaires des pays industrialisés ont été expansionnistes en réponse à la faiblesse des conditions économiques dans les dernières années (Calderon et al, 2008). Cependant, les propriétés cycliques des politiques macroéconomiques, notamment celles des politiques budgétaires et monétaires, sont beaucoup plus controversées parmi les EME et les PED.

L'ampleur des conséquences de la dernière crise économique internationale et le regain d'intérêt pour l'évaluation de l'orientation de la politique budgétaire ouvrent de nouveau les débats sur la cyclicité de la politique budgétaire. En effet, la possibilité d'utiliser la politique budgétaire à des fins de stabilisation a été discutée avant même la révolution keynésienne[25]. Elle s'est ensuite retrouvée au cœur du débat

---

[23] Prix Nobel d'économie en 1969, Tinbergen est aussi connu pour avoir énoncé le premier principe de politique économique, à savoir *« le principe de cohérence de politique économique »*.

[24] Le carré magique de Kaldor.

[25] Selon Dostaler et Nadeau (2003), l'expression *« révolution keynésienne »* a été forgée peu après le décès de Keynes pour désigner un ensemble de transformations intervenues, autant dans la théorie que dans les politiques économiques, et plus généralement dans les rapports entre l'État et l'économie, entre le début des années trente et les années cinquante.

tant sur les stabilisateurs automatiques que sur les politiques discrétionnaires. Depuis la grande dépression des années 1930, la politique budgétaire a été l'un des principaux sujets qui affectent les pays développés et sous-développés. Celle-ci peut être définie comme étant l'utilisation des dépenses publiques et des impôts pour améliorer la production nationale et l'emploi, et pour stabiliser les niveaux de prix et l'économie. En outre, pour Horton et El-Ganainy (2009), la politique budgétaire consiste à se servir des dépenses publiques et/ou de la fiscalité pour influer sur l'activité économique.

Elle permet aux autorités de promouvoir une croissance forte et durable et de réduire la pauvreté. La politique budgétaire implique la gestion et l'utilisation du budget de l'État d'un pays, principalement par le biais du processus de la collecte des recettes et des dépenses du gouvernement, la politique budgétaire peut être contracyclique, procyclique ou acyclique.

Selon Kaminsky, Reinhart et Vegh (2004), la politique budgétaire est contracyclique si elle implique des dépenses gouvernementales plus faibles (plus élevées) et un taux d'imposition plus élevé (ou moins élevé) à mettre en œuvre dans les bons moments (mauvais moments). Elle est jugée contracyclique parce qu'une telle politique budgétaire tend à stabiliser le cycle économique, c'est-à-dire que les dépenses sont contractées dans les bons moments et élargies dans les mauvais moments pour exercer des effets inverses sur le cycle de l'économie. En revanche, une politique est dite procyclique si elle implique des dépenses gouvernementales plus élevées (faibles) et un taux d'imposition plus bas (plus élevé) à mettre en œuvre dans les bons moments (ou les mauvais moments). Alors qu'une politique budgétaire est indiquée comme étant acyclique (neutre) si sa conception ne change pas au cours des cycles économiques.

Initialement, l'analyse keynésienne en montrant comment la variation des dépenses publiques peut exercer une action sur le comportement des agents économiques rappelait déjà, qu'une façon efficace de réguler l'activité économique était de mener des politiques budgétaires contra cycliques. Ainsi, durant les trente glorieuses, les gouvernements estimaient le niveau probable de la demande pour les deux ou trois années à venir et s'il était trop faible, l'État augmentait ses dépenses et diminuait les impôts ou les taux d'intérêt, par contre, s'il semblait trop élevé, l'État faisait exactement l'inverse. Cette manière de procéder a été efficace pour plusieurs pays jusqu'aux années de crise 70-80. Selon la conception néoclassique par contre, l'usage de la politique budgétaire à des fins de stabilisation crée des distorsions sur l'activité économique. C'est pourquoi Barro (1974) a contribué à réfuter l'analyse keynésienne de l'action budgétaire par le principe de l'équivalence ricardienne. Pour lui les agents privés intègrent dans leur calcul la contrainte budgétaire intertemporelle de l'État et anticipent leurs comportements. Toutefois, pour Barro (1979) les politiques budgétaires doivent être neutres ou acycliques, on parle encore de *« politique de lissage budgétaire »*. La mise en place d'une telle politique budgétaire a pour objectif d'éviter les distorsions intertemporelles, car en laissant inchangés les dépenses primaires et les taux d'imposition, quelle que soit l'évolution du cycle, seuls les stabilisateurs automatiques jouent un rôle sur l'économie. On peut ainsi constater que la vision keynésienne et celle de Barro, ne donnent pas lieu à la possibilité d'application des politiques procycliques.

En général, plusieurs indicateurs peuvent être utilisés pour mesurer la politique budgétaire. Il peut s'agir des dépenses publiques totales, des recettes fiscales, du taux d'imposition, du solde budgétaire, ou encore du solde budgétaire corrigé des variations conjoncturelles, etc.

Par ailleurs, L'État des lieux est tel que l'Afrique du Nord continue de présenter le déficit budgétaire le plus important, même s'il a légèrement baissé du fait que celui de l'Algérie a été stable et celui de l'Égypte réduit. La réduction des dépenses publiques consacrées aux grands projets d'infrastructure en Algérie a été contrebalancée par une nouvelle augmentation des dépenses sociales, et la suppression progressive des subventions aux carburants a contribué à réduire le déficit de l'Égypte. L'Afrique de l'Est a quelque peu creusé son déficit budgétaire qui est passé de 4 % à 4,6 % en 2016, en raison des politiques budgétaires expansionnistes, principalement en Éthiopie (notamment les dépenses d'infrastructure), au Kenya (nouvelle ligne de chemin de fer, forte augmentation des salaires des fonctionnaires et transferts vers de nouveaux comtés) et en Ouganda (projets hydroélectriques).

Le déficit budgétaire s'est creusé en Afrique de l'Ouest en 2016, passant de 1,8 % à 2,8 % du PIB, causé en grande partie au Nigéria par l'accroissement des dépenses publiques, notamment en matière de sécurité ; en Côte d'Ivoire par l'augmentation du salaire minimum, des dépenses de sécurité et des investissements publics en infrastructures ; et au Ghana, par les dépenses liées aux élections et la hausse des salaires du secteur public.

En grande partie attribuable à la faiblesse des prix du pétrole, le déficit budgétaire des pays exportateurs de pétrole, pris ensemble, s'est davantage creusé, passant de 6,2 % à 6,5% du PIB en 2016. À l'opposé, le déficit budgétaire des pays importateurs de pétrole a connu une légère réduction, passant de 5,6 % à 5,5% du PIB. Bien que légèrement en baisse, celui des pays riches en ressources minérales occupe la deuxième position sur le continent, passant de 6,5% du PIB en 2015 à 6,1% en 2016.

En Afrique centrale, le déficit budgétaire s'est alourdi, passant de 5,1% en 2015 à 5,8 % du PIB en 2016, principalement en raison de politiques budgétaires expansionnistes au Cameroun découlant des dépenses publiques en infrastructures de transport et d'énergie et de la baisse des recettes pétrolières ; en Guinée équatoriale du fait de l'augmentation des investissements publics en infrastructures et de la baisse des recettes pétrolières, au Congo en raison de la hausse des salaires des fonctionnaires et de la baisse des recettes pétrolières.

En grande partie attribuable à la faiblesse des prix du pétrole, le déficit budgétaire des pays exportateurs de pétrole, pris ensemble, s'est davantage creusé, passant de 6,2% à 6,5% du PIB en 2016. À l'opposé, le déficit budgétaire des pays importateurs de pétrole a connu une légère réduction, passant de 5,6% à 5,5% du PIB. Bien que légèrement en baisse, celui des pays riches en ressources minérales occupe la deuxième position sur le continent, passant de 6,5% du PIB en 2015 à 6,1% en 2016 (EIU, 2016).

En Afrique, l'orientation des politiques macroéconomiques suit en général une trajectoire inadéquate. En effet, c'est un fait totalement reconnu que ces dernières sont procycliques dans la majorité de ces pays (Kraay et Serven, 2014). Comme dans la majeure partie des PED, les conditions économiques des pays africains ne sont pas véritablement favorables quant à la mise en œuvre de politiques contracycliques qui ont la capacité de produire des effets stabilisants. Dans la plupart des pays développés, les fondamentaux économiques permettent généralement la mise en œuvre de telles politiques. En d'autres termes, le développement des marchés financiers efficaces, l'accès au crédit domestique, l'application et le respect des règles préétablies, etc. sont autant de facteurs pouvant expliquer les divergences observées entre ceux-ci, les EME et les PED. Ainsi, la situation des pays africains semble de facto altérer leur capacité à pouvoir mettre en œuvre de telles politiques.

Notons qu'en 2016, l'Afrique a enregistré son taux de croissance le plus bas de la décennie, soit de 1,7%, contre 3,7% en 2015 ; il est inférieur au taux de croissance mondial (2,3%) et à celui de la plupart des autres régions en développement (CEA, 2016 a). La croissance économique en Afrique a diminué de plus de la moitié, passant de 3,7% en 2015 à 1,7% en 2016 sur fond de morosité économique mondiale, de faibles cours du pétrole et des produits de base (malgré leur remontée) et de conditions météorologiques défavorables (sécheresse). Cette baisse reflète aussi la fragilisation des grandes économies africaines en 2016, à l'instar du Nigéria (-1,6%), l'Afrique du Sud (0,6%), de l'Angola (0,8%) et une décélération de la croissance en Algérie (2,9 %), en Égypte (3,4 %) et au Maroc (1,7%).

La croissance a varié d'un pays à l'autre : 8% en Côte d'Ivoire, 6 % au Kenya, 1,7 % au Maroc et 0,6 % en Afrique du Sud, mais il y a eu une contraction de 1,6 % au Nigéria et de 4,5% en Guinée équatoriale. La baisse des prix des matières premières depuis 2014 a exercé une pression sur le solde du compte courant, les recettes publiques et les monnaies locales, créant une pression inflationniste. La baisse des prix des matières premières depuis 2014 a exercé une pression sur le solde du compte courant, les recettes publiques et les monnaies locales, créant une pression inflationniste. Les pays africains doivent adopter des politiques macroéconomiques contracycliques pour favoriser la transformation structurelle, et ceux qui continuent d'enregistrer des taux de croissance économique élevés, tels que la Côte d'Ivoire (8 %), le Kenya (6%), l'Éthiopie (5,4 %), la Tanzanie (7%) et le Sénégal (6,3%), devraient se constituer des réserves. Dans le cadre de notre étude, nous nous intéressons au rôle que peut jouer la qualité des institutions sur le comportement cyclique des politiques macroéconomiques.

Depuis 1995, Transparency International classe tous les pays selon l'indice de perception de la corruption (IPC). Les conclusions de leur rapport de 2017 sont claires : *« La majorité des pays ont fait peu ou pas de progrès pour mettre fin à la corruption »*. La plupart des pays africains se classent très bas, selon le rapport. En 2017, le continent africain était la région la moins bien classée pour les perceptions de la corruption, avec un score de 32 sur une échelle de 0 à 100[26].

[26] Des scores plus faibles (c'est-à-dire avec des scores tendant vers 0) désignent les États les plus corrompus tandis que ceux dont les scores sont plus élevés (c'est-à-dire avec des scores tendant 100) désignent les États les moins corrompus.

Malgré tout, le premier pays d'Afrique subsaharienne à apparaître dans le classement est à la 34e place sur 180 pays : le Botswana. Il est suivi par les Seychelles (36e), le Cap-Vert et le Rwanda (respectivement 47e et 48e), avant la Namibie (53e) et le Sénégal (66e) et un exercice de comparaison permet de noter que de nombreux pays ont fait des avancées par rapport à l'année 2016. Par exemple, la Gambie gagne 16 places, la Tanzanie (+13) et du Bénin (+10). Mais comme en général, les performances en la matière sont médiocres en majorité, on note des reculées à l'instar du Gabon (-16), du Nigéria (-12) ainsi que du Ghana (11) qui perdent quant à eux du terrain.

Par ailleurs, la question de la cyclicité de la politique budgétaire a fait l'objet d'une attention particulièrement durant la dernière crise financière mondiale. Le ralentissement économique à grande échelle qui a accompagné la crise financière a conduit à une activation de mesures de politique budgétaire contracycliques d'une ampleur sans précédent. Aux États-Unis et dans d'autres économies avancées, on a recensé des mesures fiscales axées sur l'amélioration du bilan des secteurs financiers et celui des entreprises au travers de renflouements à grande échelle.

En outre, plusieurs pays ont utilisé des mesures budgétaires discrétionnaires pour stimuler la croissance économique. Par exemple, la plupart des pays de l'OCDE ont adopté de vastes programmes de relance impliquant des taxes et des ajustements. La contagion de la crise financière mondiale justifiait également des réponses de politiques monétaires et budgétaires rapides dans les EME pour assurer le bon fonctionnement des marchés, en préservant la stabilité financière et la modération de ses effets négatifs sur la croissance (Mohanty 2011).

Théoriquement, les politiques budgétaires génèrent des revenus qui financent les services publics, créent des emplois, améliorent le niveau de vie des populations et le secteur privé. Malgré le fait que les économies africaines sont fortement concentrées dans les secteurs pétrolier, minier et agricole, ils sont toujours affectés par la crise financière mondiale, et sont vulnérables au risque d'un ralentissement cyclique international. Les effets budgétaires de la crise risquent d'être importants et d'opérer principalement par le biais de pertes de revenus. De plus, les recettes tirées des taxes à la consommation diminuent à mesure que l'activité économique ralentit.

L'ajustement fiscal serait la clé pour atteindre une position budgétaire saine et durable. Cela peut impliquer de resserrer ou assouplir l'orientation budgétaire, en fonction de la situation de chaque pays. Une politique budgétaire expansive peut conduire à l'inflation, l'éviction, l'incertitude et la volatilité, qui entraveraient la croissance (Gupta, et al, 2004) alors qu'une politique budgétaire restrictive conduit à la déflation et entrave même la croissance. Un ajustement budgétaire de bonne qualité peut également mobiliser l'épargne domestique, accroître l'efficacité de l'allocation des ressources, et aider à atteindre les objectifs de développement (FMI, 2006). Il apparaît donc que la politique budgétaire est un outil de gestion de la demande de l'économie.

Ainsi, on se pose la question suivante : quelle est l'influence de la qualité des institutions sur la relation entre politique budgétaire et cycle économique en Afrique. Pour parvenir à une réponse constructive, dont l'objectif est de montrer l'influence de la qualité des institutions sur la relation entre la politique budgétaire et le cycle économique en Afrique ; nous vérifions l'hypothèse selon laquelle la qualité des institutions influence négativement la relation entre la politique budgétaire et le cycle économique en Afrique.

I. Revue de la littérature

I.1. Cyclicité de la politique budgétaire : Une revue théorique

Selon la vision keynésienne, une politique budgétaire est jugée contracyclique quand elle est destinée à stabiliser les fluctuations économiques conjoncturelles. En d'autres termes, elle est contracyclique si elle est restrictive en période d'expansion et expansive en période de ralentissement de l'activité économique. Elle est procyclique dans le cas où elle est expansive en conjoncture favorable et restrictive en période de ralentissement (Talvi et Vegh, 2005). Par conséquent, les gouvernements qui ont des difficultés à emprunter pour financer les déficits pourraient devoir réduire les dépenses publiques pendant les récessions pour éviter d'aggraver les déséquilibres budgétaires. Ce comportement procyclique peut amplifier et exacerber l'impact négatif des chocs sur la production. Cependant, le modèle néoclassique de politique budgétaire optimale (Barro, 1979 ; Chari et Kehoe, 1999) recommande une politique budgétaire acyclique ou neutre et est sensible uniquement aux changements imprévus affectant les contraintes budgétaires du gouvernement. Ceci est considéré comme acyclique si les dépenses publiques et les taux d'imposition restent constants, quelles que soient les conditions économiques.

Le point de vue keynésien soutient le rôle de la politique budgétaire discrétionnaire en tant que mesure contracyclique pour stimuler la demande globale et soutenir la croissance. Si la politique budgétaire a des effets keynésiens, alors une augmentation des dépenses ou une réduction des impôts augmente la production (une réduction des dépenses ou une augmentation des impôts réduit la production). Dans ce cas, la poursuite de politiques contracycliques pourrait atténuer les fluctuations cycliques des économies. Il serait donc souhaitable d'adopter des politiques budgétaires expansionnistes en période de repli cyclique et des politiques restrictives en période d'expansion économique. Les pays devraient autoriser les stabilisateurs automatiques à fonctionner, c'est-à-dire en période de ralentissement, tenir compte des baisses cycliques des recettes par l'endettement croissant, et lorsque des possibilités supplémentaires sont disponibles, en plus d'accroître les dépenses destinées à stimuler la demande globale (et vice versa pendant les périodes d'expansion économique).

Le point de vue keynésien ne va cependant pas de soi. Encouragés par les résultats de Giavazzi et Pagano (1990 et 1996), certains documents ont formalisé la possibilité que la politique a des effets non keynésiens (voir par exemple Blanchard, 1990 ; Sutherland, 1997 ; Giavazzi et al. 2000). Dans ce type de modèles, une expansion budgétaire est récessionniste, car elle réduit la consommation privée des ménages. Le mécanisme de transmission peut fonctionner à travers l'anticipation que les impôts augmenteront à l'avenir[27] ou via l'effet richesse associé avec l'ajustement à la hausse des taux d'intérêt. Par conséquent, si la politique budgétaire a des effets non keynésiens, les programmes de dépenses financés sont non-productifs. Dans ce cas, augmenter l'endettement public pour financer les dépenses publiques réduirait les dépenses du secteur privé grâce à des taux d'intérêt plus élevés, créant des *« effets d'éviction »* (crowding out) et des *« effets de confiance »* (State is too big to fail). Il pourrait alors même être nécessaire de réduire les dépenses pendant les périodes de ralentissement conjoncturel en réponse à la baisse des revenus. Que la politique budgétaire ait des effets keynésiens ou non-keynésiens dépend des circonstances spécifiques du pays, notamment de ses conditions

---

[27] Principe d'équivalence de Barro-Ricardo.

fiscales initiales, de la taille initiale de l'endettement, mais aussi sur la taille de l'écart de production et sur les conditions du marché financier.

Leurs politiques budgétaires étant généralement reconnues comme étant procycliques, il a été avancé que la capacité des EME et des PED à adopter des politiques de stabilisation optimale (contracycliques) est entravée par plusieurs facteurs. Outre la qualité institutionnelle, dans la littérature, cette procyclicité peut être expliquée en majorité par les restrictions à l'accès aux marchés de crédit domestiques (Caballero et Khrishnamurthy, 2004) et/ou internationaux (Gavin et al, 1996 ; Aguiar, Amador et Gopinath, 2005). Un autre argument, moins cité par contre, est la polarisation des préférences associées aux inégalités sociales (Woo, 2009).

I.1.1. Contraintes de crédit : accès imparfait aux marchés financiers et engagement limité de l'État en matière de politique fiscale

Gavin et al (1996) soutiennent que les politiques budgétaires procycliques en Amérique latine peuvent être la réponse à l'accès limité de la région aux marchés financiers internationaux en présence de chocs défavorables, forçant ainsi un ajustement drastique lors des récessions. Caballero et Krishnamurthy (2004) ont affirmé que le manque de profondeur financière entrave la capacité des gouvernements à mettre en œuvre des politiques budgétaires contracycliques. Ils ont montré que les gouvernements ne sont pas en mesure d'adopter des politiques budgétaires expansionnistes dans les moments difficiles si elles ont un accès limité aux fonds et si les politiques budgétaires expansionnistes aggravent les avoirs du pays, d'autant plus que Riascos et Végh (2004) ont montré que la conception de la politique budgétaire dans les pays en développement est affectée par l'absence d'un menu suffisamment riche d'actifs financiers. Selon Gavin et al (1996), Kaminsky et al (2004), l'accès aux marchés de capitaux internationaux est limité dans les périodes difficiles lorsque le besoin d'ajustement est plus grand. Ceux-ci expliquent que si les investisseurs émettent des doutes sur la capacité des gouvernements à mettre en œuvre un ajustement, la solvabilité s'affaiblirait et le financement supplémentaire disparaîtrait. En somme, les flux de capitaux procycliques renforcent la procyclicité budgétaire.

Par ailleurs, Caballero et Krishnamurthy (2004) soulignent que les effets de contraction des politiques budgétaires expansionnistes peuvent être exacerbés si ces politiques peuvent conduire à une détérioration de la qualité des actifs du pays. L'absence d'un ajustement fiscal opportun affaiblirait la perception des investisseurs quant à la qualité des actifs par deux canaux qui sont d'une part la réduction de la liquidité globale des actifs du pays (les investisseurs augmenteront la prime de liquidité et, par conséquent, cela va réduire la profondeur financière du pays si la dette publique continue à augmenter par rapport aux avoirs privés) et d'autre part, le faible aperçu de la qualité du gouvernement (les investisseurs vont réduire l'évaluation des actifs des pays s'ils craignent que le gouvernement n'ait pas la discipline nécessaire pour effectuer les ajustements fiscaux requis, ce qui aura pour implication la réduction de la profondeur financière).

Pour Aguiar et al. (2005), la procyclicité de la politique budgétaire des PED s'explique grâce à l'interaction de deux caractéristiques importantes. Il s'agit de l'accès imparfait aux marchés financiers, et de l'engagement limité en matière de politique fiscale. Ces auteurs construisent pour ce faire un petit modèle d'économie ouverte avec capital où le gouvernement maximise l'utilité d'une population sans accès aux marchés de capitaux, dans lequel les deux forces interagissent. Le gouvernement fournit une assurance aux travailleurs contre les chocs de dotation par le biais d'impôts sur le travail et le capital, et ce motif d'assurance génère des politiques budgétaires procycliques. Ainsi, si le gouvernement manque d'engagement, sa politique budgétaire peut être source de distorsion : l'expropriation du capital au taux maximum possible est plus importante à la suite d'une récession. Par conséquent, le gouvernement a des incitations plus fortes à l'impôt sur le capital à l'avenir si l'économie est en récession, réduisant ainsi les investissements en capital, amplifiant et prolongeant la récession.

I.1.2. Polarisation des préférences et procyclicité de la politique budgétaire

Woo (2009) a montré que la polarisation sociale mesurée par l'inégalité du revenu ou de l'éducation est toujours positivement associée à la procyclicité de la politique budgétaire et l'agressivité dans l'utilisation de la politique discrétionnaire. Pour cela, il développe un modèle qui lie la polarisation des préférences au biais procyclique des dépenses en soutenant le fait que la polarisation sociale est mesurée par l'inégalité des revenus et l'inégalité en matière d'éducation.

Intuitivement, un degré élevé de polarisation des préférences peut rendre difficile pour les décideurs politiques susceptibles de représenter des groupes socio-économiques hétérogènes de s'entendre sur des politiques gouvernementales idéales. En présence de la polarisation des préférences, des décideurs hétérogènes peuvent être davantage incités à insister sur des politiques préférentielles et peuvent finir par choisir des politiques individuellement rationnelles, mais collectivement inefficaces pour l'ensemble de l'économie. De telles incitations à présenter leur programme préféré peuvent devenir particulièrement fortes lorsque les recettes publiques ou les ressources nouvellement disponibles augmentent leur faisabilité, ce qui produit des politiques budgétaires procycliques (en particulier lorsque les contraintes institutionnelles sont insuffisantes ou absentes).

En même temps, les mesures discrétionnaires prises de cette manière sont les plus susceptibles de donner lieu à des résultats budgétaires instables au fil du temps. Woo formalise cette intuition dans un simple modèle de jeu fiscal non coopératif. Son résultat théorique montre que le degré de procyclicité des dépenses fiscales et l'ampleur de la volatilité budgétaire associée augmentent avec le degré de polarisation des préférences. Le modèle donne une forte prédiction selon laquelle les pays avec des sociétés fortement polarisées sont plus susceptibles de présenter des positions budgétaires procycliques. Ce modèle laisse entrevoir une nette prédiction que les dépenses budgétaires ont tendance à être procycliques et volatiles dans les pays où les sociétés sont fortement polarisées.

I.2. Qualité des institutions et cyclicité de la politique budgétaire : Une revue théorique sur la relation

I.2.1. Qualité des institutions fiscales et cyclicité de la politique budgétaire

I.2.1.1. Effet de voracité et problème du « common pool »

L'aspect institutionnel[28] met l'accent sur l'absence d'institutions juridiques et politiques fortes et la présence de différents groupes

[28] L'importance de la faiblesse des institutions et de la fragmentation dans l'explication des mauvaises performances de croissance a été soulignée dans la littérature empirique. En outre, les études par pays ont récemment souligné ces caractéristiques dans l'élaboration de politiques budgétaires procycliques et la baisse de la qualité des investissements.

puissants dans la société. Tornell et Lane (1999) analysent le processus fiscal dans un environnement où de puissants groupes d'intérêts interagissent dans une société avec infrastructures juridiques et politiques faibles. Par exemple, en cas de chocs temporaires positifs sur le revenu (en cas de termes favorables des chocs commerciaux), les dépenses budgétaires peuvent augmenter plus que proportionnellement, car tous les blocs de pouvoir se disputent une part des recettes fiscales et ne veulent pas réduire leur taux d'appropriation lors des reprises. Ce type de situation décrit ce que nous pouvons convenir d'appeler l'« Effet de voracité ». En effet, l'« effet de voracité » connu encore sous le nom de loi de Wagner se définit comme une augmentation plus que proportionnelle de la redistribution discrétionnaire de la part des autorités publiques en réponse à une expansion de l'activité économique.

Ceux-ci modélisent l'ampleur de la redistribution budgétaire discrétionnaire comme une variable déterminée de façon endogène par trois constituants : l'existence de groupes puissants, des taux de rendement bruts et des barrières institutionnelles qui limitent le pouvoir des groupes d'extraire les transferts du reste de la société. Les pays où l'ampleur de la redistribution fiscale est limitée sont ceux où les groupes puissants n'existent pas, les groupes se coordonnent et agissent comme un seul agent où il existe des structures juridiques et institutionnelles bien développées qui empêchent les groupes puissants d'extraire des transferts de façon arbitraire.

Ces limites n'existent pas dans les pays avec des groupes puissants et un manque de barrières institutionnelles. L'idée est que lorsque les groupes ont le pouvoir d'extraire des transferts fiscaux, les stocks de capitaux dans le secteur formel de l'économie ne sont pas vraiment privés. Étant donné que les transferts doivent être financés par une certaine forme d'imposition, des transferts plus élevés d'un groupe se traduisent par des impôts plus élevés pour l'ensemble du secteur formel de l'économie. Afin de protéger leurs profits de l'imposition arbitraire, les agents transfèrent une partie de leurs ressources là où ils sont libres de cette taxation. Les agents peuvent le faire en investissant dans le secteur informel, celui-ci étant hors de portée des autorités fiscales. Généralement, ces investissements produisent un taux de rendement brut inférieur.

Un autre apport est celui de Talvi et Végh (2005), qui construisent un modèle de politique fiscale optimal, standard incorporant une distorsion politique qui rend coûteux les excédents budgétaires en raison des pressions des lobbyistes pour augmenter les dépenses publiques. Dans ce modèle, les pressions sur les dépenses sont une fonction croissante et convexe de l'excédent naissant : les pressions sur les dépenses peuvent ne pas jouer un rôle important et un lissage fiscal complet peut être maintenu si les fluctuations de l'assiette fiscale sont faibles. Cependant, les pressions politiques auront un impact majeur sur la politique budgétaire si l'assiette fiscale est grande. Bref, la distorsion politique est plus grave si le boom est plus important, étant donné que lorsque davantage de ressources sont disponibles (c'est-à-dire en période d'expansion).

Ainsi survient le problème du « common pool » traduisant une lutte pour les ressources communes, qui, dans son intensité, entraînerait des déficits budgétaires. En conséquence, les ressources budgétaires peuvent être gaspillées en faveur d'organismes gouvernementaux, appartenant à l'État tel que les entreprises, les provinces, et les chercheurs de rente, excluant l'économie de ses ressources. Enfin, ce modèle prédit une forte volatilité de la production (qui induit une grande variabilité de l'assiette fiscale) ce qui est l'environnement idéal pour générer des politiques budgétaires procycliques. Compte tenu de cette situation de distorsion politique, un gouvernement qui fait face à des fluctuations importantes (et parfaitement anticipées) de l'assiette fiscale choisira de réduire les impôts dans les bons moments pour repousser les pressions sur les dépenses. Cependant, puisque la réduction des impôts dans les bons moments impose des distorsions intertemporelles, il ne sera pas optimal pour le gouvernement de résister à toute augmentation des dépenses publiques. Par conséquent, une réponse politique optimale aux chocs positifs de l'assiette fiscale impliquera à la fois la baisse des taux d'imposition et l'augmentation des dépenses. Le contraire est vrai lorsque l'économie subit des chocs négatifs sur l'assiette fiscale. En d'autres termes, leur modèle prédit que, compte tenu de cette distorsion politique, la politique fiscale optimale est procyclique.

Deux autres implications du modèle méritent d'être soulignées. Premièrement, la réaction procyclique de la politique budgétaire entraîne des fluctuations de la consommation et de la production. La volatilité induite par les politiques renforce ainsi la volatilité de l'environnement économique sous-jacent. Dans ce contexte, il serait incorrect de reprocher aux décideurs politiques de mener des politiques macroéconomiques instables.

Deuxièmement, pendant les récessions, il peut sembler que l'économie n'emprunte pas suffisamment, ce qui peut être interprété comme une preuve d'un manque d'accès aux marchés internationaux du crédit (reflétant l'hypothèse du rationnement du crédit). Dans le modèle, cependant, c'est l'incapacité du gouvernement de générer des excédents suffisamment importants pendant les expansions qui l'obligent à emprunter moins pendant les récessions (par rapport à une règle de lissage fiscal) afin de satisfaire sa contrainte de solvabilité. Tandis que l'explication du rationnement du crédit mettrait l'accent sur la nécessité d'assurer la liquidité en période de crise, grâce à divers mécanismes financiers, notre explication suggère que l'accent devrait être mis sur la réforme des institutions fiscales nationales afin de garantir les économies budgétaires en période de bonne conjoncture économique. En ce sens, l'analyse de Talvi et Vegh renforce les implications de la politique publique des travaux de Lane et Tornell (1998) et de Tornell et Lane (1999), qui soulignent également l'importance de la mise en œuvre des mécanismes appropriés d'allocation budgétaire.

I.2.1.2. Théorie de l'agence politique et asymétrie informationnelle

À la question de savoir pourquoi de nombreux pays suivent des politiques fiscales procycliques apparemment sous-optimales qui contribuent à l'instabilité macroéconomique, une réponse commune repose sur l'offre de crédit. Dans les périodes difficiles, de nombreux pays en développement ne peuvent pas emprunter, ou ne peuvent le faire qu'à des taux d'intérêt très élevés, ils ne peuvent donc pas gérer leurs déficits et doivent réduire leurs dépenses. En période d'expansion, ils peuvent emprunter plus facilement et choisir de le faire en augmentant les dépenses publiques (Gavin et Perotti, 1997 ; Kaminsky et al, 2004).

Cet argument est incomplet, car il soulève à son tour deux questions critiques. Premièrement, pourquoi ces pays ne s'auto-assurent-ils pas en accumulant des réserves dans les périodes de boom, de sorte qu'ils sont moins susceptibles de faire face à des contraintes de crédit contraignantes en période de récession ? Deuxièmement, pourquoi les prêteurs ne fourniraient-ils pas de fonds aux pays, même en période de récession, s'ils étaient convaincus que l'emprunt réduirait le cycle de façon optimale ?

Selon Talvi et Vegh (2005), la présence d'excédents augmente la propension du gouvernement à dépenser, les arguments d'Alesina et Tabellini (2005), Alesina et al (2008) et Talvi et Vegh (2005) sont complémentaires en ce sens qu'ils mettent l'accent sur la manière dont une distorsion politique interagit avec différentes structures économiques (en particulier avec la variabilité des revenus). Cependant, Alesina et Tabellini (2005), puis Alesina et al. (2008) expliquent cet échec d'orientation de la politique fiscale avec un problème d'agence politique, évoquant le fait que la procyclicité est dirigée par les électeurs qui cherchent à « affamer le Léviathan[12] » pour réduire les rentes politiques. Bref, l'incapacité à lisser les chocs de production avec la politique budgétaire est due à un problème d'agence, et non à une imperfection du marché du crédit. L'intuition étant simple : les consommateurs n'observent pas l'accumulation de la dette.

Dans la littérature sur les cycles budgétaires rationnels (Rogoff et Sibert, 1988 ; Rogoff, 1990), les électeurs font face à un problème de sélection adverse, ce qui entraîne une distorsion de la politique budgétaire avant les élections. L'hypothèse sur l'information des électeurs est semblable à celle d'Alesina et al (2008), mais leur problème d'incitation est celui de l'aléa moral, et non de sélection adverse. En général, le cadre d'analyse privilégié pour l'analyse des asymétries d'information est le modèle « principal-agent », mais de façon spécifique l'aléa moral a trait à des situations où un côté du marché ne peut observer le comportement de l'autre. C'est pour cette raison qu'on parle parfois, dans ce cas, de problème « comportement caché ». Cette configuration est donc la même ici, où les électeurs en situation d'information imparfaite ne peuvent observer le comportement du gouvernement.

I.2.2. Qualité des institutions politiques et cyclicité de la politique budgétaire

Conformément à la littérature qui lie les choix politiques aux régimes politiques, Diallo (2009) a exploré les implications de ces changements sur les propriétés cycliques de la politique budgétaire. Plus important encore, les institutions formelles qui imposent des contraintes au pouvoir exécutif sont le facteur clé qui explique pourquoi les démocraties peuvent mieux lisser les cycles économiques que les autocraties. L'un des domaines fréquemment explorés est l'effet des régimes politiques sur les dépenses publiques ou les politiques de dépenses sociales. Persson et Tabellini (1991) analysent l'impact des règles électorales et des régimes politiques sur l'importance des dépenses publiques dans un grand nombre de démocraties. Stasavage (2003) étudie si le passage à un système plus démocratique a été associé à des dépenses plus importantes dans l'éducation primaire dans les pays africains. Une discussion similaire a également lieu dans le contexte d'autres régions en développement, notamment Brown et Hunter (1999) et Kaufman et Segura-Ubiergo (2001) qui examinent l'impact des réformes démocratiques sur les dépenses publiques en Amérique latine.

La thèse centrale de Diallo (2009) est l'effet des réformes politiques sur les politiques publiques. Cependant, son orientation s'écarte légèrement des études mentionnées et se concentre sur l'impact des réformes démocratiques sur les propriétés cycliques de la politique budgétaire. Plus précisément, il se demande si le pluralisme politique croissant dans de nombreux pays africains ces dernières années a entraîné l'adoption de politiques budgétaires plus contracycliques. Ses résultats indiquent une relation positive entre les institutions démocratiques et les politiques budgétaires contracycliques.

Les institutions démocratiques peuvent atténuer les contraintes de crédit et « l'effet de voracité », les deux principales causes de la politique budgétaire procyclique. Les systèmes démocratiques en eux-mêmes ne peuvent pas résoudre les problèmes de crédit, mais ils ont le potentiel de remédier au principal facteur de la politique budgétaire procyclique : la hausse des dépenses publiques durant les expansions.

L'accès aux marchés de capitaux internationaux est étroitement lié au cycle économique, les flux de capitaux affluant pendant les bons moments et se tarissant lors des récessions. Cela signifie que la question de l'accès aux marchés de capitaux internationaux souvent citée dans la littérature n'est pertinente que lorsque la crise éclate. Dans des circonstances différentes, c'est-à-dire pendant les booms, les pays bénéficient d'importantes entrées de capitaux, et le défi à cette époque est de suivre des politiques budgétaires prudentes, telles que la mise de côté des retombées. Ces politiques donneraient finalement plus de marge de manœuvre pour une politique budgétaire expansionniste pendant les récessions. Cependant, l'acceptation politique de politiques budgétaires prudentes pendant les expansions peut être difficile à vendre, notamment dans les pays africains.

I.3. Qualité des institutions politiques et cyclicité de la politique budgétaire : Une revue de littérature empirique

I.3.1. Cyclicité budgétaire dans les pays développés : une tendance à la contracyclicité budgétaire

Empiriquement, des études montrent que la politique budgétaire est en moyenne contracyclique ou acyclique dans les pays développés. En ce qui concerne les pays industrialisés, l'OCDE (2003) souligne que l'orientation de la politique budgétaire a tendance à être essentiellement contracyclique en période de dépression et faiblement procyclique pendant les périodes de boom. La Commission européenne (2004) souligne que les politiques budgétaires discrétionnaires ont été principalement procycliques dans les pays de la zone euro au cours des dernières décennies, réduisant ainsi l'efficacité de la stabilisation automatique : le pacte de stabilité et de croissance n'aurait pas contribué à éradiquer le biais cyclique dans ces pays.

L'étude de l'OCDE et celle de la Commission européenne montrent que les préoccupations en matière de développement durable, liées à l'évolution de l'endettement public, jouent un rôle clé dans l'orientation budgétaire, les mesures fiscales devenant plus strictes lorsque le ratio dette/PIB augmente.

De même, Lee et Sung (2007) montrent que les revenus des pays de l'OCDE sont fortement anticycliques et les dépenses légèrement procycliques. En fait, ils soulignent que les dépenses en capital, les transferts et les subventions sont acycliques, tandis que les impôts sur le revenu sont anticycliques. Ils ont examiné empiriquement la réactivité cyclique de la politique budgétaire et son efficacité à atténuer les fluctuations cycliques. En utilisant les fluctuations économiques des pays voisins comme variables instrumentales, ils montrent que l'estimation MCO minimise la réactivité de la politique budgétaire aux fluctuations économiques.

De plus, ils constatent que la politique budgétaire répond de manière asymétrique aux fluctuations économiques. En examinant l'efficacité de la politique budgétaire dans la réduction des fluctuations économiques, ils atténuent le biais des variables omises en ajoutant quatre facteurs importants : dépenses militaires, production pétrolière, fluctuations économiques dans les pays voisins et réactivité de la politique budgétaire aux cycles économiques. Les résultats des régressions de l'efficacité correspondent aux régressions de la réactivité, soulignant l'importance des dépenses courantes, en particulier des subventions et des transferts, pour répondre aux cycles économiques et stabiliser l'économie.

D'autres recherches empiriques examinent l'évolution de la politique budgétaire en Europe après l'adoption du traité de Maastricht et du pacte de stabilité et de croissance. Gali et Perotti (2003) montrent que la politique budgétaire est devenue plus anticyclique dans certains pays depuis le traité de Maastricht. Ce résultat s'explique principalement par le désendettement de ces pays (Gali 2005). Giorno et al (1995) adoptent une nouvelle approche basée sur des composantes de dépenses et de revenus corrigées des variations cycliques. Girouard et André (2005) quant à eux montrent que depuis 1990, la politique budgétaire est devenue plus anticyclique dans les pays de l'OCDE et au-delà, particulièrement dans les 15 pays de l'Union européenne après l'introduction de l'Euro[29]. Suivant une approche basée sur les prévisions, Cimadomo (2007) souligne que les intentions de politique budgétaire dans les pays de l'OCDE sont contracycliques lors d'une expansion économique. Il soutient que les évaluations de la position prévue de la politique budgétaire devraient être fondées sur toutes les informations dont disposent les décideurs au moment de la planification budgétaire et devraient utiliser le solde primaire structurel, des données en temps réel sur la politique budgétaire discrétionnaire.

En fait, la réalisation ex-post de mesures budgétaires discrétionnaires pourrait se révéler radicalement différente de ce que les autorités fiscales avaient volontairement prévu dans la loi de finances. Si tel est le cas, et si les erreurs de révision dans l'indicateur de politique sont corrélées avec celles des variables explicatives, il est montré que les estimateurs couramment utilisés deviennent biaisés, induisant peut-être un jugement trompeur sur la position de la politique. L'auteur déduit donc la forme fonctionnelle de ce biais et, sur la base des moments empiriques de second ordre, prédit l'impact potentiel de l'utilisation de données révisées dans l'évaluation de la position ex ante de la politique budgétaire. Lorsque les règles de politique budgétaire sont estimées sur des données en temps réel, nos résultats indiquent une

[29] Plusieurs travaux concluent que la mise en œuvre des règles budgétaires européennes n'a pas créé un biais procyclique dans l'orientation des politiques budgétaires des pays de la zone euro (Gali et Perotti, 2003 ; Annett, 2006 ; Golinelli et Momigliano, 2006 ; Turrini, 2008).

position contracyclique dans les pays de l'OCDE, en particulier lors des expansions économiques.

D'autre part, Beetsma et Giuliodori (2008) soulignent que les politiques budgétaires prévues dans les pays non membres de l'UE sont anticycliques, tandis que dans les pays de l'UE, elles sont acycliques. Bernos et al (2008), en utilisant des données en temps réel pour 14 pays européens sur la période 1994-2006, constatent que la politique budgétaire discrétionnaire planifiée réagit de manière anticyclique, mais que sa mise en œuvre est procyclique.

Fatas et Mihov (2009) utilisent la méthode de la variable instrumentale pour montrer que la politique budgétaire des pays de la zone euro est procyclique avant 1999, mais acyclique après. Cependant, elle est procyclique en Espagne et contracyclique aux USA. Auerbach (2009) confirme ce résultat en montrant qu'entre 1984 et 2009, les dépenses et les recettes publiques ont réagi fortement de manière anticyclique, la réaction des dépenses étant plus forte que celle des recettes. Ce dernier utilise la méthode MCO pour examiner la relation entre les soldes budgétaires structurels et la taille de l'écart de PIB, montrant que la politique budgétaire américaine est devenue de plus en plus contracyclique depuis le début des années 1990.

D'autres auteurs ont utilisé une approche d'études de cas, c'est le cas de Leigh et Stehn (2009) qui ont examiné la réaction de la politique monétaire et budgétaire en période de ralentissement économique dans les pays G7. Ils soulignent à travers leurs études que les pays du G7 adoptent des politiques discrétionnaires souples et que la réaction de leurs politiques face au ralentissement est plus rapide au Canada, aux États-Unis et au Royaume-Uni qu'en Italie, en Allemagne, en France et au Japon. Ils montrent aussi que la politique budgétaire est pro-cyclique en Europe continentale et au Japon, alors qu'elle est contra-cyclique dans les pays anglo-saxons.

I.3.2. Cyclicité budgétaire dans les PED : Une tendance à la procyclicité budgétaire

Les travaux de Gavin et Perotti (1997) sont les premiers à aborder la nature procyclique de la politique budgétaire dans les pays en développement. Ces auteurs soulignent que la politique budgétaire des pays d'Amérique latine est pro-cyclique lorsque les conditions économiques sont favorables et anticyclique pendant les récessions.

Par ailleurs, Talvi et Végh (2000) montrent que les politiques budgétaires ont tendance à être procycliques dans de nombreux pays en développement, et pas seulement dans les pays d'Amérique latine[15]. De même, Talvi et Végh (2000) travaillent sur un échantillon de 6 pays du G7, 14 pays développés et 36 pays en développement.

D'autres contributions vont tenter par la suite d'approfondir les recherches sur cette question dans le cas des pays développés et des PED. Lane (2003) souligne que le caractère cyclique de la politique budgétaire dans les pays de l'OCDE varie d'un pays à un autre[30]. La politique budgétaire est donc susceptible d'être anticyclique dans les économies avancées et procyclique dans les pays où la production est plus volatile et le pouvoir politique plus dispersé, conclut-il. Au niveau désagrégé des dépenses publiques, cela suggère que le comportement des transferts et des taux d'endettement est contracyclique, alors que le comportement des dépenses courantes et de l'investissement public est procyclique. Cependant, les dépenses salariales sont plus procycliques que les dépenses non salariales. Kaminsky et al. (2004), sur la base d'un échantillon de 104 pays développés et en développement, ont constaté que la corrélation entre les dépenses publiques et les cycles économiques dans ces pays variait de -1 (un signe contracyclique fort) à 1 (un signe procyclique fort). Par exemple, sur la base de leurs résultats, ils ont trouvé une corrélation de -1 entre les dépenses du gouvernement finlandais et les cycles économiques. Cela signifie que la politique budgétaire du pays est fortement anticyclique. Cependant, il est d'environ 1 à Oman, ce qui suggère que la politique budgétaire dépend fortement du cycle économique.

D'autres contributions examinent le caractère cyclique de la politique budgétaire dans certains pays de l'Afrique. À l'occurrence, Du Plessis et Boshoff (2007) ; Du Plessis, Smit, et Sturzenegger (2007) montrent sur la base d'une approche SVAR[31] que la politique budgétaire en Afrique du Sud est devenue plus procyclique depuis 1994. Sur un échantillon plus large de pays (174 pays, dont 44 pays de l'ASS), Llédo, Yackolev, et Gadenne (2009) montrent que la politique budgétaire est procyclique dans l'ensemble des PED et plus particulièrement dans l'ASS. Leurs résultats sont relatifs aux

---

[30] Lane (2003) montre que le caractère contracyclique des dépenses publiques dans les pays de l'OCDE est dû aux comportements des transferts « stabilisateurs automatiques » et/ou aux taux d'intérêts de la dette.

[31] SVAR (Structural Vector Autoregressive).

déterminants du comportement budgétaire en ASS entre 1970 et 2008, soulignant que le niveau de la procyclicité diminuera au fil du temps et surtout après 1990. Cependant, d'autres études empiriques montrent que les pays riches en ressources mènent souvent des politiques budgétaires procycliques. Les gouvernements de ces pays ont tendance à dépenser davantage pendant les périodes de prix élevés. Cette augmentation affecte souvent deux composantes principales des dépenses publiques : les dépenses d'investissement en infrastructures et les coûts salariaux. Les revenus accessoires du pétrole sont utilisés pour augmenter les salaires et créer de nouveaux emplois dans le secteur public (Medas et Zakharova, 2009).

Dans le prolongement de ses travaux sur les déterminants de la circularité budgétaire, Bobbo (2016) propose de mettre en évidence le lien entre la dynamique budgétaire des pays africains et les régimes de change auxquels ils appartiennent. En particulier, ses recherches émettent l'hypothèse que les régimes de taux de change influencent la conception et la mise en œuvre de la politique budgétaire dans les pays africains. En tant que tels, ils peuvent également être considérés comme l'un des déterminants de la circularité budgétaire. Pour tester empiriquement cette hypothèse, l'auteur utilise certaines des fonctions de réponse des dépenses de consommation publique données dans un panel dynamique pour un échantillon de 34 pays africains sur la période 1980 à 2012. Ses résultats montrent que sous la classification de facto de Reinhart et Rogoff (2004), alors que l'appartenance aux régimes de change fixe et intermédiaire amplifie la procyclicité budgétaire, au sein des régimes flexibles cette procyclicité est en revanche affaiblie.

I.3.3. Qualité des institutions et cyclicité budgétaire : Une revue des travaux empiriques.

Lane (2003b) évalue la cyclicité de la politique budgétaire dans les pays de l'OCDE au cours de la période 1960-1998. Il constate que la cyclicité de diverses catégories de dépenses varie considérablement entre les pays et que les variables associées à la littérature de l'effet de voracité (c'est-à-dire, volatilité de la production et dispersion de la puissance) expliquent cette hétérogénéité. Lane trouve que la présence de plusieurs points de veto dans le processus d'élaboration des politiques [32]explique le caractère procyclique des dépenses courantes du gouvernement, de la consommation publique et des salaires.

Braun (2001) montre que cette politique est procyclique dans les PED, alors qu'elle est contracyclique dans les pays de l'OCDE. Pour ce faire, ils testent les conjectures de Talvi et Vegh et montrent que les pays en développement peuvent différer dans la mesure dans laquelle ils subissent des pressions politiques pour trop dépenser dans les bons moments. Utilisant un échantillon de 54 pays pour la période 1970-98, il constate que les dépenses publiques procycliques dans les PED ont une prévalence plus forte des régimes présidentiels (par rapport aux régimes parlementaires) et application de la loi plus faible (c.-à-d. une corruption plus élevée). Ainsi, les ressources budgétaires souffrent de « problèmes de pool » dans les systèmes politiques faibles et corrompus, où plus de groupes ont tendance à mettre la pression pour des dépenses quand les ressources fiscales sont disponibles.

En outre, Alesina et al (2008) et Ilzetzki (2007) se concentrent principalement sur le rôle du contrôle de la corruption sur la cyclicité des politiques fiscales. Les premiers utilisent une spécification similaire à Calderon, Duncan et Schmidt-Hebbel (2004b) en introduisant des termes d'interaction entre : (a) l'écart de production et la corruption, et (b) l'écart de production, la corruption et la démocratie.

Conformément à leur modèle, Alesina et Tabellini trouvent que les gouvernements démocratiques qui contrôlent la corruption peuvent mener à une politique budgétaire contracyclique. En revanche, Ilzetzki (2007) utilise, une stratégie empirique plus proche de Lane (2003b), il étend le modèle pour tous les types de gouvernements (y compris les non démocratiques), combinant l'extraction des gouvernements, les dépenses contracycliques sur les biens publics et une corrélation entre la recherche de rente et les dépenses en biens publics. Par conséquent, les résultats aboutissent au fait que les dépenses du gouvernement sont procycliques chaque fois que les motivations de recherche de rente sont suffisamment fortes[33]. Par conséquent, la demande de paiement de transfert est contracyclique alors que l'extraction des rentes est procyclique dans ce modèle. Ilzetzki (2007) montre que, s'il existe de solides motifs de recherche de rente, la procyclicité des rentes extraites

[32] Comme l'indique l'indice de Henisz (2000) des contraintes politiques.

[33] Dans ce modèle, les gouvernements bienveillants valorisent le bien-être des citoyens, mais aussi l'extraction des rentes, et ils feraient ce dernier choix lorsque la demande de paiements de transfert est faible (Battaglini et Coate, 2006).

l'emportera sur la contracyclicité du paiement de transfert. Alesina, Campante et Tabellini (2008) montrent que la politique budgétaire est procyclique dans les PED. Pour expliquer ce constat, ils soulignent que les gouvernements de ces pays sont soumis aux pressions des électeurs. Ces derniers ne font pas confiance à leurs gouvernements corrompus, et par conséquent ils revendiquent des avantages fiscaux et/ou une augmentation des dépenses productives et des transferts en phase d'expansion.

Ce résultat ne semble pas être totalement partagé. En utilisant un échantillon de 37 pays africains, Thornton (2007) constate que même si moins de corruption pourrait conduire à des politiques moins procycliques en Afrique, la prise en compte de la démocratie en interaction avec le contrôle de la corruption donne des résultats contradictoires à ceux d'Alesina et Tabellini (2005) et Alesina et al (2008). Il définit le caractère cyclique de la politique budgétaire en termes de logarithme de la consommation réelle des administrations publiques, qu'il intègre dans une stratégie empirique à deux étapes. La première consistant à estimer les coefficients de cyclicité de la consommation publique dans les différentes économies africaines. Une fois que les estimations des coefficients de cyclicité ont été obtenues, la deuxième étape lui a permis à travers une spécification en coupe transversale d'expliquer la variation entre pays du degré de procyclicité de la consommation publique. Ainsi, il appuie le point de vue des contraintes de financement avancé par Kaminsky et al. (2004) et Gavin et Perotti (1997), entre autres. Cette dernière constatation est compatible avec une meilleure gouvernance, ce qui rend disponibles des ressources supplémentaires pour des dépenses gouvernementales (procycliques) supplémentaires et contraste fortement avec les résultats rapportés par Alesina et Tabellini (2005).

Contrairement aux travaux ci-dessus, Diallo (2009) a travaillé sur l'aspect politique de la qualité des institutions. Ayant utilisé des données annuelles (1989-2002) pour l'étude empirique portant sur 47 pays africains, l'auteur fait usage d'un ensemble de données de panel lui permettant d'exploiter à la fois les séries temporelles pour chaque pays et les différences entre chaque pays.

Au vu de sa thèse qui repose sur l'effet des réformes politiques sur les politiques publiques, ce dernier se demande si le pluralisme politique croissant dans de nombreux pays africains ces dernières années a entraîné l'adoption de politiques budgétaires plus contracycliques.

En utilisant la méthode GMM en panel dynamique, il montre que la politique budgétaire est en moyenne procyclique dans l'ensemble des pays de son échantillon entre 1989 et 2002. Par ailleurs, ses résultats indiquent une relation positive entre les institutions démocratiques et les politiques budgétaires contracycliques.

II. Qualité des institutions et cyclicité de la politique budgétaire en Afrique : une analyse empirique

Les données utilisées dans cette étude proviennent de WDI[34], WGI, de la base Polity IV du projet polity développé à partir du livre des codes de Marshall et Jaggers (2005), et enfin Kaopen[35] sur l'intégration financière. Compte tenu de la disponibilité des données, notre champ d'études couvre 38 pays africains sur la période 2002 à 2016. Ces pays sont les suivants : Afrique du Sud, Algérie, Angola, Bénin, Botswana, Burkina Faso, Burundi, Cameroun, Cap Vert, Comores, Djibouti, Égypte, Gambie, Kenya, Lesotho, Liberia, Madagascar, Malawi, Mali, Mauritanie, Maroc, Mozambique, Namibie, Nigéria, Ouganda, République Démocratique du Congo (RDC), Rwanda, São Tomé et Príncipe, Sénégal, Seychelles, Sierra Leone, Soudan, Swaziland, Tanzanie, Togo, Tunisie, Zambie.

II.1. Cyclicité de la politique budgétaire en Afrique : une analyse des chiffres

II.1.1. Évolution des dépenses publiques en Afrique de 2002 à 2016

L'évolution des dépenses publiques (graphique 1) a connu une progression non négligeable en Afrique même si celle-ci reste encore inférieure à celles des autres régions dans le monde. Cependant, cette

---

[34] WDI (Word Development Indicators) fournit des données sur plus de 1500 variables macroéconomiques pour plus de 200 pays.

[35] KAOPEN est le degré d'ouverture du compte capital de chaque pays. L'indice a été initialement introduit dans Chinn et Ito (Journal of Development Economics 2006). KAOPEN est basé sur les variables nominales binaires qui codifient la tabulation des restrictions sur les transactions financières transfrontalières déclarées dans le rapport annuel du FMI sur les arrangements de change et les restrictions de change (AREAER).

évolution est tirée par les pays comme l'Afrique du Sud, l'Algérie, l'Égypte, le Nigéria, et le Maroc qui sont les cinq premiers pays (de l'échantillon considéré) en termes de dépenses publiques avec des montants respectivement égaux à 71 616 milliards de dollars US ($ Mds), 26 $ Mds, 24,296 $ Mds, 21,463 $ Mds, et 16,135 $ Mds. Néanmoins, cette évolution est ralentie par d'autres, à l'exemple du Togo, de la Sierra Léone, du Liberia, de la Gambie et des Comores, qui, comparativement aux premiers, représentent les cinq pays (de l'échantillon considéré) qui dépensent le moins, et dont les niveaux respectifs se chiffrent à 0,415 $ Mds, 0,261 $ Mds, 0,181 $ Mds, 0,081 $ Mds et enfin 0,062 $ Mds.

Toutefois, sur la période 2002 à 2016, les dépenses publiques de ces pays ont crû à un taux de 4,9% en moyenne, soit de 6,751 $ Mds. Cependant, on a observé une différence en termes de dépenses dans le temps. En effet, lorsqu'on considère la période de 2002 à 2006 et celle allant de 2012 à 2016, les dépenses publiques sont en moyenne égales à 4,9 $ Mds et à 8,28 $ Mds, respectivement.

Graphique 1 : Évolution des dépenses publiques en Afrique de 2002 à 2016

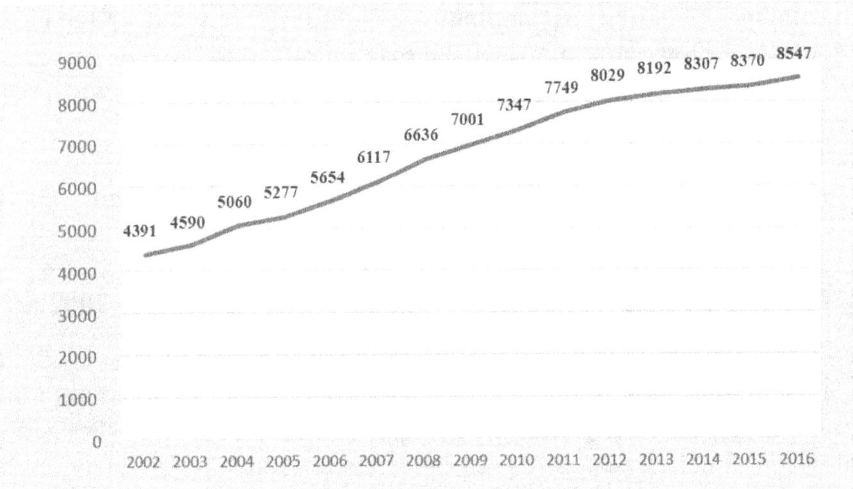

Source : Auteur, à partir des données de la Banque Mondiale (WDI, 2017)

II.1.2. Analyse de la corrélation entre la composante cyclique des dépenses publiques et l'Output Gap

L'analyse de la cyclicité de la politique budgétaire requiert qu'on puisse observer a priori, la corrélation entre la composante cyclique des dépenses publiques et l'output Gap (l'output Gap étant la composante cyclique du PIB). De ce fait, l'usage du filtre HP de Hodrick et Prescott a permis d'extirper les composantes cycliques des dépenses publiques et du PIB. En effet, le filtre HP suppose que les séries des dépenses publiques et du PIB se décomposent en une tendance et un cycle. En d'autres termes, ces composantes cycliques permettent de renseigner sur les écarts entre les valeurs des séries et leurs tendances. Ainsi, l'analyse des graphiques 2 et 3 montre les écarts entre les valeurs des séries des dépenses publiques sur la période de 2002 à 2016, du PIB et leurs tendances. Ce qui suppose que tous les points au-dessus (en dessous) de l'axe des abscisses désignent des situations où les valeurs observées des différentes séries sont supérieures (inférieures) aux valeurs tendancielles.

Graphique 2 : Évolution de la composante cyclique des dépenses publiques en Afrique de 2002 à 2016

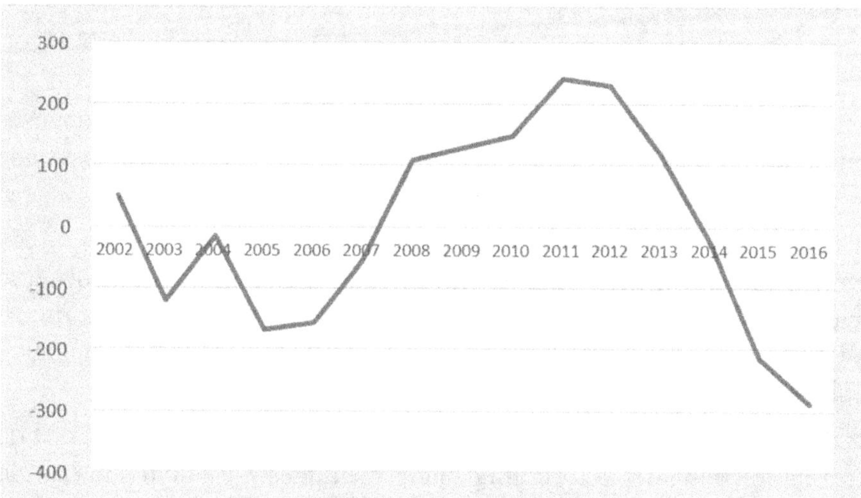

Source : Auteur, à partir des données de la Banque Mondiale (WDI,2017)

Graphique 3 : Évolution de l'Output Gap en Afrique de 2002 à 2016 (Échantillon de 31 pays)

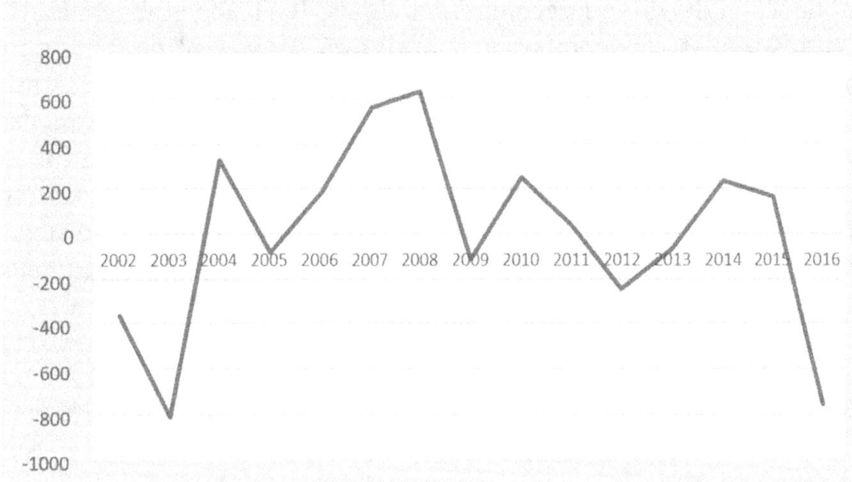

Source : Auteur, à partir des données de la Banque Mondiale (WDI, 2017)

L'évolution conjointe des composantes cycliques des dépenses publiques et du PIB laisse transparaître le fait qu'a priori, il existe une corrélation positive entre les deux séries.

En effet, l'observation du graphique 4 montre que les deux composantes évoluent dans le même sens. Ce mouvement s'observe avec acuité entre 2002 et 2008 et également entre 2014 et 2016, même s'il s'avère qu'entre 2010 et 2013 c'est une légère corrélation négative qui est observée.

Cette explication se renforce par un simple calcul du coefficient de corrélation entre ces deux composantes cycliques. Ce calcul nous révèle que le coefficient de corrélation entre la composante cyclique des dépenses publiques et celle de l'output gap est de 0,246 sur l'ensemble de la période d'étude. Avec une valeur du coefficient de corrélation égale à 0,203 ; -0,505 et 0,758 sur les périodes de 2002-2005, de 2008-2013 et de 2014-2016 respectivement.

En nous référant à la définition de la cyclicité de la politique budgétaire (Kaminsky et al. 2004), on peut a priori, conclure une procyclicité de la politique budgétaire dans les pays africains.

Graphique 4 : Évolution conjointe de la composante cyclique des dépenses publiques et de l'Output Gap en Afrique

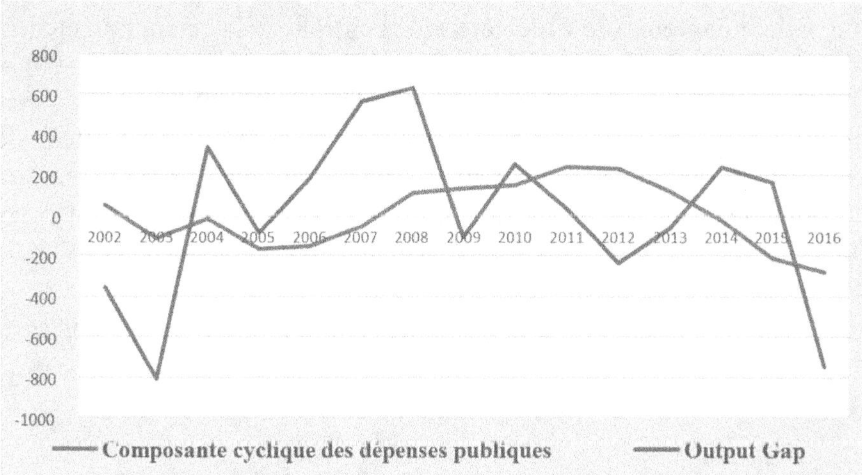

Source : Auteur, à partir des données de la Banque Mondiale (WDI, 2017)

II.2. Qualité institutionnelle et cyclicité de la politique budgétaire : une analyse descriptive

II.2.1. Analyse selon l'indicateur de contrôle de la corruption

La lutte contre la corruption en Afrique n'a pas connu une nette amélioration au cours de la période 2002-2016 puisque l'indicateur de contrôle de la corruption a été en moyenne de -0,512 bien qu'il y'ait eu de légères améliorations entre certaines périodes. En effet, on relève que la valeur de cet indicateur est de -0,497 sur la période de 2002 à 2006, de -0,478 sur la période de 2007 à 2011 et de -0,559 sur la période de 2012 à 2016.

En parallèle avec l'analyse de la cyclicité de la politique budgétaire faite ci-dessus, il s'avère que des niveaux de plus en plus faibles (moins en moins faibles) de l'indicateur de contrôle de corruption pourraient être associés à des politiques budgétaires plus procycliques (moins procycliques). Cela peut s'observer lorsqu'on compare le niveau moyen de l'indicateur de contrôle de corruption aux valeurs du coefficient de corrélation entre la composante cyclique des dépenses publiques et l'output gap sur la période 2002-2006, 2007-2011 et celle de 2012-2016.

Sur la période de 2002-2006, on a une valeur moyenne de l'indicateur de contrôle de la corruption égale à -0,497 contre une valeur du coefficient de corrélation égale à -0,0138 (désignant une situation de légère contracyclicité budgétaire). Sur la période de 2007-2011, on a une valeur moyenne de l'indicateur de contrôle de la corruption égale à -0,497 contre une valeur du coefficient de corrélation égale à -0,634 (désignant une situation de contracyclicité budgétaire). Et enfin, sur la période de 2012-2016, on a une valeur moyenne de l'indicateur de contrôle de la corruption égale à -0,559, associé à une valeur du coefficient de corrélation entre la composante cyclique de dépenses publiques et l'output gap égale à 0,25 (désignant une situation de procyclicité budgétaire).

Graphique 5 : Évolution de l'indicateur de contrôle de la corruption (Échantillon de 31 pays)

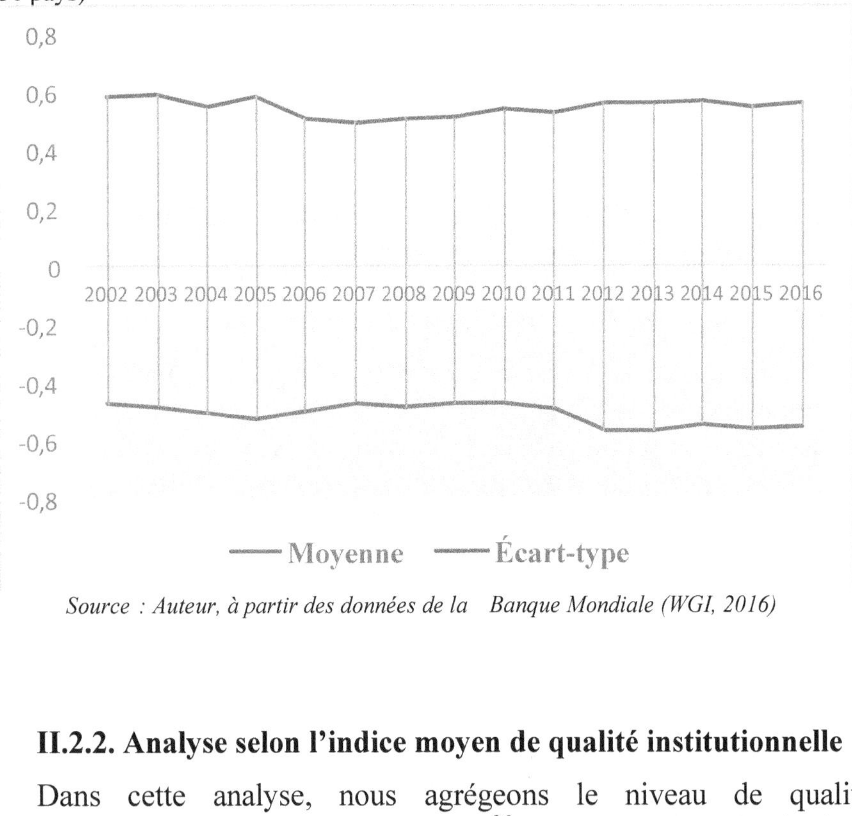

Source : Auteur, à partir des données de la Banque Mondiale (WGI, 2016)

II.2.2. Analyse selon l'indice moyen de qualité institutionnelle

Dans cette analyse, nous agrégeons le niveau de qualité institutionnelle à partir de 6 indicateurs[36] de la qualité des institutions économiques, à savoir la voix et la responsabilité, la stabilité politique et l'absence de violence, l'efficacité gouvernementale, la qualité réglementaire, la primauté du droit et le contrôle de la corruption.

[36] Soit les six indicateurs de WGI (2016).

Comparée à d'autres régions dans le monde, l'Afrique est dotée d'un niveau de qualité institutionnelle assez faible. En effet, le niveau moyen de l'indice moyen de qualité institutionnelle (IQL_Index) des pays africains sur la période de 2002-2016 a été de -0,545.

Comme avec l'indicateur de contrôle de la corruption, les comparaisons faites entre l'indice moyen de qualité institutionnelle et le coefficient de corrélation entre la composante cyclique des dépenses publiques et l'output gap sur les périodes de 2002 à 2006, 2007 à 2011 et de 2012 à 2016 apportent des présomptions similaires relatives à l'influence de la qualité des institutions sur la cyclicité de la politique budgétaire en Afrique. En effet, les niveaux moyens de -0,535 ; -0,530 et -0,569 de l'indice moyen de qualité institutionnelle pour les périodes de 2002-2006, 2007-2011 et 2012-2016 sont associés à des valeurs du coefficient de corrélation entre la composante cyclique des dépenses publiques et l'output gap correspondant à -0,0138 ; -0,634 ; 0,25.

Intuitivement, ces faits semblent montrer que la qualité des institutions en Afrique influence la cyclicité de la politique budgétaire des pays africains. Étant donné qu'il est généralement reconnu que cette dernière est procyclique en Afrique, il apparaît que la qualité institution peut avoir une influence négative sur la relation entre la politique budgétaire et le cycle économique puisqu'une amélioration de la qualité institutionnelle réduit l'ampleur de cette procyclicité.

Graphique 6 : Évolution de l'indice moyen de qualité institutionnelle (Échantillon de 31 pays)

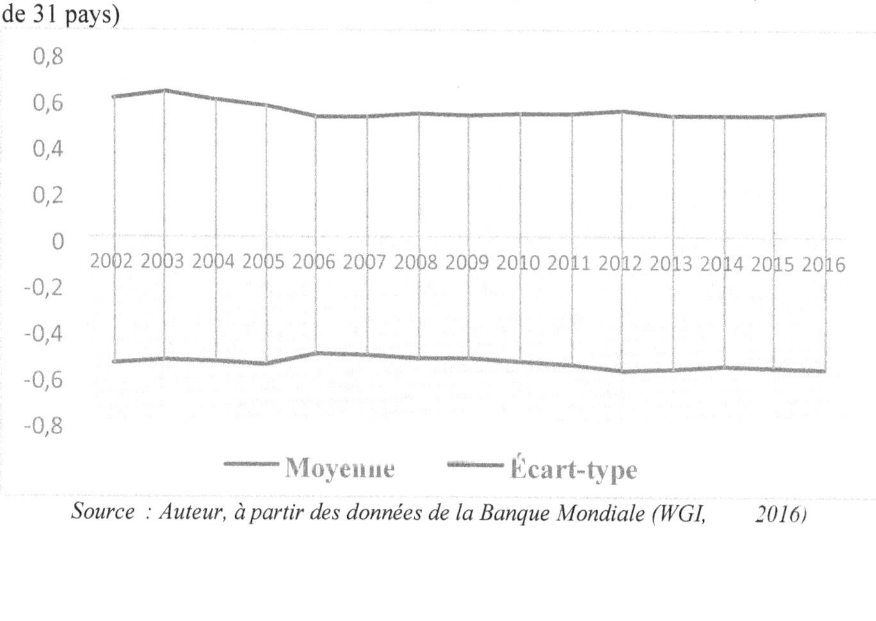

Source : Auteur, à partir des données de la Banque Mondiale (WGI, 2016)

II.3. Approche économétrique de l'analyse du rôle des Institutions sur la cyclicité de la politique budgétaire en Afrique

II.3.1. Spécification du modèle économétrique

Pour analyser le caractère cyclique de la politique budgétaire en Afrique, 3 modèles seront estimés. Dans le premier, la question de la cyclicité de la politique budgétaire sera étudiée à travers une spécification simple prenant la forme de l'équation (1).

Dans les modèles 2 et 3, la question de la cyclicité de la politique budgétaire est abordée dans des spécifications mettant en exergue le rôle de la qualité des institutions.

Le premier modèle se présente comme suite,

$$(Dep\_Pub)_{i,} = \mu_i + \eta_t + (Dep\_Pub)_{,-1} + \alpha Output\_Gap_{i,t} + \delta Dette_{i,t-1} + \nu_{i,t} \quad (1)$$

$i = 1, 2, \ldots, 31$ et $t = 1, 2, \ldots, 15$

Dep_pub représente la variable budgétaire, en se référant aux études empiriques et au cadre théorique de la cyclicité budgétaire, les dépenses publiques seront retenues comme une variable qui permet de mieux capter le caractère cyclique de la politique budgétaire. La variable $Output\_Gap$ est la composante cyclique du PIB, définie comme l'écart du PIB observé par rapport à son niveau tendanciel. $Dep\_pub_{i,-1}$ est le niveau antérieur de la variable budgétaire.

$\boldsymbol{Dette_{i,-1}}$ est la dette publique, elle représente la contrainte de soutenabilité de la dette publique à laquelle la politique budgétaire est soumise. Cette variable est proposée dans certains travaux tels que ceux de Wyplosz (2002), de Gali et Perotti (2003), de Cimadomo (2005). μ_i et η_t représentent les effets pays et temporel respectivement, et ν_{it} est le terme d'erreur stochastique.

Le paramètre ϕ indique la persistance des indicateurs budgétaires.

À la suite des travaux de Hercowitz et Strawczynski (2004), Calderon et al. (2008), puis Frankel et al. (2013), les spécifications pour nos modèles (2) et (3) seront les suivantes :

$$Log(Dep\_Pub)_{i,t} = \mu_i + \eta_t + \phi Log(Dep\_Pub)_{i,t-1} + \alpha_0 Output\_Gap_{i,t} + \alpha_1 Output\_Gap_{i,t} * Control\_corrupt_{i,t} + \alpha_2 Output\_Gap_{i,t} * Polity_{i,t} + \alpha_3 Output\_Gap_{i,t} * Integ\_fin_{i,t} + \alpha_4 Output\_Gap_{i,t} * Developpement\_fin_{i,t} + \alpha_5 Control\_corrupt_{i,t} + \alpha_6 Polity_{i,t} + \alpha_7 Integration\_fin_{i,t} + \alpha_8 Developpement\_fin_{i,t} + \delta Dette_{i,t-1} + \nu_{it} \quad (2)$$

$i = 1, 2, ..., 31$ et $t = 1, 2, ..., 15$

La troisième spécification n'est pas différente de la deuxième. Cependant, à la place du contrôle de la corruption comme mesure de la qualité des institutions économiques, nous utilisons plutôt un indice de qualité institutionnelle (IQL_Index).

$$(Dep\_Pub)_{i,} = \mu_i + \eta_t + (Dep\_Pub)_{,-1} + \alpha_0 Output\_Gap_{i,ti,t} + \alpha_1 Output\_Gap_{i,} * IQL\_Index_{i,} + \alpha_2 Output\_Gap_{i,} * Polity_{i,} + \alpha_3 Output\_Gap_{i,} * Integ\_fin_{i,} + \alpha_4 Output\_Gap_{i,} * Developpement\_fin_{i,} + \alpha_5 IQL\_Index_{i,} + \alpha_6 Polity_{i,} + \alpha_7 Integration\_fin_{i,} + \alpha_8 Developpement\_fin_{it} + \delta Dette_{i,-1} + \nu_{it} \quad (3)$$

$i = 1, 2, ..., 31$ et $t = 1, 2, ..., 15$

La spécification de ces équations pose le problème d'endogénéité entre les valeurs courantes et retardées des dépenses de consommation publique, d'une part, et entre cette variable dépendante et le PIB (l'augmentation de la production pourrait être la résultante d'une stimulation budgétaire et se transmettre sur l'écart de production), d'autre part. Ce problème est résolu de manière assez satisfaisante par la technique d'estimation fondée sur la méthode des moments généralisés (GMM). Elle permet d'obtenir des estimations qui sont consistantes aussi bien en présence qu'en absence d'endogénéité des variables explicatives[37].

II.3.2. Méthode d'estimation

La modélisation sous forme de panel dynamique entraîne le problème d'endogénéité. En général, ce problème peut résulter de l'omission de

[37] En cas d'exogénéité, l'estimation par les moindres carrés ordinaires est plus efficace que celle par les variables instrumentales.

variables explicatives pertinentes dans la spécification du modèle ; de la simultanéité qui apparaît lorsque la variable dépendante et certaines variables explicatives sont déterminées en *« même temps »*, ou encore des erreurs de mesures sur les variables indépendantes et/ou de la variable dépendante. Par ailleurs, la spécification en panel dynamique nécessite l'introduction de la variable dépendante retardée d'au moins une période comme variable explicative. Du fait de la présence d'une variable dépendante retardée parmi les variables explicatives, les techniques d'estimation usuelles à l'instar des MCO ne permettent plus d'obtenir des estimateurs sans biais. Pour cela, nous utiliserons la méthode GMM[38] en système. Cette méthode repose sur les conditions d'orthogonalités entre le terme d'erreur et les variables retardées. Les GMM en panel dynamique ont deux variantes d'estimateur : l'estimateur GMM en différence première d'Arellano et Bond (1991) et l'estimateur GMM en système de Blundell et Bond (1998). L'estimateur GMM en différence première propose de passer les équations (1), (2) et (3) en différence première afin d'éliminer l'effet spécifique à chaque individu.

$$\Delta Log(Dep\_Pub)_{i,t} = \lambda\Delta Log(Dep\_Pub)_{i,t} + \alpha\Delta(Output\_Gap * Control\_corrupt)_{i,t} + \beta\Delta X_{i,t} + \Delta\varepsilon_{i,t} \quad (4)$$

$$\Delta Log(Dep\_Pub)_{i,t} = \lambda\Delta Log(Dep\_Pub)_{i,t} + \alpha\Delta(Output\_Gap * IQL\_Index)_{i,t} + \beta\Delta X_{i,t} + \Delta\varepsilon_{i,t}$$

Ce passage soulève tout de même un nouveau problème dans la mesure où la variable dépendante retardée est par construction corrélée avec le terme d'erreur. Pour résoudre ce problème, les auteurs avancent deux arguments : l'absence d'autocorrélation des termes d'erreurs ainsi que la faible exogénéité des variables explicatives. Arellano et Bover (1995)/Blundell et Bond (1998) proposent les solutions suivantes :

$$E\left[Log(Dep\_Pub)_{i,t-s}(\varepsilon_{i,,t} - \varepsilon_{i,t-s})\right] = 0 \quad \text{Pour } S \geq 2 \quad t = 3,4,\dots.T \quad (6)$$

$$E\left[Output\_Gap_{i,t-s}(\varepsilon_{i,,t} - \varepsilon_{i,t-s})\right] = 0 \quad \text{Pour } S \geq 2 \quad t = 2,3,\dots.T \quad (7)$$

[38] La méthode des Moments généralisés a été développée par Arellano et Bond (1998) et Hotz-Eakin et al. (1998).

$$E\left[(Output\_Gap * Control\_corrupt)_{i,t-s}(\varepsilon_{i,,t} - \varepsilon_{i,t-s})\right] = 0$$
Pour $S \geq 2$ $\quad t = 2,3,....T$ (8)

$$E\left[(Output\_Gap * IQL\_Index)_{i,t-s}(\varepsilon_{i,,t} - \varepsilon_{i,t-s})\right] = 0$$
Pour $S \geq 2$ $\quad t = 3,4,....T$ (9)

$$E\left[X_{i,t-s}(\varepsilon_{i,,t} - \varepsilon_{i,t-s})\right] = 0$$
Pour $S \geq 2$ $\quad t=3,4,....T$ (10)

Les conditions (4), (5), (6), (7), (8), (9) et (10) soulignent l'absence de corrélation entre les variables endogènes retardées ainsi que les variables explicatives retardées avec les variations du terme d'erreur. De ce fait, les conditions (4), (5), (6), (7), (8), (9) et (10) permettent l'utilisation des variables retardées en niveau comme instruments pour estimer nos équations (1), (2) et (3).

Dans le cas spécifique de notre étude, nous nous pencherons sur l'estimateur GMM en système de Blundell et Bond (1995), car l'estimateur GMM en différence première d'Arellano et Bond (1991) ne permet pas de tenir compte des facteurs invariants dans le temps. Blundell et Bond (1998) ont montré d'après les simulations de Monte-Carlo que l'estimateur en système est plus efficace que l'estimateur en différence première. L'estimateur GMM en système se sert simultanément des équations en différence première et des équations en niveaux.

Afin de tester la robustesse de notre modèle, nous effectuerons deux tests. Le premier est le test de sur identification de Sargan/Hansen. Il permet de tester la validité des variables retardées comme instruments. Il sera concluant si l'on ne parvient pas à rejeter l'hypothèse nulle au seuil de 10%. Nous privilégierons le test de Hansen au test de Sargan, car il est robuste en présence d'hétéroscédasticité sur les résidus. Le second est le test d'autocorrélation de second ordre d'Arellano et Bond. Il sera concluant si l'hypothèse nulle (absence d'autocorrélation des termes d'erreurs en différence première à l'ordre 2) ne peut être rejetée au seuil de 10%.

III. Résultats et interprétations

III.1. Résultats

Afin de procéder à nos estimations, nous recourons à l'estimateur GMM en système (SYSGMM) de Blundell et Bond (1998).

Tableau 2 : Présentation des résultats des estimations GMM en système de l'analyse de la cyclicité de la politique budgétaire

Variables	**Modèle 1**	**Modèle 2**			**Modèle 3**		
		(1)	(2)	(3)	(1)	(2)	(3)
Log(Dep_pub) (retardé)	0.329*** (0.0089)	0.260*** (0.0113)	0.485*** (0.0586)	0.599*** (0.14460)	0.267*** (0.0126)	0.309*** (0.0230)	0.532*** (0.1892)
Output Gap	0.521*** (0.157)			-6.118 (5.40785)			-4.9585 (3.7206)
Dette (retardé)	-0.000832*** (0.00013)	0.00039*** (3.87e-05)	-0.00042 (0.00065)	-0.0008 (00263)	0.000468*** (4.75e-05)	0.00098*** (0.00021)	-0.0028 (0.0025)
Output Gap_Contrôle de la corruption		-0.738*** (0.148)	-1.471** (0.538)	-7.576** (3.4655)			
Output Gap_IQL Index					-0.851*** (0.140)	-0.444*** (0.135)	-7.702*** (2.434)
Output Gap_Polity		0.0580** (0.0236)	-0.0223 (0.055)	0.686* (0.4007)	0.131*** (0.0317)	0.0721* (0.0413)	0.274 (0.1706)
Output Gap_Intégration financière		0.290*** (0.0731)	0.734*** (0.176)	4.3*** (1.4192)	0.176** (0.0774)	0.265*** (0.080)	2.659** (1.2657)
Output Gap_ Développement financier		0.0217*** (0.0048)	0.00453 (0.0077)	0.115 (0.1382)	0.00877 (0.0064)	0.0221** (0.0086)	0.037 (0.1237)

Contrôle de la corruption			0.0613 (0.111)	-0.332 (0.23736)			
IQL Index						0.103*** (0.0253)	-0.460** (0.2061)
Polity			-0.0291*** (0.00957)	0.039* (0.022)		-0.0231*** (0.0045)	-0.0117 (0.0398)
Intégration financière			0.106** (0.040)	0.590** (0.22204)		-0.00949 (0.0075)	0.499** (0.1864)
Développement financier			0.00320* (0.0017)	-0.000919 (0.0064)		-4.00e -05 (0.00022)	0.00081 (0.0074)
Constante	0.00491*** (0.00074)		0.0380 (0.092)	0.171 (0.2831)	-0.00306*** (0.00041)	0.0863*** (0.0189)	-0.015 (0.334)
Observations	433	426	426	426	426	426	426
Nombre de pays	31	31	31	31	31	31	31
Fisher (p-value)	0.000	0.000	0.000	0.000	0.000	0.000	0.000
Hansen test (p-value)	0.631	0.618	0.703	0.971	0.195	0.409	0.969
AR (1) (p-value)	0.028	0.015	0.051	0.551	0.010	0.018	0.339
AR (2) (p-value)	0.217	0.194	0.184	0.582	0.195	0.212	0.282

Notes *: La variable dépendante dans ces estimations est la composante cyclique des dépenses publiques de consommation finale. *** p<0,01 significatif à 1%, ** p<0,05 significatif à 5%, * p<0,1 significatif à 10%.* ***Source*** *: Auteur, estimations réalisées à partir du logiciel Stata 14.*

III.2. Interprétation des résultats

Avec l'estimateur GMM en système, on note une forte significativité du terme autorégressif des dépenses publiques, ce qui conforte notre choix pour des modèles spécifiés en panel dynamique.

La colonne 1 reporte les résultats lorsqu'on ne prend pas en considération le contrôle de la corruption, l'indice de qualité institutionnelle, l'intégration financière internationale, le niveau de développement financier et les variables d'interactions entre ces dernières et l'output gap. Le résultat obtenu sur cette colonne est celui qui renseigne sur le caractère cyclique de la politique budgétaire. Dans les colonnes (2) et (3), nous les introduisons progressivement, mais nous n'intégrons pas l'indice moyen de qualité institutionnelle (IQL_Index) ainsi que la variable d'interaction entre l'output gap et IQL_Index. Au niveau de la colonne (3), nous ajoutons l'output gap pour avoir la colonne (4). De même, les colonnes (5), (6) et (7) sont structurées comme les colonnes (2), (3) et (4), sauf qu'ici nous considérons l'indice moyen IQL_Index à la place du contrôle de la corruption. Dans l'ensemble, nos résultats sont significatifs aussi bien sur le plan économétrique que théorique.

De l'observation du tableau des résultats la p-value associée au test de Fisher est de 0.000 pour l'ensemble des estimations, preuve que les différents modèles sont significatifs au seuil de 1%. Le test de suridentification de Hansen (-p-value= 0,631(colonne (1)) ; -p-value= 0,618(colonne (2)) ; -p-value= 0,703 (colonne (3)) ; -p-value= 0,971 (colonne (4)) ; -p-value= 0,195 (colonne (5)) ; -p-value= 0,409 (colonne (6)) ; -p-value= 0,969 (colonne (7))) ne permet pas de rejeter l'hypothèse de validité des variables retardées en niveau et en différence comme instruments comme instruments : dans l'ensemble, les instruments utilisés sont valides. Le test d'autocorrélation d'Arellano et Bond non plus (-p-value= 0,217(colonne (1)) ; -p-value= 0,194(colonne (2)) ; -p-value= 0,184 (colonne (3)) ; -p-value= 0,582 (colonne (4)) ; -p-value= 0,195 (colonne (5)) ; -p-value= 0,212 (colonne (6)) ; -p-value= 0,282 (colonne (7))) ne permet pas de rejeter l'hypothèse d'absence d'autocorrélation de second ordre.

Dans le modèle 1, nous confirmons à la suite des travaux existant dans la littérature, le fait selon lequel la politique budgétaire est généralement procyclique dans les pays africains. En effet, le signe positif et statistiquement significatif à 1% du coefficient de l'Output_Gap montre que la politique budgétaire est procyclique. En effet, nous trouvons qu'une augmentation de 1% de la valeur de l'Output_Gap entraîne une diminution en pourcentage de 0,521% des dépenses publiques, toutes choses restant égales par ailleurs.

Cependant, notre principal intérêt porte ici sur les termes d'interaction. Ceux-ci montrent la variation en pourcentage de la cyclicité des dépenses publiques (la relation entre les composantes cycliques de la production et les dépenses publiques) associée à un changement d'un point de la qualité institutionnelle. Par exemple, il est à noter qu'une estimation de coefficient négative pour le terme d'interaction Output_Gap*Control_corrupt montre qu'une amélioration du contrôle de la corruption en Afrique est associée à des dépenses publiques moins procycliques, et son ampleur (valeur du coefficient) reflète la diminution de la variation en pourcentage des dépenses publiques associées à une hausse de 1% de l'Output_Gap lorsque le contrôle de la corruption augmente d'un point, toutes les autres variables restant constantes.

Dans un premier temps, interprétons ces résultats en considérant le contrôle de la corruption comme principale mesure de la qualité institutionnelle. Dans le modèle 2 (colonne 4), nous observons que le coefficient du terme d'interaction entre l'Output Gap et le contrôle de la corruption est négatif et statistiquement significatif au seuil de 1% et vaut -7,576. Comme énoncé ci-dessus, une estimation de coefficient négative pour le terme d'interaction Output_Gap*Control_corrupt montre qu'une amélioration du contrôle de la corruption en Afrique est associée à des dépenses publiques moins procycliques. En d'autres termes, un accroissement de 1 point du contrôle de la corruption est associé à une diminution de 7,576% des dépenses publiques lorsque l'Output Gap s'accroît de 1%.

Nous observons aussi que les coefficients des termes d'interaction entre l'Output_Gap et la mesure de la qualité des institutions politiques (Polity), entre l'Output_Gap et l'intégration financière internationale, et entre l'Output_Gap et le crédit domestique au secteur privé (mesure du développement financier) sont respectivement égaux à 0,686 (positif et statistiquement significatif au seuil de 1%), à 4,3 (positif et statistiquement significatif au seuil de 1%) et à 0,115 (positif et statistiquement non significatif).

Ceci traduit le fait qu'en Afrique, la politique budgétaire devient plus procyclique en présence d'institutions politiques plus démocratiques.

De même, une amélioration d'un point de l'indice kaopen (mesure de l'ouverture financière) est associée à une augmentation de 4,3% des dépenses publiques lorsque l'Output_Gap s'accroît de 1%. L'accès aux marchés financiers internationaux conduit donc à des politiques budgétaires moins efficaces et donc contracycliques. En ce qui concerne le développement financier, la non-significativité du coefficient qui est estimé à 0.115 ne permet pas d'établir un lien entre celui-ci et la cyclicité de la politique budgétaire en Afrique.

Dans un second temps, considérons globalement (à la suite Frankel et al. (2013), Aygun et Gulzar (2016)), un indice moyen de qualité institutionnelle (IQL_Index) comme mesure de la qualité des institutions économiques. En observant la colonne 7, le coefficient du terme d'interaction entre l'Output_Gap et l'indice moyen de qualité institutionnelle est estimé à -7,702 (statistiquement significatif au seuil de 1%). Ainsi, un accroissement de 1 point de l'indice moyen de qualité institutionnelle est associé à une diminution de 7,702% des dépenses publiques lorsque l'Output_Gap s'accroît de 1%. Cependant, concernant les autres variables d'interactions de ce modèle, seule la variable d'interaction entre l'Output_Gap et l'intégration financière internationale est statistiquement significative (au seuil de 5%). Son coefficient positif égal à 2,659 confirme à nouveau que l'ouverture financière conduirait à plus de procyclicité de la politique budgétaire.

Nous avons trouvé que plus les économies africaines sont intégrées financièrement, plus elles sont susceptibles de mener des politiques budgétaires procycliques. Cela est contradictoire avec les arguments évoqués par Gavin et al. (1996) ; Gavin et Perotti (1997). Toutefois, ce résultat a été trouvé par Aygun et Gulzar (2016), mais diffère du résultat de Thornton (2008). Ceci est compatible avec une mauvaise qualité institutionnelle, qui rend indisponibles des ressources supplémentaires pour les dépenses gouvernementales (Alesina et Tabellini, 2005).

Cz qui est plus important, nous venons de montrer qu'une amélioration de la qualité institutionnelle en Afrique conduit à des politiques budgétaires moins procycliques.

Conclusion

Dans cet article, il était question d'examiner empiriquement l'influence de la qualité des institutions économiques sur la cyclicité de la politique budgétaire de 38 pays africains. Nous nous sommes fondés sur une spécification dérivée de celle de Hercowitz et Strawczynski

(2004), Calderon et al. (2008), puis Frankel et al. (2013). À partir d'un modèle spécifié en panel dynamique et estimé grâce à la méthode des GMM en système, nous avons d'une part confirmé ce fait reconnu selon lequel la politique budgétaire est procyclique dans les pays. D'autre part, nous avons montré qu'une amélioration de la qualité des institutions conduit à une politique budgétaire moins procyclique en Afrique. En d'autres termes, la qualité des institutions influence négativement la relation entre la politique budgétaire et le cycle économique en Afrique.

Références bibliographiques

Acemoglu, D., Johnson, S., Robinson, J., and Thaicharoen, Y. (2003), « Institutional Causes, Macroeconomic Symptoms: Volatility, Crises and Growth », *Journal of Monetary Economics*, vol. 50, PP 49-123.

Aguiar, M., Amador, M., and Gopinath, G. (2005), « *Efficient fiscal policy and amplification* », National Bureau of economic research, Working Paper 11490.

Akitoby, B., Clements, B., Gupta, S., and Inchauste, G. (2004), « *The cyclical and long-term behaviour of government expenditures in developing countries* », IMF, Working Paper, No. WP/04/202.

Arellano, M., and Bond, S. (1991), « Some Tests of Specification for Panel Data: Monte Carlo Evidence and an Application to Employment Equations », *Review of Economic Studies*, vol. 58, PP 277-297.

Anderson, T. W., and Hsiao, C. (1982), « Formulation and estimation of dynamic models using panel data », *Journal of Econometrics*, Vol . 18, PP 47-82. North-Holland Publishing Company.

Battaglini, M., and Coate, S. (2006), « *A Dynamic Theory of Public Spending, Taxation and Debt* », NBER Working Paper 12100, March.

Beetsma, R., and Giuliodori, M. (2008), « *fiscal adjustment to the cyclical development in OECD: An empirical analysis based on real- time data* », CEPR discussion paper, No. 6692.

Bernoth K., Hallett, H. A., and Lewis, J. (2008), « *Did fiscal policy makers know what they were doing? Reassessing fiscal policy with real time data* », CEPR Discussion paper, No. 6758.

Blundell, R., and Bond, S. (1998), « Initial Conditions and Moment Restrictions in Dynamic Panel Data Models », *Journal of Econometrics*, vol. 87, PP 115-143.

Bobbo, A. (2016), « Régime de change et cyclicité budgétaire dans les pays africains », *L'Actualité économique, Revue d'analyse économique*, vol. 92, n°3, septembre 2016.

Bouthevillain, C. (1996), « Les cycles des grands pays industrialisés. Des croissances plus proches, mais des zones déphasées », Économie et Statistique, vol.298 (8), pp. 71-91.

Cimadomo, J. (2007), « Fiscal policy real time », CEPII Working paper, No. 10.

Dostaler, G., et Nadeau, R. (2003), « Que reste- t- il de Keynes ? », *l'actualité économique*, vol. 79, No. 1- 2, mars- juin 2003.

Edison, H. (2003), « Qualité des institutions et résultats économiques : Un lien vraiment étroit ? », Finances & Développement, Juin 2003.

Fatas, A., and Mihov, I. (2009), « *the Euro and fiscal policy* », National Bureau of Economic research, MIT Press.

FMI, *Perspectives économiques régionales 2017* : Afrique Subsaharienne, Washington.

Frankel, J.A., Vegh, C., and Vuletin, G. (2013), « On graduation from fiscal procyclicality », *Journal of Development Economics*, vol.100, PP 32–47.

Gavin, M., Hausmann, R., Perotti, R., and Talvi, E. (1996), « *Managing Fiscal Policy in*

Latin America and the Caribbean: Volatility, Procyclicality, and Limited Creditworthiness », Inter-American Development Bank, Office and the Chief Economist, Working Paper 326; March.

Gavin, M., and Perotti, R. (1997), « *Fiscal policy in latin America*», National Bureau of Economic Research Macroeconomics Annual 1997, Volume 12, pp. 11-72, MIT Press.

Giorno, C., Richardson, P., Roseveare, D., and Van Den Noord. (1995), «*Potential output, budget gaps and structural balances* », OECD economics studies, vol. 24.

Girouard, N., and André, C. (2005), « *Measuring cyclically adjusted budget balances for OECD Countries* », OECD economics department Working Papers, No. 434, OECD, Paris.

Gray, C.W., et Kaufmann, D. (1998), « Corruption et développement », *Finances & Développement,* Mars 1998.

Halland, H., and Bleaney, M. (2009), « Explaining the procyclicality of fiscal policy in Developing Countries », *Credit Research Paper*, No. 11/09.

Hansen, L. P. (1982), « Large Sample Properties of Generalized Method of Moments Estimators », *Econometrica*, Vol. 50, No. 4 (Jul., 1982), pp. 1029-1054.

Hercowitz, Z., and Strawczynski, M. (2004), « Cyclical ratcheting in government spending: evidence from OECD », *the review of economics and statistics*, vol. 86 (1), pp. 353-361.

Henisz, W.J. (2000), « The Institutional Environment for Growth », *Economics and Politics*, vol.12 (1), PP 1-31.

Kaminsky, G., Reinhart, C., and Vegh, C (2004), « *When it rains it pours: Procyclical capital flows and macroeconomic policies* », in Mark Gertler and Kenneth Rogoff (eds), National Bureau of Economic Research macroeconomic annual 2004, Cambridge, MA: MIT Press.

Lee, Y., and Sung, T. (2007), « Fiscal policy, business cycle and economic stabilization : Evidence from industrialized and developing countries », *fiscal studies*, vol. 28, No. 4.

Lledó, V., Yackovlev, I., and Gadenne, L. (2009), « *Cyclical Patterns of Government Expenditures in Sub-Saharan Africa: Facts and Factors* », International Monetary Fund/ working paper.

Mankiw, G. (2015), « Macroeconomics », Worth publishers, 10th edition.

Nordhaus, W. (1975), « The political business cycle », *Review of Economic Studies*, vol. 42, pp. 169-90.

North., D.C. (1990), « Institutions, Institutional Change, and Economic Performance », Cambridge University Press.

Rapport économique sur l'Afrique, évolutions récentes de la situation économique en Afrique.

Taylor, J.B. (1993), « Discretion versus policy rule in practice », Carnegie-Rochester conference series on public policy, vol. 39, PP 195-214.

Thornton, J. (2008), « explaining procyclical fiscal policy in African countries », *Journal of African economies*, vol. 17, No. 3, PP. 451- 464.

Woo, J. (2009), « Why do more polarized countries run more procyclical fiscal policy? », *the review of economics and statistics*, Vol. 91, No. 4.

World development report, Kraay, A., Serven, L. (2014), « Fiscal Policy as a Tool for Stabilization in Developing Countries », The World Bank.

BANK COMPETITION AND THE COST OF CREDIT IN SSA

Jacob TCHE

jacobtche1985@gmail.com

Nadesh BERI IGIEBOR

nadeshberi01@gmail.com

Abstract

In the present article, we test the econometric model related to the effect of bank competition on cost of credit in SSA. Our study, therefore, contributes to literature on financial development by two aspects. First, to our knowledge, we provide the first cross country study on the relationship between market structure and cost of credit dedicated to the region of Sub-Saharan Africa. Existing studies use either cross-country samples covering a mix of developed and developing countries, or samples covering developing economies of different regions (Turk, 2010) or developed economies (Bouchellal 2015).

Key words: Bank competition, cost of credit, FE, RE, GMM, SSA.

Résumé

Dans le présent article, nous testons le modèle économétrique lié à l'effet de la concurrence bancaire sur le coût du crédit en ASS. Notre étude contribue à la littérature sur le développement financier par deux aspects. Les résultats montrent que le système financier en ASS contribue à améliorer le coût du crédit. Afin de maximiser cette réduction ou amélioration du coût du crédit grâce à la concurrence bancaire, les décideurs politiques de cette région devraient créer des opportunités efficaces de concurrence afin de rendre le crédit abordable pour plusieurs personnes et entreprises.

Mots clés : Concurrence bancaire, coût du crédit, FE, RE, GMM, SSA.

Introduction

In the twenty first century, when the variety of products and services reached a point beyond measure and companies faced with fierce competition daily on national and international markets, it becomes more difficult for the companies to survive and grow (Harris, 1997). Differentiation of the products and services offered to the customers, increasing the varieties of service and taking the requirements and needs of the customers as the basis have become one of the most important strategies for the companies to create competitive advantage. The banking sector in Africa has not been shy of the quest for this competitive advantage given the rapid growth in the sector within the last two decades. Crises within the banking sector in Africa like that of Nigeria between 2009 and 2010 has been strongly linked to global crises raised by 2008 financial crises. The continuous rise in credit risk (cost) since 2014 due to fall in commodity prices has provoke a slowdown in sub-Saharan African economic. Therefore, analysing the determinants of credit risk or cost is definitely relevant and timely (Brei et al., 2018).

Even though the concept of competition has always been central to economic thinking, it is that concept which has taken on a number of interpretations and meanings. Conceptions of competition originate in 'The Wealth of Nations' (Smith, 1776). Free competition in the Smithian analysis is an ordering force toward equilibrium. In the long run, free competition leads to prices being equal to the costs of production. However, for Smith, competition is not a state or situation but a race between competitors to gain market share. It is rivalry that forces price towards the equilibrium of supply and demand. Subsequent research on the concept of competition, inspired by Smith, has developed two main views on competition (McNulty, 1967; Vickers, 1995; Blaug, 2001). The standard theory associates the outcome of competition as the outcome of static equilibrium. According to this theory, competition is a static state in which firms cannot charge overprice and then earn abnormal profit. On the other hand, other economists, particularly the Austrian School, have criticized this static view and have retained the central role played by rivalry to define competition. The cost of credit on the other hand is the additional amount, over and above the amount borrowed, that the borrower has to pay. This includes interest, brokerage fees and other fees. McMenamin (1999) defines cost of debt as a term used to define the interest rate charged on borrowed amounts.

According to Mlachila et al (2013), the SSA banking system is highly concentrated and generally inefficient in financial intermediation. According to these authors, key indicators of a competitive banking system like; cost of banking, interest rate spread, service charge, interest cost are still very high in this region than other regions of the world. Nyantakyi and Mouhamadou (2015) suggests that, contrary to what is commonly stated, Africa's (SSA inclusive) banking industry is as competitive as those in Latin America & Caribbean and not very different from the competitive environment existing in high-income OECD countries. However, the African banking sector is much flatter and less permeated than other major regions of the world. In terms of technology and innovation, the SSA continues to improve and in some cases, has moved ahead of other regions, particularly in mobile banking. Although Africa is growing when it comes to mobile banking, it comes behind OECD and Latin America & Caribbean on other dimensions of banking innovation such as electronic payments.

Theory makes ambiguous predictions regarding the direction of this relationship (Fungacova et al 2017). The traditional view (market power hypothesis) argues that market power is detrimental in banking as well as in other industries, and that fiercer competition leads to lower cost of finance, better access and ultimately stronger economic growth (Besanko and Thakor, 1992; Pagano, 1993; Guzman, 2000; Carbo-Valverde et al., 2009). In other words, the market power hypothesis holds that greater bank competition relaxes financing constraints and leads to lower lending rates. This hypothesis is consistent with common economic theory that prices fall when competition increases. As a consequence, firms that are more reliant on external sources of finance should grow faster in more competitive banking systems. The alternative view (information hypothesis) maintains that in the presence of information asymmetries and agency costs, stronger rivalry may reduce the incentives of banks to invest in lending relationships (Petersen and Rajan, 1995; Dell'Ariccia and Marquez, 2006). In addition, more competitive markets lead to lower screening quality (Marquez, 2002) and lower incentives for banks to invest in information gathering technology (Hauswald and Marquez, 2006). In highly competitive markets, relationship lending is unfavourable for investment because firms are not "locked in" and can easily switch to another bank (Boot, 2000). The hypothesis assumes that lower competition increases the incentive for banks to invest in relationship lending, so that they can have greater soft information reducing information asymmetries (Kysucky and Norden, 2016).

Since 1990, banking systems in SSA have steadily shifted from majority state-owned banking to private-owned banking and toward higher levels of foreign ownership. In fact, the restructuring of state-owned banks and financial liberalization allowed the entry of foreign banking institutions and contributed to higher competition (Mauro et al 2015). Increasingly, foreign ownership includes banks headquartered in other African countries (Pan-African Banks or PABs), which are playing a key role in driving financial innovation and development in Africa. The PABs are contributing to financial integration and inclusion, and spurring innovation and competition

In this context, other studies carried out on the subject matter concentrate on regions other than SSA and on single country analysis. In fact, little study has investigated the effect of bank competition on cost of credit in this region and this region has a credit problem shown statically. Empirical methodologies to demonstrate the link between bank competition and credit cost is also inadequate in literature. It is on this note that we aim to analyse empirically the impact of bank competition on cost of credit in Cameroon. We will proceed by using the Fix Effect and Random Effect estimates as well as GMM methodology for robustness checks.

I. Literature Review

Generally, in a competitive market structure, a bank like any other enterprise will quest for competitive advantage. This can be done be either reducing the interest margin in order to increase its market share or at least maintain its customer base. This is a habitual behaviour in sectors where the product is homogenous. In the banking sector, the effect of competition on credit cost is not obvious. This is explained clearly in the theoretical analyses and empirical studies put fought up to this moment. Literature provides theories with differing predictions regarding the effects of competition on access to finance in banks (Fungacova et al 2017). The market power hypothesis holds that greater bank competition relaxes financing constraints and leads to lower lending rates. This hypothesis is in line with the general economic theory that suggests that greater competition is associated with lower prices. The information hypothesis borrowers initiated by George Akerlof, Michael Spence and Joseph Stiglitz in the early 1970s denies this view with a strong view that an increase in bank competition bolsters financing obstacles and drives up lending rates. The

Asymmetric information hypothesis assumes that lower competition increases the incentive for banks to invest in relationship lending, so that they can have greater soft information reducing information asymmetries (Kysucky and Norden, 2016). Therefore, a higher level of bank competition lowers investment in banking relationships and impairs access to credit (Petersen and Rajan, 1995; Dell'Ariccia and Marquez, 2006).

I.1. Bank Competition and Cost of Credit: A Theoretical Examination of Concepts

I.1.1. Definition of Some Major Concepts

I.1.1.1. Bank Competition

Cournot (1838) was the first to consider competition a static state. Cournot defines competition as an equilibrium condition itself rather than seeing it as a process that tends toward equilibrium in the long run. To him, competition is a situation where prices equate the cost of production. To obtain this competitive situation, there must be several assumptions (a considerable number of rivals, processing common knowledge about market competition, free entry and exit). This was not explicitly mentioned by Smith except the number of rivals. Other authors supported Cournot's view like (Blaug, 2001), Edgeworth, Jevons, Walras, Marshall, Clark and refined the analysis.

According to Vives (2001), different critiques have been introduced in the static oligopoly theory that recognizes different possible forms of market structure. The oligopoly theory allows scholars to derive testable hypotheses and therefore measure degree of competition. As a consequence, the neoclassical conception of competition based on the oligopoly theory is at the root of both structural and the majority of non-structural measures of competition (the Lerner index, the conjectural variation model and the Panzar-Rosse model). The oligopoly theory distinguishes between the different forms of market structure (perfect competition, imperfect competition and monopoly). However, this notion of competition is challenged by another perspective that focuses on the dynamic aspects of competitive competition.

According to the Austrian School, led by von Mises, Schumpeter and Hayek, economists in the neoclassical tradition misuse the term competition by applying it to a state rather than to a process. To them,

Competition is viewed not as a static state but as a complex process of rivalry between firms. The core of competition is the behaviour of firms in the market. Firms are engaged in a progressing dynamic competitive process, constantly creating and adopting new products and processes so as to survive with competition. The competition process acts as a selection mechanism through the destructive-creation principle: Less efficient incumbents are removed and replaced by more efficient entrants. Stigler (1957) defines competition as "a rivalry between individuals (or groups or nations), and it arises whenever two or more parties strive for something that all cannot obtain". Vickers (1995) supported this view by pointing out that rivalry "includes all forms of rivalry (market trading, auctions, races, wars of attrition, etc.), competitive measures (price, advertising, research and development, takeover bids, expenses, etc.) objects of rivalry (profits, market share, corporate control, promotion, prices, survival, etc.), as well as types of rivals".

I.1.1.2. Measures of Competition in Banks

a. Structural Measures

The Structure-Conduct-Performance (SCP) paradigm, developed by Mason (1939) and Bain (1956), seeks to explain aspects of the conduct and performance of firms in terms of the structural characteristics of the markets in which they operate. The structural characteristics of a market cover the number of firms and their absolute and relative size as well as the entry and exit conditions and the extent of product differentiation. Market structure is expected to influence the conduct of firms. Conduct variables include pricing strategies, collusion and other forms of strategic decisions (such as product quality and advertising expenditures). Structure-affected behaviour determines performance. The SCP paradigm's most important insight is that the more concentrated an industry is, the easier it is for firms to operate in an uncompetitive manner. For instance, implied collusion is more likely when there is a fall in the number of firms operating in an industry (Tirole, 1988). Remaining firms can make use of their market power in order to charge prices above marginal costs and thus become more profitable at the expense of social welfare.

The level of concentration between two industries may differ greatly if one industry is dominated by one firm, while another industry assembles firms with same size. As a result, few papers employ the number of firms as an index of concentration. Simplicity and limited data requirements make the concentration ratio one of the most frequently used measures of concentration in the empirical literature. The concentration ratio requires more information than the number of firms, insofar as researchers need to obtain the market share of leading firms. The k-firm concentration ratio measures the market share of the top k-firms in the industry denoted as CRk. While there is no rule for the determination of the value of K, commonly used values include 3, 5 or 10. By focusing only on the market share of the top k -firms, the concentration ratio takes no account for the size distribution of remaining firms.

The Herfindahl-Hirschman Index (HHI) is the concentration measure most frequently used by researchers and antitrust agencies (Hirschman, 1964). It is considered an extended concentration ratio as it is more data intensive than the number of firms or the CRk, insofar as it requires information on the entire firm size distribution (market share of each firm). It is computed by summing the squares of the market share of all firms. The HHI index ranges between 0=N (for equal-sized firms) and 1 for monopolies. The HHI stresses the importance of larger firms by assigning them a greater weight than smaller ones, thus reflecting their relative significance. Contrary to the concentration ratio, the HHI avoids the arbitrary cut-off by incorporating each firm individually.

The major advantage of concentration measures is that they require low data. Even for developing countries, concentration measures can be computed at least at the national level. The majority of contributions focusing on industrial organization in low and middle-income countries use concentration measures to proxy competition. Unfortunately, the SCP paradigm and associated concentration measures suffer from major conceptual and practical limitations. A number of studies have questioned the theoretical underpinnings of these concentration measures. Under the SCP hypothesis, increased concentration is viewed as an increased opportunity for collusion among firms, thus leading to higher prices and profitability. Alternative theories undermine the linkage between structure and conduct.

b. The New Empirical Industrial Organization or Non - Structural Measures

These new measures of competition in the banking sector were brought about due to the limitations posed by the structural measures. The New Empirical Industrial Organization (NEIO) makes conclusions about competitive pressure by directly observing the conduct of firms in the market. The NEIO employs a variety of alternative methodologies requiring different data and assumptions. The first generation of non-structural measures is based on the oligopoly theory Carb´o-Valverde et al. (2009). These models include the Lerner index, the conjectural variation models (Iwata, 1974; Bresnahan, 1982; Lau, 1982) and the Panzar and Rosse (1987) model. They all share a common standard theoretical framework, but have divergent results (Carb´o-Valverde et al., 2009; Liu et al., 2013). A second generation of NEIO measures focus on the dynamics of markets and are thus in line with the Austrian conception of competition. These include the Persistence of Profits developed by Mueller (1977, 1986) and the Boone indicator recently proposed by Boone (2008). Some of these widely-used non-structural measures in banking, include the Lerner index, the conjectural variation model, the Panzar-Rosse model and the Boone indicator.

i. Lerner index

The Lerner index (or price-cost margin) is a popular measure of market power in empirical research. The market power of a firm is identified by the divergence between the firm's price and its marginal cost. The price and marginal cost should be equal in perfect competition, but will diverge in less competitive environments. A bigger wedge between price and marginal cost here signals greater monopoly power. The theoretical foundation of the Lerner index is rooted in static oligopoly theory. The Lerner index ranges from 0 in situation of perfect competition to the inverse of the price elasticity of demand in situation of monopoly or collusion. Although the Lerner has been known by economists since the mid-1930s, its application to banking is relatively recent due to the difficulty of assessing marginal costs. Marginal costs have only been econometrically estimated during the last two decades and are extracted from the estimation of the cost function. Many papers have tried to assess banking competition by averaging the individual Lerner indices (Fern´andez de Guevara et al., 2005, 2007; Maudos and Sol´ıs, 2011; Weill, 2013, among others).

ii. Conjectural-variation model

The Lerner index cannot distinguish between markets that have high margins due to inelastic demand and markets that have high margins because they are less competitive or perhaps collusive. To overcome this problem, the conjectural-variation method has been introduced by Iwata (1974), Bresnahan (1982), and Lau (1982). The aim is to control the changes of the Lerner index due to demand changes, and therefore isolate firms' competitive behaviour. The conjectural variation refers to the beliefs that one firm has with respect to the way its competitor(s) may react if it varies its output or price (Bowley, 1924). Conjectural variation parameter ranges from -1 to N - 1 (N is the number of firms in the market). This method is advantageous in that it provides direct analysis of firms' conduct based on static industrial organization theory. Also, it is good as studies proof that even if firms follow a strategy other than profit maximization or if regulations constrain banks' behaviour, the test remains a valid technique. Finally, this test can cope with monopsony power in a deposit market without revising the model (Shaffer, 1999). It is disadvantageous in the following ways: the structural model in this approach requires specifying functional forms for demand and supply equations. Shaffer (2001) equally points out that the estimated parameter can exhibit a bias if the sample fails to span the complete market. This shortcoming may cause serious problems in cross-country samples based on a limited sample of banks.

iii. Panzar and Rosse model

The Panzar-Rosse model (Rosse and Panzar, 1977; Panzar and Rosse, 1982, 1987) is the most widely applied assessment of competition in the banking literature. This indicator catches the transmission of input prices on firms' revenues. Weak transmission is interpreted to indicate the exercise of market power in pricing and higher values indicate more competition. The intuition is straightforward in two opposite cases: collusion and perfect competition. For a monopolist, marginal cost equals marginal revenue at the equilibrium. As input prices rise, marginal costs rise. To maintain the equilibrium between marginal cost and marginal revenue, the monopolist should increase the marginal revenue by reducing the total quantity (insofar as marginal revenue is a decreasing function of quantity). Rosse and Panzar (1977) show that total revenue is reduced if the price elasticity of demand exceeds one.

From the theoretical foundations, the identification of competitive conditions is obtained by calculating the sum of the elasticities of the revenue with respect to all input prices. The sum of elasticity, often called the H-statistic, ranges from -1 to +1. The greater the transmission of cost changes into revenue changes, the more competitive the market is. Under perfect competition, input prices and total revenue increase by the same percentage and the H-statistic equals one. Shaffer (1982) proves that the H-statistic value equals one for a monopoly in a contestable market (free entry). The H-statistic is null or negative for a monopoly. This method is good in that; it is simple and does not pose stringent data requirements. The model can be obtained from a relatively small number of observations, which is crucial for studies on less mature banking industry. The PR model is robust to the extent of the market as no specific market definition appears in the revenue equation Shaffer (2004a). Only the data from firms included in the sample are required to estimate revenue equation.

The disadvantages are; the major pitfall concerns the econometric identification and the interpretation of the H-statistic. The interpretation of the value of the H-statistic is more complex than the canonical PR model predicts. The PR model is sensitive to monopsony power. Inputs should be homogenous and their prices exogenously fixed. The price of deposits is not always exogenous.

iv. The Boone indicator

Boone (2008) recently extended the existing set of competition measures. It is based on the idea that efficient firms are more highly rewarded in more competitive markets. This indicator is based on the idea that in a more competitive market, firms will be penalized more severely for being inefficient. Under the efficiency hypothesis (Demsetz, 1973), highly efficient firms achieve superior performance in the form of higher profits at the expense of less efficient competitors and gain greater market share... The Boone indicator takes advantage of this redistribution effect from inefficient to efficient firms. In extreme cases, the redistribution effect is combined with the selection effect, causing the least efficient firms to exit the market. Boone (2008) shows that the redistribution effect increases monotonically with the degree of competition. Boone (2008) shows how the relative profit gap can measure the actual level of competition. Although this method is theoretically applicable, it is computationally intensive. Companies should be ranked according to efficiency level. In practice, researchers often measure the strength of the relationship between efficiency and performance. The intensity of competition is estimated from the simple profitability equation: The main advantage of the Boone indicator is that it can capture market dynamics and is easy to implement for a limited number of observations. Moreover, the Boone metric is monotonically related to competition, although it is difficult to pinpoint the situation from the PR model. Xu et al. (2013) show that the presence of binding interest rate regulation makes Boone's measures more robust than other of his NEIO measures. This method only requires information about profit (or market share) and cost. Moreover, Boone's estimate is obtained by a simple linear econometric specification. The Boone Index approach is limited in that it focuses on key relationships affected by competition and ignores other aspects. The Boone metric model assumes that efficiency is observable in one dimension. The easiest way to capture efficiency differences is with cost. However, in a market where suppliers offer disparate goods, changes in costs can only reflect changes in strategy.

Cost of Credit

Banks pay interest on deposits to the depositors. Similarly, they earn interest from amount lent to borrowers. Thus, banks bear the cost of funds having mobilized deposits from public and this amount is paid out of interest earned from loans and advances. The interest rates charged by banks on loans and advances are invariably higher than interest rates paid on bank deposits. The burden of interest payments is known as cost of funds whereas credit cost is borne by the borrower. This includes interest components and third-party charges as well as processing fees.

I.1.1.3. Key Measures of Cost of Credit

According to Kumar, (2014) the following factors can be used to capture the cost of credit:

a) Net interest margin

Net interest margin (NIM) is a measure of the net return on the bank's earning assets, which include investment securities, loans, and leases. It is the ratio of hobby earnings minus hobby fee divided through incomes assets.

NIM = Net interest income/Earning assets

$$\text{Net interest income} = \text{Interest income} - \text{Interest expense}$$

His measure has been widely used in literature to capture cost of credit as in the works of Bouchellal (2015), Nguyen, (2012), Carbo et Rodriguez (2007), Ahokpossi (2013).

b) Interest Rate Spread

A spread is the measure of the difference between lending and borrowing rates. Spread is the difference between the average rate of return on income-producing assets and the average cost of interest-bearing debt. Both NIM and spread are important indicators for assessing a bank's ability to manage interest rate risk. A bank's interest income and interest expense change as market interest rates change.

c) Lending Interest Rate

When one borrows money, lenders demand that he pays them for their risk as they do not know if he will repay the loan or not. Lending interest rate thus refer to the interest rate a borrower pays for obtaining a loan. This element can also be used as a proxy of cost of credit as proven by literature. Studies like Petersen and Rajan (1995), Agarwal and Hauswald (2010), Barone et al (2011) all captured cost of credit using the lending interest rate.

I.1.2. Market Power Hypothesis

The market power hypothesis holds that greater bank competition relaxes financing constraints and leads to lower lending rates. This hypothesis is in line with the general economic theory that suggests that greater competition is associated with lower prices. The Structure-Conduct-Performance paradigm, as well as the MontiKlein model (Klein, 1971 ; Monti, 1972), states that higher concentration in the market increases interest rates and reduces the supply of funds. Besanko and Thakor (1992) examine the credit and deposit markets in a theoretical model that allows banks to differentiate themselves from their competitors. The model shows that equilibrium loan rates decline and deposit interest rates increase after removing entry barriers, even when allowing for differentiated competition. Guzman (2000) confirms the negative effect of market power in a general equilibrium model of capital accumulation. He compares the effect of capital accumulation of an economy that has a monopoly banking system versus one that has a competitive system. He shows that a banking monopoly is more likely to result in credit rationing and leads to a lower capital accumulation rate.

Barth et al. (2009) propose an indirect channel whereby competition may be beneficial for access to finance. They note that corruption in lending undermines a bank's function of allocating scarce capital efficiently. In a simple bargaining model, they show that higher concentration (less competition) in the banking sector is associated with more bank lending corruption. Extending the argument, decisions on funds allocation are more often made on the basis of project return than on non-economic considerations (corruption, personal ties or networks) in competitive credit markets. Hainz et al. (2008) equally points out another channel whereby competition can alleviate credit constraints for small firms. To them, Banks can solve the resulting adverse selection problem by either screening or by asking for collateral. Insofar as small enterprises have limited tangible assets, increasing competition can improve credit terms which include better interest rates and other services charges for firms.

I.1.3. Asymmetric Information Hypothesis

The Information hypothesis sheds light on one specificity of credit markets, namely the informational asymmetry between lenders and borrowers initiated by George Akerlof, Michael Spence and Joseph Stiglitz in the early 1970s. In rejecting the market power view that greater competition in banking leads to lower loan rates, the information hypothesis argues that increased bank competition bolsters financing obstacles and drives up lending rates. The information hypothesis assumes that lower competition increases the incentive for banks to invest in relationship lending, so that they can have greater soft information reducing information asymmetries. For example, increased banking competition reduces investment in banking relationships and undermines access to credit (Petersen and Rajan, 1995; Dell'Ariccia and Marquez, 2006).

Stiglitz and Weiss, (1981), hold that the asymmetries of information induce the risk of adverse selection and moral hazard and therefore credit rationing. Since the 1990s, researchers have begun to examine how banks might mitigate information problems in opaque firms lending. Lenders might get accurate information on borrowers' characteristics though ex-ante screening and/or ex-post monitoring activities. The Information hypothesis argues that the information wedge between lenders and borrowers may be alleviated via market power by impacting both screening and monitoring activities. Sharpe (1990) supporting the information hypothesis posits that firms stay with the same bank not simply because the bank treats them particularly well, but because high quality firms are, in a sense, "informationally captured". Your own bank may present the best offer, but this is because banks have difficulty sharing information about their excellent performance with other banks. Adverse selection makes it difficult for one bank to draw off another bank's good customers without attracting the less desirable ones as well. Besides the theories examining the relationship between bank competition and credit cost, access or constraints as resented above, existing empirical studies also.

I.2. Bank Competition and Cost of Credit: An Empirical Review

I.2.1 Positive Link between Bank Competition and Cost of Credit

The studies related to cost of credit, credit availability, access to finance and bank market power provide evidence that high bank concentration can increase financial constraints on SMEs, hence, excessive bank competition is related to a greater access to finance. In this regard, Beck et al (2004) examined the effect of banking concentration and its effect on access to credit in developing countries and found that banking concentration is associated with higher financing obstacles for SMEs. This implies according to them that that high bank concentration (low competition) brings about high lending rates. In a similar cross-country investigation using an alternative measure for bank competition the Lerner index, Love and Peria (2015) found out that even though competition alleviates financing obstacles, the effect depends on the economic and financial environment. They equally showed that the use of bank loans is lower in more competitive markets thus in support of the information hypothesis which posits that high competition amongst banks lead to higher interest rates on loans.

Biswas and Kouropoulos (2020) in their study on Bank competition and financing efficiency under asymmetric information and found out that, greater competition in banking leads to a lending boom which is characterized by lower interest rates, and lower average quality of loans.

Fungacova et al (2017) carried out a study to investigate if bank competition increases the cost of credit in a cross-country setting. They made use of firms from 20 European countries for the period from 2001 to 2011. They used two structural measures and two non-structural indicators to measure bank competition. Results revealed that bank competition increases the cost of credit and it was equally observed that the positive influence of bank competition is stronger for smaller companies. Their findings affirm the information hypothesis, whereby a lack of competition acts as an incentive for banks to invest in soft information and conversely increased competition raises the cost of credit.

Fungacova et al, 2017 classified measures of bank competition into two main categories: The first relies on the traditional Structure-Conduct Performance (SCP) model, whereby structural indicators are used to measure competition. The SCP paradigm states that higher concentration in the banking market is negatively associated with competitive conduct and leads to higher profitability as banks are able to set higher loan rates or lower deposit rates. Unlike the SCP, the second category of competition measures, which are based on the new empirical industrial organization, develops non-structural measures of competition that take into account bank conduct. While the SCP approach posits that competition can be inferred from indirect proxies like market structure or market share, non-structural measures measure directly banks' conduct in response to changes in demand and supply conditions without taking market structure into account. These measures include the Lerner index and the H-statistic based on the Rosse – Panzar model. All rely on the analysis of the effective behaviour of firms in the market. Both structural and non-structural measures of competition are used in empirical banking studies. However, given the limitations of structural measures, non-structural measures have recently become increasingly important.

Ayalew and Xianzhi (2018) researched on bank competition and access to credit where they considered the consequences of bank competition on credit constraints using rich enterprise-level data set from the World Bank's Enterprise Surveys. The survey covered 9632 companies in 27 African countries. In addition to classical concentration measure, competition was measured by three non-structural measures; Boone indicator, H-statistics and Lerner index. The results show that bank competition exacerbates credit/financing constraints, supporting the information hypothesis. However, further research shows that bank competition has a significant positive impact on companies' external funding needs, decisions to apply for new lines of credit, and bank lending decisions. Despite higher loan application approval rate by banks, large proportions of firms are discouraged to apply for bank loan. Small, medium, and young businesses are more likely to report large funding bottlenecks and are more likely to require external funding, but are less likely to apply for bank loans and have little access to bank loans.

Lee and Ratti (2007) studied the effect of structural change in banking structure on financial constraints on firms in a dynamic investment model with a sample of 2286 listed firms in 14 European countries for the period 1992 to 2005. The empirical results show that increased concentration in the banking sector in European countries relaxes financial constraints on firm-level investment. They equally found out that the banking structure of each country has an effect on firm-level investment through the stochastic discount factor, which affects inter-temporal decision for managers. The estimated coefficients on cash stock suggest that high concentration in the banking sector creates less information costs and that the magnitude of this effect is stronger for small firms since they rely more on banks to finance their investment. In addition, they discovered that financial constraints are tighter during contractions. Greater bank concentration is associated with less tight financial constraint during expansions and during recession, with the easing of financial constraint being more marked during recession. Their results are consistent with the information-based hypothesis that more market power increases banks' incentives to produce information on potential borrowers, since smaller firms compared to large firms, and all firms during recession when asymmetric information problems are greater than during expansion, have significantly greater relaxation of financial constraints with higher levels of bank concentration.

With respect to the level of bank interest rates, Maudos and Fernandez de Guevara (2004) show that an increase in banks' market power results in higher net interest margins. In addition, Corvoisier and Gropp (2002) explain the difference between bank retail interest rates and money market rates from bank's product specific concentration indices. They found that in concentrated markets, retail lending rates are substantially higher. Rahman et al (2019) examined the relationship between cost of credit and inter-bank competition in the context of Visegard countries. With a study period of three years that is, 2012-2014, they used four measures including one structural bank concentration measure and three non-structural. Their findings revealed that bank competition has a positive effect on the cost of credit and hence, their results are in-line with prior literature on information-based theories of bank competition. They equally assessed the firms in terms of their information opacity (micro, small, and medium), and results indicate that the cost of credit is higher for the information opaque firms. Therefore, firm size has a significant impact on bank competition and borrowing costs.

I.2.2. Negative Link between Bank Competition and the Cost of Credit

Canon et al (2022) examined the relationship between bank competition and the price of credit focusing on Mexican loan-level data and their result reveal that banks with greater market power can charge much higher interest rates on lending to private firms, as measured by the Lerner index, 11 percent higher than its average interest rate – these high interest rates according to their findings are concentrated in lending to micro and small businesses. The latter results provide insight into the plausible relationship between competition and credit prices. Information asymmetries are likely to be more pervasive in micro and small business credit markets. Banks with greater market power may therefore be better at screening loan applicants and charge higher interest rates on loans equivalent to observations than banks without such market power.

Gissler et al (2018) in a study to evaluate the effects of competition in consumer credit markets had results which revealed that increased competition can significantly reduce the cost of credit and discipline inefficient banks. According to them, previously marginalized borrowers gain improved access to credit once competition increases. But consistent with theories of competition and credit misallocation, the evidence unambiguously shows that increased competition can lead to a significant reallocation of credit towards riskier borrowers. Yili (2017) carried out a study on bank competition and cost of bank loans in the U.S. Using the Herfindahl – Hirschman index (HHI) of bank deposit shares to measure bank competition (Petersen and Rajan 1995; Kahn et al. 2005). Baseline results show that bank competition lowers bank lending costs.

Van Leuvensteijn et al (2014) researched on the impact of bank competition on the interest rate applied by banks in Euro area. Using the novel measure of competition called the Boone indicator; they found out that stronger competition implies significantly lower spreads between bank and market interest rates for most loan market products, which was in line with their expectations. Calvo Valverde et al (2009) analysed the existing relationship between bank competition and credit availability, measured at the firm level by the dependence on trade credit, on a sample of Spanish small and medium-sized enterprises (SMEs). Their findings revealed that greater bank competition is associated with lower credit constraints which are in line with the market power hypothesis.

Ryan et al. (2014) examined the impact of bank competition measured by the Lerner index on credit constraints for a sample of firms from 20 European countries. Identify financial bottlenecks by investment sensitivity to the availability of internal funding. Their results suggest that bank competition is reducing credit constraints. Bank competition promotes access to credit in line with the market power hypothesis, but the literature says little about the channels through which market power exerts this positive effect. Competition among banks appears to contribute to better access to credit by relaxing lending terms such as collateral requirements (Hainz et al., 2013) and lowering borrowing costs. Consistent with this intuition, then, is whether increased bank competition actually lowers credit costs, and whether the market power hypothesis actually establishes a counterintuitive relationship between competition and prices in credit markets. It is reasonable to ask, 2005, Norway. Degryse and Ongena, 2005,) provide evidence to support the market power hypothesis. i.e., they find a positive influence of bank concentration on loan rates.

Mojon (2001) tests for the impact of banking competition on the transmission process related to euro area bank lending rates, using an index of deregulation constructed by Gual (1999). He found out that higher competition tends to put pressure on banks to adjust lending rates more quickly when money market rates are decreasing. Furthermore, higher competition tends to reduce the ability of banks to increase lending rates, when money market rates are moving up. Similar findings of asymmetric pass-through effects have been found by Sander and Kleimeier (2002, 2004) and Kuan-Min and Thanh-Binh Nguyen (2010). Bouchellal, (2015) investigated the impact of banking competition on the cost of credit using a sample of 277 French companies between 2006 and 2010. He shows the existence of a relationship between the margins applied to loans granted to companies and the level of competition between credit institutions measured by the number of banks in relation to the company. The result obtained revealed that multi-banking is a solution allowing companies to lower their financing costs and at the same time, avoid their informational capture. Besides, the Lerner index which was their main indicator of bank competition shows that weak competition also referred to the capacity of a bank to charge beyond its marginal cost, leads to a reduction of cost of financing enterprises.

I.2.3. Neutral or No link between Bank Competition and the Cost of Credit

Ningaye et al (2014) carried out a study with the aim of analyzing the effect of competition on the cost and profit efficiency of banks in the CEMAC Zone between 2003 and 2010. The analysis was done using the Stochastic frontier approach (SFA) to measure efficiency and the Lerner Index to measure competition. After obtaining the measures, he introduced a set of control variables into a panel model to explain cost and profit efficiencies. The results of this study showed that competition has a favorable effect on profit efficiency but not cost.

I.2.4. The origin of the ambiguity of the empirical analyses

After a critical examination of empirical literature, we have some ideas for the origin of the divergence of empirical results. To begin with, Berger and Udell (2006) put forward a study framework which is aimed at reducing this disparity and providing a more homogeneous framework for this type of analysis. Their main contribution is to differentiate the multiple lending technologies used by banks for corporate finance. They recommend that the effect of banking competition should be analysed taken into consideration the nature of the process used to produce business credit. Adding up to this point raised by Berger and Udell (2006), which can only be dealt with in the presence of adequate data, Bouchellal (2015) identified three other elements that could improve the framework for analyzing the impact of bank competition on credit spreads.

First, the choice and nature of the indicators used to measure the level of competition between banks is often arbitrary and related to the availability of data. However, exploiting the complementarity and diversity of the various indicators of competition in a consistent analysis approach can improve the relevance of the results. Moreover, banking competition is still analyzed as a homogenous phenomenon producing identical effects in all situations, whereas it can manifest itself in multiple ways, particularly in the economic sectors where information plays a central role in the pricing of services or products.

Secondly, the conventional approach leaves aside the analysis of important aspects of the structures of the banking markets, such as complementarity and links between banking products. Indeed, the models proposed are generally based on a rather simplified representation of the functioning of the banking firm, in which the bank is generally considered as a single-product company whose only objective is to maximize profit unadjusted by risk. In determining credit margins, an important element is taken into account: the profit that the banks make with the customer outside the financing operations in progress, like the operating commissions of the account, the savings products, insurance, etc. These factors put pressure on credit margins, both upward and downward. Finally, it seems important to consider the intensity of customer relationships when making analyses using individual data at the level of bank customers, given their determining role for the effect of banking competition.

We have studied the ideas of different authors about the competition- credit cost relationship. The relationship between bank competition and cost of credit has received considerable attention in the literature. This attention is justified as it is important for a nation to identify factors that improves the interest rates charged on loans. While some authors consider bank competition as having a negative effect on cost of credit, such as Bain (1956) Klein, 1971; Monti, 1972 and other proponents that supported him like Yili, Van Leuvensteijn et al, Hains et al, Ryan et al, Mojon etc, others instead think that it has a positive relationship such as George Akerlof, Michael Spence, Joseph Stiglitz and other proponents that supported them like Petersen and Rajan, Fungacova et al, Love and Peria among others. Nevertheless, we equally saw in this chapter that there are authors who think that there is no relationship between bank competition and cost of credit like Ningaye et al. However, this study of the effect bank competition has on cost of credit is still debatable today. This work as presented in the above chapter is just a contribution on some of the debates.

II. Data Presentation and Methodology

II.1. Data Presentation

The variables use in the study comes from world development indicators of the World Bank from 2000 to 2017. The information is summarised on the table below.

Table 1: Data Source and description

Variable	Definition	Source
Cost of Credit (Interest rate Spread)	Lending –deposit interest rate	WDI,2019
Cost of Credit (Lending interest rate)	Lending interest rate refers to the interest rate a borrower pays for obtaining a loan.	WDI,2019
Variable of Bank Competition		
Lerner Index	Measure of market power in the banking market that compares output pricing and marginal costs (i.e., markup).	Global Financial Development Database, World Bank.
Control Variables		
Rule of law	This variable captures the extent to which agents have confidence in the rule of law and how well they expect members of society to abide by the rules. In particular, looks at the perceptions about the quality of enforcement of contract law and property rights, as well as the behaviour of the police and the courts, and the frequency of crime and violence.	Worldwide Governance Indicators, World Bank.
Private credit	Private credit by deposit money banks to GDP.	Global Financial Development Database, World Bank.
Inflation	A general and persistent increase in an economy's price level measured by consumer-price index.	GFDD, World Bank
Bank Deposit to GDP	The total value of demand, time and saving deposits at domestic deposit money banks as a share of GDP.	WDI,2019
GDP per Capita	It is the sum of gross value added by all resident producers in the economy plus any product taxes and minus any subsidies not included in the value of the products.	WDI,2019

Source: *Computed by Author.*

II.2. Methodology

With inspiration from the work of Fungacova et al (2017) on the relationship between bank competition and cost of credit, we have opted for a panel model. One of the advantages of our panel model is that it considers real onobservable characteristics of individuals and or the study period in the course of time.

The Fixed and Random Effects will be used and then do a robustness check with dynamic Panel Data analyses- Generalized Method of Moments (GMM).

II.2.1. Fixed Effects and Random Effects

Fixed effects and random effects models are the two most commonly use estimation methods in panel regression to control for potential endogeneity bias induced by unobserved factors that can either vary over time but constant over individual (time effects) or vary over individual but constant with time (individual effects). The fundamental different between the fixed and random effects lies on the assumption we made about the dummy. If the dummy is considered as part of the intercept, then the model is called the fixed effects. In the random effects model the dummy act as the errors term (Park, 2005).

The general fixed effects model is given as

$$Y_{it} = \alpha + H_i + X'_{it}\beta + V_{it} \qquad (1)$$

Where β is Kx1 vector of the coefficient vector on X and X'_{it} is a 1 by N vector of the variable that vary over individual time or group, while $H_i + V_{it}$ are independently unobservable with zero mean. H_i is the individual effect or the unobserved heterogeneity while V_{it} captures the transitory unobserved shock in the model for individual i at time t. The linear combination of the unobserved heterogeneity and the transitory shock is described as idiosyncratic terms which constitute the error term in the random effects model. However, in the random effects model, the country – specific error component is assumed to be uncorrelated with the other predictors in the model whereas in fixed effects the country specific errors can be correlated with the predictors. The above equation could be domesticated as follows:

$$LIR_{it} = \beta_0 + \beta_1 LerInd_{it} + \beta_2 Infla_{it} + \beta_3 RuleLaw_{it} + \beta_4 PrivCred_{it} + \beta_5 BankDep_{it} + \beta_6 GDPpc_{it} + \varepsilon_{it} \quad (2)$$

The model is associated to the Hausman test which helps to choose between fixed specific effect and random effect and the F test which gives the global significance of specific effects. Breusch and Pagans heteroskedastic test (1979, 1980) is used to test for non-constant of the disturbance term in econometric studies. The null hypothesis of the test assumed that the variance is constant over time and individual while the alternative suggests that the variance is difference across individual and time. Rejection of the null hypothesis will mean indication or the present of heteroskadesticity, which of course is the common problem of the panel data. Moreover, the Langragian Multiplier (LM) test for heteroskadesticity (Baltagi, Bresson and Pirotte, 2005) is also conducted. The decision rule is to compare the LM statistics with the chi-square critical value, if LM – statistic is greater than the chi-squares; we conclude that the variance of the error term is not constant. The non-constant of the variance of the error term violates one of the classical assumptions of constant variances. The implication of the non-constant variance is that the estimated standard errors will be biased, and this will affect the efficiency of the estimate. To correct for the non-constant variance in the regression the robust standard error component model can be used as pointed in the work of Wooldridge (2002).

II.2.2. Robust Test with GMM

Modelling panel data leads to the problem of endogeneity. In general, this problem is due to the omission of relevant explanatory variables in the model specification; of simultaneity which appears as a dependent variable and some explicative variables and / or dependent variable. In the particular case of our study, the methodology for calculating cost of credit indicators may be subject to limitations and thus lead to measurement errors. Hence, the hypothesis of exogeneity of the cost of credit indicators may no longer be verified. We must therefore resort to more efficient estimation methods in this case the generalized method of moments (GMM) developed by Holtz-Eakin et al. (1998) and Arellano and Bond (1991). For this purpose, Arellano and Bond (1991) propose to convert the reference equation (1) into first-order differences, thus eliminating the country-specific effect.

$$\Delta Y_{it} = \alpha + \mu \Delta Y_{it-1} + \beta \Delta X_{it} + \delta \Delta Z_{it} + \varepsilon_{it} \qquad (3)$$

Where ΔY_{it} is the dependent variable; cost of credit of country *i* at period *t*, ΔY_{it-1} is the dependent variable lagged by 1 period. ΔX_{it} is the variable of interest; bank competition of country *i* at period t, and ΔZ_{it} is the control variable. This model could be domesticated according to our study as:

$$LIR_{it} = \beta_0 + \beta_1 LIR_{it-1} + \beta_2 LerInd_{it} + \beta_3 Infla_{it} + \beta_4 RuleLaw_{it} + \beta_5 PrivCred_{it} + \beta_6 BankDep_{it} + \beta_7 GDPpc_{it} + \varepsilon_{it} \qquad (2)$$

II.2.3. Test of Stationarity, Instrument Validity, Serial Correlation, Over Identification Restriction.

In order to test the robustness of our model, we will perform four tests. The first is the test for stationarity. Analysis of a model requires a prior knowledge on the stationarity of the series used which is necessary to guarantee the stability of coefficients in time. There exist several methods used in the investigation unit roots or stochastic process in times series data among which are Augmented Dickey Fuller (ADF) and Phillip Perron Test (PP), but in this study we will use Im, Pesaran and Shin W-stat (IPS) (2003) to investigate the stationary status of the variables, established their level of integration so as to avoid the inclusion of I (2) variables in the model, also to ascertain that the dependent variable is I (1) (Fosu and Magnus,2006). However, Baltagi (2005) quotes Levin, Lin and Chu (2003) who argued that ADF has a very low power against alternative hypothesis of highly persistently deviated from the equilibrium, and that the problems are intensify in small sample size. LLC test assumes a common autoregressive parameter for all panels, so this test is restrictive in the sense that it does not consider that some countries series may have unit roots while others do not. This test still improves the power of the null hypothesis against the alternatives (Levin and al., 2002), despite its restrictive nature. To solve these problems of LLC, Im, Pesaran, and Shin (2003) proposed alternative test that considers heterogeneity across cross-country based on averaging individual unit roots test statistics. In the test the null hypothesis Ho: is non-stationary against H1: which is stationary. The rejection of the null hypothesis will mean the variable exhibit a mean reversion around its long run constant mean.

Secondly, we shall perform the Hausman test which will enable us choose the appropriate model between the fixed and the random effect models. The decision rule is that if the unobserved individual effect is correlated with the explanatory variables the null hypothesis is rejected if otherwise, then we accept the null hypothesis (or the null hypothesis cannot be rejected). Baltagi (2005), suggest that the rejection of the null hypothesis means adoption of the fixed effect model. Hence the acceptance of the null hypothesis of the Hausman test will mean significance of the random effect model.

Thirdly, we will run Hansen's test of proliferation of instruments. It helps to test the validity of the number of instruments. They are decisive if we are unable to reject the null hypothesis at the threshold of 10%. For a given level of significance β, the set of hypotheses to test is as follows;

- H_0: E ($\acute{Z}_{it}$ (Y_{it}-γX_{it})) = 0 the instruments are valid
- H_1: E ($\acute{Z}_{it}$ (Y_{it}-γX_{it})) ♯ 0 the instruments are not valid

We priotize the Hansen test over the Sargan test since it is robust in the presence of heteroscedasticity on the results. Moreover, we will test the null hypothesis of the existence of autocorrelation. The null hypothesis of the test of Arellano-Bond supposes no autocorrelation. The tests for the AR (1) process in the first difference reject the null hypothesis since the two have and error term. However, the AR (2) test in the second difference is more important as it detects autocorrelation at levels.

- H_0: Absence of second order correlation in the residue
- H_1: Negative correlation of first order in the residue

The Sargan and Arellano-Bond tests prove the fact that the model is correctly specified as well as the absence of auto-correlation in the errors at levels.

III. Empirical Results

III.1. Descriptive Statistics

III.1.1. Presentation of Unit Root Tests

After presenting the test that will be used to ensure validity of research variables in chapter three, this section aims at presenting the results gotten after effectuating the test of validation, the summary statistics and the correlation matrix. To begin with, we used the IPS Panel Unit root test to test the stationarity of our variables and the results are summarized on the table below:

III.1.1.1. Augmented Dickey-Fuller Test

This will help us avoid spurious results because if the variables are integrated twice, we will know. This test will be carried out using the 5% significance level. The following table brings to light the Dickey-Fuller test.

Table 2: Augmented Dickey-Fuller Test

Variables	Augmented Dickey Fuller test				Decision
	Level		First Difference		
	trend & inter	Probability	trend & inter	Probability	
GDP growth (annual %)	-3.370565	0.0766	-3.605024	0.0498	I(1)
Domestic credit to private sector (% of GDP)	-0.829053	0.9527	-5.007785	0.0016	I(1)
Bank deposits as % of GDP	-1.532913	0.7979	-4.227425	0.0066	I(1)
Money and quasi money (M2) as % of GDP	-1.501459	0.8094	-4.555150	0.0049	I(1)
Government expenditure	-2.753952	0.2232	-4.803761	0.0026	I(1)
Private investment	-2.245010	0.4497	-4.459368	0.0219	I(1)

Source: *Computed by the author using E-views 8.*

The result above table shows that all the variables are integrated at the same order. They all become stationary after the first difference. This therefore means that the variables are integrated of order 1 that is, I (1). This means that the variables do not change as time changes. The Philip-Perron test will be use to confirm this test.

III.1.1.2. The Philip-Perron Test: This test is used to confirm the validity of the Augmented Dickey-Fuller test. This is presented in the table below

Table 3: The Philip-Perron Test

Variables	Phillip- perron Unit root test				decision
	Level		First Difference		
	trend & inter	Probability	trend & inter	Probability	
GDP growth (annual %)	-3.370565	0.0766	-3.605024	0.0498	I(1)
Domestic credit to private sector (% of GDP)	-0.880052	0.9469	-5.161468	0.0010	I(1)
Bank deposits as % of GDP	-1.619798	0.7639	- 4.2245425	0.0166	I(1)
Money and quasi money (M2) as % of GDP	-1.564212	0.7861	-4.555150	0.0049	I(1)
Government Expenditure	-2.093615	0.5308	-4.742368	0.0031	I(1)
Private investment	-2.245010	0.4497	-4.459368	0.0219	I(1)

Source: *Computed by the author using E-views 8.*

We see from the Philip-Perron test that all our variables are integrated of the order 1. This therefore means that it confirms the Augmented Dickey-Fuller test. Thus the application of the vector error correction model is appropriate in this case, since it demands that all the variables be integrated of the same order I(1). From the two tests, we realize that all the variables become stationary after the first difference. This means that we can carry on with our test of co-integration.

III.1.2. Econometrics Results

III.1.2.1. Fixed Effects and Random Effects Estimations

This part is sub-divided into two main parts wherein, the results of FE and RE estimations for lending interest rates and competition is presented and the results of FE and RE estimations using Interest rate spread and Competition is also presented. Specifically, this section presents results of the fixed effect estimations as it is that which was retained after running the Hausman test.

Table 4: Results on the effects of Bank Competition on Lending Interest Rate (LI. U)

Lending interest rate	Simple Fixed and Random Effect estimated Model	
	FE	RE
Lerner index	-4.136***	-3.979***
	(0.957)	(0.959)
Bank deposits to GDP	-0.605**	-0.573**
	(0.263)	(0.270)
Private credit	-0.140	-0.139
	(0.207)	(0.212)
GDP per capita	0.000	0.000
	(0.000)	(0.000)
Rule of law	-7.790***	-4.806***
	(2.009)	(1.581)
Inflation	0.661***	0.665***
	(0.038)	(0.038)
Constant	2.309	3.376
	(1.770)	(2.112)
Observations	211	211
F-test	55.819	
R^2_within	0.644	0.639
R^2_between	0.412	0.518
R^2_overall	0.526	0.580
Wald $X^2(5)$		342.040
Hausman test ($X^2(5)$)(prob)	0.000	

*p < 0.10, ** p < 0.05, *** p < 0.01
Huber-White robust standard errors in parentheses.

Source: Computed by Author

Interpretation

The dependent variable is Cost of Credit (Lending interest rate) while the explanatory variable is the Lerner Index. The estimation indicates that Lerner index which is a measure of market power in the banking market is negatively related to cost of credit. That is to say that greater competition results to a fall in credit cost and vice versa. This means that as unit increases in the level of competition, cost of credit will fall 4.13 between countries (FE). This implies if the level of competition changes by 100 units, then the cost of credit will fall by 413 between and within the Sub Saharan African countries. Hence bank competition will result to lower cost of credit. Inflation has a significant positive influence on cost of credit in this region.

Rule of law and bank deposits equally have negative significant effects on the cost of credit in SSA as indicated in the results at 1% and 5% respectively.

This model can explain 4.12% of between countries variation. The fixed effect also confirms the conjoint significant of the explanatory variables, we thus accept the null hypothesis of insignificant conjoint explanatory variable of fisher test.

The fixed effect model controls for all the time invariant differences between the individuals. The coefficient of the fixed effects model cannot be biased as result of the individuals' changeable characteristics. However; fixed effect error component model assume that the unobserved individual effects, αi, and the explanatory variable may be correlated, $\boldsymbol{Xit}$, against the alternative that αi/$\boldsymbol{Xit}$ is different from zero (Mundlak,1978).

The decision rule is that if the unobserved individual effect is correlated with the explanatory variables the null hypothesis is rejected if otherwise, then we accept the null hypothesis (or the null hypothesis cannot be rejected). The result of the Hausman test in the simple fixed and random effect, with p = 0.000 which is less than the 5% level of significant. Thus we reject the null hypothesis of no correlation between the individual effect and explanatory variables hence adopting the fixed effect model as suggested by Baltagi (2001).

The Lerner index which is used to measure competition in this study indicates a negative and significant influence on lending interest rate. With these results, it can be concluded that an increase in bank competition proxied by the Lerner index brings about a fall in interest rate and on the other hand low competition increases cost of credit in SSA. This thus means cost of credit in SSA can be improved (reduced) by allowing banks to compete amongst themselves.

III.1.2.2. Analyses of Robustness Results

In order to analyze the robustness of our results, we have decided to change the estimation technique from FE and RE to Generalized Method of Moments (GMM) but with the use of the same variables. This is shown on the table below:

Table 6: Results of GMM estimation of the effects of Lerner index (bank competition) on Lending interest rate.

	(1)	(2)	(3)	(4)	(5)
	GMM	GMM	GMM	GMM	GMM
Lerner index	-1.585*	-1.604*	-1.619*	-1.549**	-1.549**
	(0.959)	(0.957)	(0.971)	(0.664)	(0.701)
Bank deposits to gdp		-0.039	0.223*	-0.308*	-0.367**
		(0.094)	(0.117)	(0.175)	(0.165)
Private credit			-0.413**	-0.392**	-0.339**
			(0.202)	(0.172)	(0.156)
GDP per capita			-0.000	-0.000	-0.000
			(0.000)	(0.000)	(0.000)
Rule of law				-1.045***	-0.856***
				(0.317)	(0.332)
Inflation					0.122*
					(0.069)
L.lending interest rate	0.958***	0.958***	0.923***	0.943***	0.912***
	(0.049)	(0.046)	(0.079)	(0.088)	(0.099)
Constant	-1.587	-1.550	-0.686	-1.565*	-1.752**
	(1.263)	(1.261)	(1.395)	(0.856)	(0.794)
Observations	129	127	110	113	116
Number of groups	21.000	21.000	20.000	20.000	20.000
AR1	0.051	0.048	0.063	0.067	0.056
AR2	0.125	0.134	0.191	0.165	0.202
Hansen j-test	0.246	0.148	0.637	0.231	0.382
Hansen c-test	0.813	0.732	0.681	0.276	0.436

* $p < 0.10$, ** $p < 0.05$, *** $p < 0.01$ Huber-White robust standard errors in parentheses.
Source: Computed by Author

Results of GMM estimation of the effects of Lerner index (bank competition) on Interest

Table 7: Rate Spread in SSA.

	(1)	(2)	(3)	(4)	(5)
	GMM	GMM	GMM	GMM	GMM
Lerner index	-1.266**	-1.539**	-0.994**	-1.020**	-1.012***
	(0.196)	(0.920)	(0.583)	(0.601)	(0.593)
Bank deposits to GDP		-0.306*	-0.055**	-0.023***	-0.032***
		(0.219)	(0.290)	(0.086)	(0.127)
Private credit			-0.321*	-0.058**	-0.056**
			(0.180)	(0.109)	(0.106)
GDP per capita			-0.000	-0.000	-0.000
			(0.000)	(0.000)	(0.000)

Rule of law				-0.495**	-0.497**
				(0.208)	(0.274)
Inflation					0.004***
					(0.119)
L.Interest Rate Spread	0.982***	0.985***	0.972***	0.973***	0.971***
	(0.055)	(0.054)	(0.068)	(0.078)	(0.062)
Constant	-1.536**	-1.514	-0.463	-1.058	-1.041
	(1.160)	(1.144)	(0.804)	(0.733)	(0.655)
Observations	129	127	111	124	124
Number of groups	21	21	20	20	20
AR1	0.039	0.042	0.056	0.085	0.064
AR2	0.657	0.111	0.392	0.132	0.184
Hansen j-test	0.555	0.919	0.699	0.535	0.595
Hansen c-test	0.487	0.858	0.465	0.347	0.515

*p < 0.10, ** p < 0.05, *** p < 0.01 Huber-White robust standard errors in parentheses.*
***Source:** Computed by Author*

After changing the estimation technique, we noticed that the results remain the same but for GDP per capita which changes from having a positively insignificant effect on cost of credit in both cases to a negatively insignificant effect. The results of robustness test show that even with a different estimator or method of data analysis, bank competition measured by Lerner index and cost of credit captured by both lending interest rates and interest rate spread are negatively related. It implies an increase in the intensity of competition amongst banks in Sub Saharan African Countries will bring about a fall in cost of credit, which therefore retain our main research hypothesis that states that bank competition improves cost of credit in SSA.

IV. Conclusion and Policy Recommendation

Definitely, the main objective of this work was to investigate the effect of bank competition on the cost of credit in SSA in the course of the period 2000-2017. In conformity to the objective, we formulated a hypothesis where we advance that bank competition improves cost of credit in SSA. We opted for a panel model since it considers real onobservable characteristics of individuals and or the study period in the course of time. The Fixed and Random Effects was used and the robustness check was done using dynamic Panel Data analyses - Generalized Method of Moments (GMM).

We observed that the empirical analysis of the effect of bank competition on credit pricing has been the subject of numerous studies in the financial intermediation literature. Overall, this literature finds contradictory results reflecting the opposition that exists between theoretical models dealing with this issue. Some authors have embarked on attempts to identify a framework for analysis that reduces uncertainty about the relevance of econometric work. Berger and Udell (2006) are among the few authors who have sought to enforce a number of elements in order to reinforce the validity of the empirical results. Thus, our empirical analysis is distinguished by the respect of the main recommendation of these authors, namely: to carry out an empirical investigation in a cross-country setting, investigating the effect of Bank Competition (BC) on (CoC) in SSA.

With the objective to deepen the empirical literature on the impact of banking competition on the cost of credit in SSA and taken into account the fact that other studies have been carried out using various measures of competition, our study assumes that banking competition is a uni-dimensional phenomenon that can be identified through the use of one indicator of bank competition.

In this perspective, we take advantage of the diversity between existing banking competition measures in order to detect the different ways that the rivalry between banks can take place. It is for this purpose that we distinguish two levels of banking competition in the business credit market. The first concerns the banking market as a whole while the second is considered at the level of each firm looking for bank financing. Moreover, contrary to previous work related to the concentration indicators of the banking market, we introduce in our study a credit market structure indicator as well as a banking competition indicator derived from the theory of industrial organization (Lerner index).

In this way, the empirical analysis conducted in this research work has relied on the estimation of Fixed and random effect estimators and panel data model in which one measure of competition have been introduced, as well as a good number of variables related to cost of credit. In addition, we introduce into our model variables that are supposed to reflect the existence of an inter-temporal and / or cross subsidy strategy.

The results obtained from our estimates concerning the effect of this variable measuring banking competition on the cost of credit shows that the variables are moving in a negative direction. In fact, we find that bank competition allows the bank to reduce the cost of financing its clients. On the other hand, by deepening our investigations, using a different estimator (GMM), we landed on similar results showing that competition affects cost of credit. In fact, an increase in bank competition permits all types of clients to benefit from a reduction in their cost of financing. Our results therefore support the market power hypothesis which holds that increase competition leads to a reduction in lending rates.

Our study contributes literature on financial development by two aspects. First, to our knowledge, we provide the first cross country study on the relationship between market structure and cost of credit dedicated to the region of Sub-Saharan Africa. Existing studies use either cross-country samples covering a mix of developed and developing countries, or samples covering developing economies of different regions (Turk, 2010) or developed economies (Bouchellal 2015). This article addresses this gap in the literature. Moreover, our study uses one indicator of competition (the Lerner index) and captured cost of credit using the IRS and LIR unlike other studies.

Policy Recommendations

This On the base of the empirical results above, the study formulates the following recommendations for policy elaboration:

Firstly, in terms of elaboration of policies, policy makers in countries in SSA should adopt the conclusions of this work in order to make good decisions about interest rate on loans

Secondly, governments of SSA countries in their quest to reduce cost of financing firms and individuals should use bank competition as a reduction tool of the level of interest rates on loans in their respective countries. This can be done if they open up more doors for competition in the banking sector wherein bank market power will increase.

Banks should also be encouraged to open more branches in the most disfavourable zones in Sub Saharan Africa. This can be effectively done if governments of SSA countries decide to look at their tax policies to enable banks to open branches in less developed zones. This will help in attracting more investors in this particular sector of the countries and hence improvement in lending rates.

National and international actors should try and integrate bank competition as a tool to improve credit cost in SSA. This is because SSA is one of the regions with the highest interest rates charged on loans. Thus, if bank completion is encouraged, a great number of people will have access to credit accorded by banks which will help finance their different business endeavours and hence increase living standards.

Our results suggest equally that relaxing bank activity restrictions, improving the credit information environment through wider coverage of public registries and private credit bureaus, and strengthening the institutional framework for bank competition policy are important in supporting firm access to finance and reducing the negative impact of low bank competition.

Possible Gaps for Further Research

The above study is just a small contribution to the debate between bank competition and cost of credit. This means that this debate is still a current issue that researchers are very much interested in. In this study, we have been able to find a negative effect of bank competition on cost of credit in SSA. The question now is that, can there be any change in the results if a different indicator is used? Also, further research could be taken to know the long run effect of bank competition on cost of credit and we also leave to further research an investigation of the specific policies that policy makers in SSA can implement to increase competition in the banking sector.

V. Appendix

Table 8: List of Countries and Area of Studies

Sub-Saharan Africa	Franc Zone	Outside Franc Zone
Angola	Benin	Angola
Benin	Burkina Faso	Botswana
Botswana	Ivory Coast	Gambia
Burkina Faso	Mali	Kenya
Ivory Coast	Niger	Madagascar
Gambia	Senegal	Mozambique
Kenya	Togo	Mauritania
Madagascar		Mauritius
Mali		Nigeria
Mozambique		
Mauritania		South Africa
Mauritius		Uganda
Niger		Tanzania
Nigeria		Zambia
Senegal		Sierra Loene
Siera Leone		
South Africa		
Togo		
Uganda		
Tanzania		
Zambia		

Table 9: Evolution of lending interest Rate in Sub-Saharan Africa from 2000-2017

Year	Mean	Std, Dev,
2000	27.67755	6.052762
2001	27.45432	5.677495
2002	27.23834	5.773613
2003	26.23566	5.704099
2004	24.37016	4.841297
2005	18.08796	2.991077
2006	14.00328	1.768206
2007	14.58437	1.736924
2008	14.05588	1.740864
2009	14.03124	1.81208
2010	13.96748	1.878484
2011	14.19593	2.049021
2012	14.25036	2.233527
2013	13.92509	2.28912
2014	13.88762	2.272215
2015	12.81829	2.004173
2016	13.45468	2.159296
2017	14.13364	2.252172

Source: *Author using data from WDI 2019*

Table 10: Evolution of Interest Rate Spread in sub-Saharan Africa from 2000-2017

Year	Mean	Std, Dev,
2000	15.82606	3.81302
2001	14.66819	2.863297
2002	14.22251	2.865502
2003	15.17593	4.310488
2004	15.03831	4.118113
2005	9.780377	2.568355
2006	6.002584	1.582622
2007	6.149596	1.701073
2008	5.537366	1.86828
2009	5.527397	1.976331
2010	6.041725	2.048035
2011	6.326689	2.267158
2012	6.369898	2.395864
2013	6.713629	2.488016
2014	6.655672	2.447037
2015	6.082618	2.258256
2016	6.482433	2.355636
2017	6.842377	2.242306

Source: *Author, using data from WDI 2019*

Table 11: Evolution of Bank Competition in Sub-Saharan Africa from 2000-2014

Year	Mean	Std, Dev,
2000	0.3128194	0.0296675
2001	0.2641704	0.0464474
2002	0.2916346	0.0306764
2003	0.3027176	0.0306264
2004	0.2970968	0.0244751
2005	0.3019337	0.0195362
2006	0.3022742	0.0234874
2007	0.2820758	0.0218953
2008	0.297248	0.0188896
2009	0.2679043	0.022024
2010	0.2707631	0.0227627
2011	0.3012372	0.0178185
2012	0.2872866	0.0161441
2013	0.2816373	0.0200382
2014	0.3086563	0.0286304

Source: *Author, using data extracted from GFDD 2018*

Table 12: Evolution of Bank Competition in the Franc Zone

Year	Mean	Std, Dev,
2005	0.270595	0.0172505
2006	0.2527259	0.0304357
2007	0.2742123	0.0186757
2008	0.2893579	0.0166375
2009	0.2562261	0.0202995
2010	0.2492394	0.03055
2011	0.2999083	0.0266882
2012	0.2625399	0.0162637
2013	0.2529803	0.027685
2014	0.242527	0.00005

Source: *Author, using data from WDI.*

VI. References

Akande O. J., Kwenda F., (2017), "Competitive Condition of Sub-Saharan African Commercial Banks", *Studia Universitatis Babes-Bolyia Oeconomica,* 62(2) 55-76.

Akerlof, G.A. (1970) "The market for "Lemons": Quality uncertainty and the market mechanism", *the Quarterly Journal of Economics* 84(3): 488–500.

Ahokpossi, C. (2013). Determinants of Bank Interest Margins in Sub-Saharan Africa. *IMF Working Paper No 13/34.*

Agarwal, S., Hauswald, R. (2010). Distance and Private Information in Lending. *Review of Financial Studies, 23*(7), 2757-2788.

Arellano, M., Bond, S., (1991), "Some Specification for panel data: Monte Carlo evidence and an application to employment equations", *Review of Economic Studies*, 58, 277-297.

Ayalew, M. M., Xianzhi, Z. (2018). "Bank Competition and Access to Finance: Evidence from African Countries", *Journal of Industry, Competition and Trade.*

Bain, J.S. (1956). "Barriers to New Competition: their character and consequences in manufacturing industries", Cambridge: MA: Harvard University Press.

Baltagi, (2005), "Unequal space panel regressions with AR (1) disturbance," *Economic Theory* 15, 814-823.

Barone, G., Felici, R., Pagnini, M. (2011). "Switching costs in local credit markets", *International Journal of Industrial Organizations, 29*, 694-704.

Brei, Michael & Jacolin, Luc & Noah, Alphonse. (2018). Credit Risk and Bank Competition in Sub-Saharan Africa. SSRN Electronic Journal. 10.2139/ssrn.3132922.

Barth, J. R., Lin, C., Lin, P., Song, F. M., (2009), "Corruption in bank lending to firms: Cross country micro evidence on the beneficial role of competition and information sharing"

Journal of Financial Economics, 91(3).

Beck et al (2004), "Bank Competition and Access to Finance: International Evidence." *Journal of Money, Credit and Banking*, 36(3) 627-654.

Berger, A.N., Udell, G.F., (2006), "A more complete conceptual framework for SME finance", *Journal of Banking and Finance, 30*, 2945–2966.

Besanko, D., Thakor, A. V., (1992), "Banking deregulation: Allocational consequences of relaxing entry barriers", *Journal of Banking & Finance*, 16(5).

Blaug, M., (2001), "Is competition such a good thing? Static efficiency versus dynamic efficiency". *Review of Industrial Organization*, 19(1):37-48.

Bouchellal A., (2015) « Concurrence bancaire et le Cout du Crédit : Une analyse sur un Échantillon d'entreprises françaises » *PHD Theses University of Oreleans,* France.

Breusch, T. S. and Pagan, A (1980), "The LM test and its applications to model specification in econometrics", *Review of Economics Studies*, Vol.47, 239-253

Brei, Michael, Giovanni Ferri, and Leonardo Gambacorta (2018), Financial Structure and Income Inequality. BIS Working Papers 756. Basel: Bank for International Settlements.

Canon, C., Cortes, E., and Guerrero (2022), Bank Competition and the Price of Credit:

Evidence using Mexican Loan-Level Data, *International Review of Economics and Finance*, Vol.79, 56-74.

Carbo-Valverde, S., Rodriguez Fernandez, F., Udell, G., (2009), « Bank market power and SME financing constraints", *Review of Finance* 13(2), 309–340.

Casu, B.,and Girardone, C.,(2009), Testing the Relationship between Competition and Efficiency in Banking: A Panel Data Analysis, *Economics Letters,* Vol 105 (1), 134-137.

Dell'Ariccia, G., Marquez, R., (2004), "Information and bank credit allocation". *Journal of Financial Economics*, 72(1).

Demsetz, H., (1973), "Industry Structure, Market Rivalry, and Public Policy", *Journal of Law and Economics, 16*, 1-9.

Fungacova Z., Shamshur, A., Weil, L., (2017), Does Bank Competition reduce Cost of Credit?

Cross Evidence from Europe, *Journal of Banking and Finance* 83, 104-120.

Gissler, S., Ramcharan, R., and Yu, E., (2018), "The Effects of Competition in Consumer Credit Markets" Working Paper.

Gupte, S., (2015), "Banking Technology", www.bankingtech.com, visited on the 21st October 2015.

Guzman, M., (2000), "Bank structure, capital accumulation, and growth: A simple macroeconomic model". *Economic Theory*, 16(2).

Hainz, C., Weill, L., Godlewski, C. J., (2008), "Bank competition and collateral: Theory and evidence". *Journal of Financial Services Research* 6, 156-172.

Hainz, C., Weill, L., Godlewski, C., (2013), "Bank competition and collateral: theory and evidence", *Journal of Financial Services*. 44 (2), 131–148.

Harris, L., (1997), "A Study of Organizational Culture Factors Associated with Market Orientation", Unpublished Ph.D Thesis, Cardiff Business School, University of Wale, UK.

Haynes, Andy, Lackman, Conway, Guskey, Andrey, (1999), "Comprehensive Brand Presentation: Ensuring Consistent Brand Image", Journal of Product and Brand Management, 8(4), 286-300.

Im, K.S., Pesaran, M.H., Shin, Y. (2003), "Testing for Unit Roots in Heterogeneous Panels", *Journal of Econometrics*, 115, 53-74.

Kim, M., Kristiansen, E., Vale, B., (2005), "Endogenous product differentiation in credit markets: what do borrowers pay for?", *Journal of Banking Finance* 29 (3), 681–699.

Kumar, R., (2014), "Strategies of Banks and Other Financial Institutions: Theories and Cases, *Academic Pres,* 165-190.

Kysucky, V., Norden, L., (2016), "The Benefits of Relationship Lending in a Cross-Country Context: A Meta-Analysis", *Journal of Management Science, 62(1), 90-110.*

Lee, S., Ratti, R. A., "Bank Concentration and Financial Constraints on Firm-Level Investment in Europe" *Department of Economics, University of Missouri-Columbia,* Columbia.

Lerner, A. P., (1934), "The concept of monopoly and the measurement of monopoly power", *The Review of Economic Studies,* 1 (3), 157-175.

Levin, A., Lin, C. F. and Chu, C.S. (2002), "Unit Root Tests in Panel Data: Asymptotic and Finite Sample Properties", *Journal of Econometrics*, 108, 1-24.

Love, I., Peria, M., (2015), "How Bank Competition Affects Firms' Access to Finance", *World Bank Economic Review*, 29(3), 413-448.

Maudos, J., Ferna´ ndez de Guevara, J., (2004), "Factors explaining the interest rate margin in the banking sectors of the European Union", *Journal of Banking and Finance, 28, 2259–81.*

Mauro, M., Marchettini, D., Maino, R., (2015), "Evolving Banking Trends in Sub-Saharan Africa: Key Features and Challenges" *International Monetary Fund*, Washington D.C.

McNulty, P. J., (1967), "A note on the history of perfect competition", *Journal of Political Economy*, 75(4), 395-399.

Nguyen, J., (2012), "The relationship between net interest margin and non-interest income using a system estimation approach", *Journal of Banking and Finance, 36*, 2429-2437.

Ningaye, P., Mahada, Y. M., Nembot N. L., (2014), "Competition and Banking Efficiency in the CEMAC Zone", *International Journal of Economics and Finance, 6(6).*

Nyantakyi, E. B., Mouhamadou S., (2015), "The Banking System in Africa: Main Facts and Challenges'' *African Economic Brief,* 6(5) 1-16.

Petersen, M., Rajan, R. (1995), "The Effect of Credit Market Competition on Lending Relations". *Quarterly Journal of Economics*, 110(2), 407-443.

Rahman, A., Tvaronavičienė, M., Smrčka, L., Armenia, A., (2019): "The Effect of Bank Competition on Cost of Credit: Empirical Evidence from the Visegrad Countries", Acta Polytechnica Hungarica, 16 (4), 175-195.

Ryan, R., O'Toole, C., McCann, F., (2014), "Does bank market power affect SME financing constraints?", *Journal of Banking and Finance* 49, 495–505.

Sander, H., Kleimeier, S., (2004), "Convergence in Euro Zone Retail Banking", *Journal of International Money and Finance, 23, 461–92.*

Sapienza, P., (2002), "The effects of banking mergers on loan contracts", *Journal of Finance,* 57 (1), 329–368.

Sharpe (1990), "Asymmetric Information, Bank Lending, and Implicit Contracts: A Stylized Model of Customer Relationships" *Journal of Finance, 45*, 1069–1087.

Smith, Adam (1976), An Inquiry into the Nature and Causes of the Wealth of Nations. Vol. 2 of The Glasgow Edition of the Works and Correspondence of Adam Smith.

Stigler, G.J., (1964)," A Theory of Oligopoly". Journal of Political Economy, 72, 44-61.

Stiglitz, J., Weiss, A., (1981), "Credit rationing in markets with imperfect information" The American economic review, 393-410.

Vickers, J., (1995), "Concepts of competition" *Oxford Economic Papers*, 1-23.

Yili, L., (2017), "Bank Competition and the Cost of Bank Loans", *Review of Quantitative Finance and Accounting, 51(1), 253-282.*

CONCLUSION GÉNÉRALE

Jacob TCHE

jacobtche1985@gmail.com

Une modélisation efficace est cruciale pour évaluer le développement financier et comprendre son impact sur les variables économiques. Dans la pratique, cependant, il est difficile de mesurer le développement financier car il s'agit d'un vaste concept à plusieurs dimensions. Il n'est donc pas surprenant que le travail empirique effectué dans le présent ouvrage soit basé sur des indicateurs quantitatifs standards disponibles pour une longue série temporelle relative à un large éventail de pays. Nous consacrons nos tests d'hypothèses à l'analyse de la corrélation entre les variables concernées à l'aide des graphiques et d'autre part, à analyser économétriquement par le recours de plusieurs méthodologies d'analyse telles que la méthode des Doubles Moindres Carrés, la méthode des Moindres Carrés Généralisés Réalisables (MCGR) et la Méthode des Moments Généralisés (GMM) en panel dynamique.

Pour atteindre la contribution principale retenue dans les premiers et deuxièmes articles, nous modélisons l'incidence des frictions financières sur la transformation structurelle des pays d'Afrique Subsaharienne sur la période de 1996 à 2017. Plus spécifiquement, ces papiers montrent l'effet des frictions financières sur la sophistication des exportations et les effets de celles-ci sur l'emploi industriel. La modélisation se fait en procédant à une évaluation empirique grâce à un panel dynamique basée sur la méthode des GMM en système. En effet, nous recourons à une modélisation économétrique en panel dynamique en estimant un modèle dont les résultats révèlent, dans le premier papier, que les frictions financières exogènes et endogènes (la dette brute du gouvernement, le crédit accordé au secteur privé par les banques, les écarts de taux d'intérêt) ont un effet négatif sur la sophistication des exportations à l'exception du crédit accordé au secteur privé par les banques. Ces résultats sont significatifs aux seuils de 5 et 10% selon les différentes zones de l'ASS. Ce qui justifie notre première hypothèse selon laquelle les frictions financières affectent négativement la sophistication des exportations. En outre les coefficients liés aux variables de contrôle choisies telles que les IDE, les ressources naturelles se sont révélées soit positifs et non significatifs, soit négatifs et significatifs respectivement. Par contre, il ressort que le capital humain et le contrôle de la corruption favorisent une plus grande sophistication en Afrique au Sud du Sahara.

Le deuxième papier de cet ouvrage évalue l'influence des frictions financières sur le ratio de l'emploi industriel sur l'emploi total à travers les mêmes indicateurs susmentionnés dans les pays l'Afrique Subsaharienne sur la période 1996-2017. Il en découle que les frictions financières qu'elles soient endogènes ou exogènes (dette publique, écarts de taux d'intérêt, crédits accordés par les banques aux secteurs privé) sont atténuées dans les pays à fort ratio d'emploi industriel sur l'emploi total. Les résultats se sont avérés positifs et significatifs à 1% entre le crédit domestique accordé au secteur privé par les banques et le ratio de l'emploi industriel sur l'emploi total. Ils suggèrent que plus les entreprises du secteur secondaire reçoivent du crédit bancaire, plus elle augmente leur niveau d'emploi. Contrairement à cette relation positive, la dette brute du gouvernement ou les écarts de taux d'intérêt pénalisent l'évolution à la hausse du ratio de l'emploi du secteur secondaire sur l'emploi total avec une significativité au seuil de 1% laissant ainsi comprendre que plus le gouvernement s'endette, plus on observe une détérioration du niveau d'emploi industriel. Lorsque les écarts entre le taux débiteur et créditeurs évoluent à la hausse, les entreprises du secteur industriel ne peuvent recruter davantage. Pour ce qui est des autres variables, tandis que le capital humain impacte positivement et significativement au seuil de 1% le ratio de l'emploi industriel sur l'emploi total, les institutions et le contrôle de la corruption y sont aussi positivement liés même si le résultat n'est pas significatif. L'autre variable institutionnelle à savoir le régime politique, est négativement et significativement lié au ratio de l'emploi du secteur secondaire sur l'emploi total. Ce résultat laisse donc croire que plus le régime politique tend vers la démocratie, moins le ratio de l'emploi industriel évolue à la hausse.

En somme, notre étude révèle qu'en Afrique subsaharienne, les frictions financières pénalisent la transformation structurelle, qu'elle soit économique ou sociale. Au vu de ce résultat, nous suggérons aux États de l'ASS de prendre les dispositions suivantes :

- Alléger les contraintes d'accès au financement bancaire

- Gérer efficacement la dette publique.

La contribution principale des troisièmes et quatrièmes papiers était de modéliser l'influence de la qualité des institutions sur la cyclicité des politiques économiques en Afrique au cours de la période 2002-2016. Plus précisément, nous modélisons l'influence de la qualité des institutions sur la relation entre la politique budgétaire et le cycle économique en Afrique, ainsi que l'influence de celle-ci sur la relation entre la politique monétaire et le cycle économique en Afrique. Dans le but de concrétiser ces modelés, nous avons eu recours à des données provenant de WDI, WGI, de Polity IV du projet polity, et enfin de Kaopen. Pour ce faire, nous avons considéré un échantillon de 38 pays d'Afrique observé sur une période de 2002 à 2016. En plus, nous avons spécifié nos modèles en panels dynamiques et nous les avons estimés par la méthode des. Ainsi, après l'estimation des modèles développés au troisieme papier, il s'avère au vu des résultats que les économies africaines sont caractérisées par une procyclicité de la politique budgétaire. Par la suite, nous sommes arrivés à la conclusion selon laquelle le contrôle de la corruption influence négativement la relation entre la politique budgétaire et le cycle économique. Plus précisément, une amélioration du contrôle de la corruption est associée à moins de procyclicité budgétaire. En considérant l'indice moyen de qualité institutionnelle comme mesure de la qualité des institutions, nous parvenons au même résultat Quant aux résultats obtenus au quatrième papier, ils révèlent que la politique monétaire en Afrique est également procyclique. Ces résultats nous ont également renseignés sur le fait que la qualité des institutions mesurée soit par le contrôle de la corruption, soit par l'indice moyen de qualité des institutions influence négativement la relation entre la politique monétaire et le cycle économique des pays africains de notre échantillon. Autrement dit, l'amélioration de la qualité des institutions conduit à une politique monétaire moins procyclique en dans ces pays.

Le dernier article modélise l'effet de la concurrence bancaire sur le coût du crédit en ASS au cours de la période 2000-20017. La modélisation entreprise dans ce travail de recherche s'est appuyée sur l'évaluation d'estimateurs FE-RE et l'utilisation d'un contrôle de robustesse via le GMM avec des données de la base de données de la Banque mondiale et d'un modèle de données de panel dans lequel une mesure de la concurrence a été introduite, ainsi qu'un bon nombre de variables liées au coût du crédit. De plus, nous introduisons dans notre modèle des variables censées refléter l'existence d'une stratégie de subvention inter-temporelle et/ou croisée. Les résultats obtenus à partir de nos estimations concernant l'effet de cette variable mesurant la concurrence bancaire sur le coût du crédit montrent que les variables évoluent dans le sens négatif. En effet, nous constatons que la concurrence bancaire permet à la banque de réduire le coût de financement de ses clients. D'autre part, en approfondissant nos investigations, en utilisant un estimateur différent (GMM), nous sommes arrivés à des résultats similaires montrant que la concurrence affecte le coût du crédit. En effet, une concurrence bancaire accrue permet à tous les types de clients de bénéficier d'une réduction de leur coût de financement. Nos résultats confirment donc l'hypothèse du pouvoir de marché selon laquelle l'augmentation de la concurrence entraîne une réduction des taux de prêt.

Sur la base des résultats empiriques ci-dessus, l'étude formule les recommandations suivantes pour l'élaboration des politiques :

- Premièrement, en termes d'élaboration de politiques, les décideurs politiques des pays d'ASS devraient adopter les conclusions de ce travail afin de prendre de bonnes décisions concernant les taux d'intérêt sur les prêts
- Deuxièmement, les gouvernements des pays d'ASS dans leur quête pour réduire le coût de financement des entreprises et des particuliers devraient utiliser la concurrence bancaire comme un outil de réduction du niveau des taux d'intérêt sur les prêts dans leurs pays respectifs.
- Les banques devraient également être encouragées à ouvrir davantage d'agences dans les zones les plus défavorisées d'Afrique subsaharienne.
- Les acteurs nationaux et internationaux devraient essayer d'intégrer la concurrence bancaire comme un outil pour améliorer le coût du crédit en ASS.
- Nos résultats suggèrent également que l'assouplissement des restrictions d'activité bancaire, l'amélioration de l'environnement d'information sur le crédit grâce à une couverture plus large des registres publics et des bureaux de crédit privés, et le renforcement du cadre institutionnel de la politique de concurrence bancaire sont importants pour soutenir l'accès des entreprises au financement et réduire l'impact négatif de faible concurrence bancaire.

TABLE DES MATIÈRES

Structures éditoriales du groupe L'Harmattan

L'Harmattan Italie
Via degli Artisti, 15
10124 Torino
harmattan.italia@gmail.com

L'Harmattan Hongrie
Kossuth l. u. 14-16.
1053 Budapest
harmattan@harmattan.hu

L'Harmattan Sénégal
10 VDN en face Mermoz
BP 45034 Dakar-Fann
senharmattan@gmail.com

L'Harmattan Cameroun
TSINGA/FECAFOOT
BP 11486 Yaoundé
inkoukam@gmail.com

L'Harmattan Burkina Faso
Achille Somé – tengnule@hotmail.fr

L'Harmattan Guinée
Almamya, rue KA 028 OKB Agency
BP 3470 Conakry
harmattanguinee@yahoo.fr

L'Harmattan RDC
185, avenue Nyangwe
Commune de Lingwala – Kinshasa
matangilamusadila@yahoo.fr

L'Harmattan Congo
219, avenue Nelson Mandela
BP 2874 Brazzaville
harmattan.congo@yahoo.fr

L'Harmattan Mali
ACI 2000 - Immeuble Mgr Jean Marie Cisse
Bureau 10
BP 145 Bamako-Mali
mali@harmattan.fr

L'Harmattan Togo
Djidjole – Lomé
Maison Amela
face EPP BATOME
ddamela@aol.com

L'Harmattan Côte d'Ivoire
Résidence Karl – Cité des Arts
Abidjan-Cocody
03 BP 1588 Abidjan
espace_harmattan.ci@hotmail.fr

Nos librairies en France

Librairie internationale
16, rue des Écoles
75005 Paris
librairie.internationale@harmattan.fr
01 40 46 79 11
www.librairieharmattan.com

Librairie des savoirs
21, rue des Écoles
75005 Paris
librairie.sh@harmattan.fr
01 46 34 13 71
www.librairieharmattansh.com

Librairie Le Lucernaire
53, rue Notre-Dame-des-Champs
75006 Paris
librairie@lucernaire.fr
01 42 22 67 13

www.ingramcontent.com/pod-product-compliance
Lightning Source LLC
LaVergne TN
LVHW011032061026
849535LV00006B/2064
9782336404899